公共危机管理

主编◎王 刚 杨志军 弓联兵

清华大学出版社
北京

内 容 简 介

本书立足于中国公共危机管理体制与机制的创新，坚持做到理论和实践的结合，服务于公共管理学自主知识体系建设。在内容设计上可分为三个部分：第一部分为前三章，围绕公共危机的概念与特征、分类与分级，公共危机管理的阶段、体系、理论与方法等，全面介绍公共危机管理的基础性知识；第二部分为第四章到第九章，重点围绕公共危机管理的主要阶段与环节，介绍公共危机管理的准备、预警、响应、恢复、动员、调查与评估、协调合作等内容；第三部分为最后一章，主要立足于时代发展，在介绍公共危机管理发展变迁的同时，提出新格局下公共危机管理面临的机遇与挑战以及未来的发展方向。

本书可作为普通高等院校行政管理、公共事业管理城市管理、公共关系学等公共管理类专业的教材，也可作为政府公务人员的参考学习用书。

本书封面贴有清华大学出版社防伪标签，无标签者不得销售。
版权所有，侵权必究。举报：010-62782989，beiqinquan@tup.tsinghua.edu.cn。

图书在版编目（CIP）数据

公共危机管理 / 王刚，杨志军，弓联兵主编. —北京：清华大学出版社，2024.5
ISBN 978-7-302-66354-6

Ⅰ.①公⋯　Ⅱ.①王⋯　②杨⋯　③弓⋯　Ⅲ.①公共管理－危机管理－高等学校－教材
Ⅳ.①D035.29

中国国家版本馆 CIP 数据核字（2024）第 107733 号

责任编辑：杜春杰
封面设计：刘　超
版式设计：文森时代
责任校对：马军令
责任印制：宋　林

出版发行：清华大学出版社
　　网　　址：https://www.tup.com.cn，https://www.wqxuetang.com
　　地　　址：北京清华大学学研大厦 A 座　　邮　　编：100084
　　社 总 机：010-83470000　　邮　　购：010-62786544
　　投稿与读者服务：010-62776969，c-service@tup.tsinghua.edu.cn
　　质量反馈：010-62772015，zhiliang@tup.tsinghua.edu.cn
印 装 者：三河市科茂嘉荣印务有限公司
经　　销：全国新华书店
开　　本：185mm×260mm　　印　张：15.75　　字　数：383 千字
版　　次：2024 年 6 月第 1 版　　印　次：2024 年 6 月第 1 次印刷
定　　价：59.00 元

产品编号：104171-01

前　言

公共危机是任何一个国家、任何一个政党时时都需要面对的难题。"增强忧患意识、始终居安思危"是我国正处于各方面风险不断积累和集中显露的时期治党治国必须坚持的一个重大原则，只有通过公共危机管理教育和研究，才能有效应对重大风险挑战，在危机中育先机，于变局中开新局。

公共危机管理研究最早开始于对第一和第二次世界大战的反思，经过对 20 世纪五六十年代复杂的国际关系和国际政治环境下的古巴导弹危机、"布拉格之春"等事件的研究，逐渐形成了一个具有特定研究范畴和研究方法的新学科。它在 20 世纪 80 年代分化为两个分支：一支延续传统安全领域研究，进而拓展至公共危机范畴；另一支逐渐延伸至企业管理领域，形成企业危机管理和公共关系学研究范畴，展现出明显的跨学科特点。由此，"公共危机"概念在国际关系学、政治学、社会学、组织行为学、经济金融和管理学领域都有一定层次的探讨，虽然具体语言表达有差异，但基本内涵都是强调科学应对来自各方面的风险。最具代表性的西方研究者有查尔斯·赫尔曼（Charles Hermann）、乌里尔·罗森塔尔（Uriel Rosenthal）、波特·皮恩伯格（Bert Pijnenburg）、斯蒂芬·巴顿（Stephen Barton）、罗伯特·希斯（Robert Heath）；国内代表性的研究者有薛澜、高小平、彭宗超、王宏伟、龚维斌等。

相较于风险、灾害、应急方面的研究，国内关于公共危机管理的有关著作、教材具有三个方面的典型特点：①著书时间较早。早在 21 世纪初，即 2003 年 5 月，由薛澜、张强和钟开斌共同撰写的著作《危机管理：转型期中国面临的挑战》便已出版，其后以"公共危机管理"命名的著作和文章如雨后春笋般涌现，成为公共管理研究的核心领域。由于公共危机管理研究时间最早，所以迄今的研究数量也最为庞大。②内容较为全面。纵观所有公共危机管理的著作和教材，其所包含的内容非常全面，体例也很新颖。例如，肖鹏军主编的《公共危机管理导论》力求结合国内外公共危机发展的新趋势、新特点，力求吸收国内外同行的最新研究成果，从纵向和横向两个维度构建了公共危机管理的体系。王宏伟编著的《公共危机管理概论》从解析公共危机的概念入手，研究了公共危机管理的主要活动规律，包括风险管理与减缓、准备、预测与预警、响应、恢复等。李程伟主编的《公共危机管理：理论与实践探索》立足于中国公共危机管理体制与机制的创新，对一些深层次的问题进行了多个学科视角的研究。③内容富有启发。由于公共危机管理研究在时间线上最早，内容最为丰富，对风险、应急等方面的研究具有较大启发，尤其是风险和应急管理研究在很大程度上从公共危机管理研究转化而来，并且有一些刚开始从事公共危机管理研究的学者之后也转向应急管理方面的研究。

风险与危机无处不在，无时不有，如何认知、准备与应对有关风险与危机，促进公共组织和社会平稳运行与安全发展，非常需要大家一起探讨危机管理之道。在已有的众多公共危机管理教材面世及传播开来的基础上，本书既是一种继承，也是一种发扬，即吸收前辈们的精华，并试图发扬他们的思想观点，做出创新。

（1）立足于中国公共危机管理体制与机制的创新。经过几十年的发展，我国公共危机管理体制与机制已经较为完善，在应对自然灾害、事故灾难、公共卫生事件和社会安全事件四类突发事件的危机方面，已经积累了丰富的实践经验。特别是通过持续性的行政管理体制改革及扎实推进党和国家机构改革，建立了应急管理部，成立了中央社会工作部，这些成果既来自现实经济社会发展的情境需求，同时也满足了党和国家推进国家治理体系和治理能力现代化的时代要求。所以，如何将我国公共危机管理体制与机制立足于新时代新情况所开展的新变革和新成效展示出来，构成本书的创新要件。

（2）坚持做到理论和实践的结合。从全书的体系设置和章节安排上来看，我们主要探讨了公共危机预案与保障、公共危机响应与处置、公共危机救助与恢复、公共危机动员与沟通、公共危机调查与评估、公共危机管理中的协调合作、公共危机管理的改革与展望七个方面，这七个方面既是公共危机管理实践的环节要素和行动步骤，又是理论研究的关键内容。其中，有关公共危机的概念与特征、分类与分级，公共危机管理的阶段、原则、体系及公共危机管理的理论基础是全方面和基础性的，贯穿全书的始终。同时，在全书研究内容中，我们充分运用了案例介绍和理论解释相结合的方式，回应了现实紧迫性很强的问题，以及一些需要很好地进行实证研究的问题，从而在公共危机管理的改革与展望上提出了一系列合理化政策建议，有较为重要的现实意义与理论意义。

（3）服务于公共管理学自主知识体系建设。2022年4月，习近平总书记到中国人民大学考察调研时指出，"加快构建中国特色哲学社会科学，归根结底是建构中国自主的知识体系"。习近平总书记关于构建中国自主知识体系的论述，不仅强调了公共政策研究要做到方向明、主义真、学问高、德行正，自觉以回答中国之问、世界之问、人民之问、时代之问为学术己任，以彰显中国之路、中国之治、中国之理为思想追求，同时也要在研究解决事关党和国家全局性、根本性、关键性的重大问题上拿出真本事、取得好成果，从而为我们更好地开展公共管理学学科自主知识体系建设指明了正确方向，也为我们更好地开展公共危机管理专业研究提供了思想指南。

本书以中国海洋大学国际事务与公共管理学院公共安全与风险治理研究所的研究成员为编写主体，邀请东北大学、贵州财经大学部分在公共危机、风险治理方面的专家和学者共同参与了编写。具体的撰写内容分工如下：

第一章　王　刚　中国海洋大学
第二章　杨志军　贵州财经大学
第三章　弓联兵　中国海洋大学
第四章　赵宗金　中国海洋大学
第五章　张海柱　东北大学
第六章　梁　燕　中国海洋大学

第七章　胡馥妤、华俊翊　中国海洋大学

第八章　王　雪　中国海洋大学

第九章　汪广龙　中国海洋大学

第十章　陈　琛　中国海洋大学

　　本书从构思到撰写再到顺利出版，历时三年多。编撰成员在公共安全与风险治理研究所的大力支持下，围绕本书内容进行了多轮深入的交流和讨论。在三年多的编撰过程中，参与编撰本书的成员付出了很多心血，在此表示衷心的感谢！同时要感谢一直以来给予我们关心、支持和指导的学界同人和专家，感谢他们提供了富有启发性的知识和卓有成效的建议。

　　公共安全与风险治理研究所的梁燕老师参与了全书的统筹和统稿过程，付出了巨大的努力和辛苦的劳动，在此表示感谢！在全书校对以及部分章节的资料收集、编撰过程中，博士生吴嘉莉，硕士生郑欣、李梦琦、张喜东、张维家、王子媛等同学也参与其中，做出了重要贡献，在此一并表示感谢。

　　最后，感谢清华大学出版社的大力支持和责任编辑的付出，最终使得本书能够顺利出版。

　　本书由王刚、杨志军、弓联兵负责规划和统稿。鉴于编者的能力和水平有限，本书难免存在疏漏之处，期待并欢迎大家批评指正，为本书后续的进一步提高和完善提供真知灼见。

主　编
2024 年 1 月写于青岛中国海洋大学崂山校区

目 录

第一章 绪论 ……………………………………………………………………………… 1
第一节 公共危机的概念与特征 ………………………………………………… 1
一、公共危机的渊源 ………………………………………………………… 2
二、突发事件的概念及其与公共危机的关系 ……………………………… 5
三、公共危机的特征 ………………………………………………………… 8
第二节 公共危机的分类与分级 ………………………………………………… 9
一、公共危机的分类 ………………………………………………………… 9
二、公共危机的分级 ………………………………………………………… 13
第三节 公共危机管理的内涵、特征、阶段与原则 …………………………… 14
一、公共危机管理的内涵和特征 …………………………………………… 15
二、公共危机管理的阶段 …………………………………………………… 17
三、公共危机管理的原则 …………………………………………………… 20
第四节 公共危机管理与风险治理 ……………………………………………… 22
一、风险与风险治理 ………………………………………………………… 22
二、风险治理与公共危机管理的关系 ……………………………………… 24
三、公共危机的风险评估与预防 …………………………………………… 25
本章小结 …………………………………………………………………………… 27
课后名词解释 ……………………………………………………………………… 28
思考题 ……………………………………………………………………………… 28

第二章 公共危机管理的理论与方法 ………………………………………………… 29
第一节 公共危机管理的理论 …………………………………………………… 29
一、公共危机管理理论的演进 ……………………………………………… 29
二、公共危机管理研究的主要理论 ………………………………………… 34
三、基于公共危机管理代表性理论的应用分析 …………………………… 40
第二节 公共危机管理的方法 …………………………………………………… 47
一、公共危机管理的研究方法 ……………………………………………… 48
二、公共危机管理的实践方法体系 ………………………………………… 53
本章小结 …………………………………………………………………………… 60
课后名词解释 ……………………………………………………………………… 60
思考题 ……………………………………………………………………………… 61

第三章 公共危机管理体系 ·· 62

第一节 公共危机管理法制 ·· 62
一、公共危机管理的法制基础 ·· 62
二、公共危机管理的法制内容 ·· 64
三、公共危机管理法律体系的健全和完善 ·· 67

第二节 公共危机管理体制 ·· 69
一、公共危机管理体制的含义 ·· 69
二、公共危机管理的领导体制 ·· 70
三、公共危机管理的责任体制 ·· 72
四、公共危机管理的监督体制 ·· 72

第三节 公共危机管理机制 ·· 73
一、公共危机管理决策机制 ·· 73
二、公共危机管理实施机制 ·· 74
三、公共危机管理参与机制 ·· 76
四、公共危机信息管理机制 ·· 79

本章小结 ·· 81
课后名词解释 ·· 82
思考题 ·· 82

第四章 公共危机预案与保障 ·· 83

第一节 公共危机预案 ·· 83
一、应急预案的概念与内容 ·· 83
二、应急预案体系 ·· 84
三、应急预案任务 ·· 86
四、应急预案编制流程 ·· 87

第二节 公共危机管理的预警 ·· 90
一、公共危机管理的预警体系 ·· 90
二、公共危机管理的预警体制与机制 ·· 90
三、公共危机管理的预警职能与行为 ·· 92
四、公共危机管理的预警体系构成 ·· 93

第三节 公共危机管理的应急保障 ·· 98
一、应急保障含义 ·· 98
二、应急队伍保障 ·· 99
三、应急物资保障 ·· 100

本章小结 ·· 103
课后名词解释 ·· 103
思考题 ·· 103

第五章 公共危机响应与处置·····104

第一节 公共危机的响应·····104
一、公共危机响应的含义与功能·····104
二、公共危机响应的主要内容·····107
三、公共危机响应的基本原则·····109
四、公共危机响应的基本流程·····111

第二节 公共危机现场处置·····112
一、公共危机现场处置的含义与功能·····112
二、公共危机现场指挥部·····113
三、公共危机现场处置的流程、策略、原则与任务·····115
四、公共危机现场处置的注意事项·····119

第三节 公共危机决策·····120
一、公共危机决策的含义与特征·····120
二、公共危机决策的解释模式·····122
三、公共危机决策的基本流程·····123
四、公共危机决策的支持系统·····124

本章小结·····126
课后名词解释·····126
思考题·····127

第六章 公共危机救助与恢复·····128

第一节 公共危机救助·····128
一、公共危机救助的概念和特征·····128
二、我国公共危机救助的法律法规·····130
三、公共危机救灾捐赠·····131
四、公共危机心理救助·····136

第二节 公共危机恢复·····142
一、公共危机恢复的概念与原则·····142
二、公共危机恢复的类型·····144
三、公共危机恢复的主要阶段与管理过程·····147
四、公共危机恢复的措施与存在的问题·····149

本章小结·····152
课后名词解释·····152
思考题·····153

第七章 公共危机动员与沟通·····154

第一节 公共危机动员·····154
一、公共危机动员的概念·····154

二、公共危机动员的要素……………………………………………156
　　三、公共危机动员的环节……………………………………………161
　　四、公共危机动员的功能……………………………………………162
第二节　公共危机沟通……………………………………………………163
　　一、公共危机沟通的含义、功能与原则……………………………163
　　二、公共危机信息发布………………………………………………167
　　三、公共危机舆情处置………………………………………………170
本章小结…………………………………………………………………174
课后名词解释……………………………………………………………174
思考题……………………………………………………………………174

第八章　公共危机调查与评估……………………………………………175
第一节　公共危机调查评估概述…………………………………………175
　　一、公共危机调查评估的概念、内容与类型………………………175
　　二、公共危机调查评估的目标与作用………………………………179
　　三、公共危机调查评估的原则、方法与指标………………………182
第二节　公共危机调查评估的机制与流程………………………………188
　　一、公共危机调查评估的机制………………………………………188
　　二、公共危机调查评估的流程………………………………………193
本章小结…………………………………………………………………197
课后名词解释……………………………………………………………197
思考题……………………………………………………………………197

第九章　公共危机管理中的协调合作……………………………………199
第一节　公共危机管理中的协调合作概述………………………………199
　　一、公共危机管理协调合作的概念与缘起…………………………199
　　二、公共危机管理协调合作的维度与层次…………………………204
第二节　公共危机管理协调合作的多元模式……………………………207
　　一、纵向一体化与层级节制模式……………………………………207
　　二、市场交易模式……………………………………………………208
　　三、自组织网络与志愿合作模式……………………………………209
　　四、协同治理模式……………………………………………………211
第三节　公共危机的协同治理实践与本土路径…………………………212
　　一、公共危机协同治理的影响因素…………………………………212
　　二、公共危机协同治理的结构与机制………………………………213
　　三、中国公共危机协同治理的本土路径……………………………214
本章小结…………………………………………………………………217
课后名词解释……………………………………………………………217

思考题 …… 217

第十章 公共危机管理的改革与展望 …… 218

第一节 公共危机管理的发展变迁 …… 219
一、20世纪上半叶的公共危机管理 …… 219
二、20世纪60年代的公共危机管理 …… 220
三、20世纪80年代的公共危机管理 …… 221
四、21世纪初的公共危机管理 …… 221

第二节 当代的公共危机管理 …… 224
一、社会稳定风险评估机制 …… 226
二、应急管理的总体布局 …… 227
三、总体国家安全观 …… 227

第三节 新格局下公共危机管理的挑战与机遇 …… 228
一、应急预案与应急规划的统筹与拓展 …… 229
二、信息响应与处置的群体性思考 …… 229
三、心理救助与经济恢复的人本化视角 …… 230
四、企业救助与网络沟通的动态治理 …… 232
五、协调应急与队伍合作的层级调整 …… 234

第四节 公共危机管理的未来构想 …… 234
一、以人为核心的预警机制的建构 …… 235
二、社会资源的全过程调动与处置 …… 236
三、心理救助体系的转型与完善 …… 236
四、企业社会责任理念的拓展与应用 …… 237
五、党和政府引领的协调与合作 …… 238
六、公共危机管理的新方向 …… 239

本章小结 …… 240
课后名词解释 …… 240
思考题 …… 240

第一章 绪 论

本章学习目标

公共危机的类型呈现多样化的特性。本章对公共危机及其突发事件的内涵、特征、类型进行深入的学习,以奠定公共危机管理概念认知的基础。随着风险社会的到来,从风险治理的角度解读和把握公共危机管理将有助于对其更为深入和立体化的认知。

随着现代社会的快速发展,各类突发事件层出不穷。如何统筹、平衡发展与安全的关系,是我们亟待解决的课题。目前,我国已经出台了"一案三制"(应急预案、应急体制、应急机制、应急法制)制度,坚持总体国家安全观,建立了准备、预防、减缓、响应、恢复、学习六项分阶段机制和监测一项跨阶段机制的一整套公共危机应对体系,公共危机管理已经成为国家制度建设重要的组成部分。党的二十大报告对国家安全高度重视。这对公共危机管理提出了新的要求。

本章将主要介绍公共危机的概念、分类,对公共危机的渊源、内涵与特征进行了较为全面的介绍。在此基础上,明确了公共危机管理的内涵、特征、阶段划分与基本原则。风险的概念和治理理念已经获得高度认同,甚至有学者称我们已经进入"风险社会"。由此,本章进一步探讨了风险及风险治理的含义,并展开了公共危机管理与风险治理的关系辨析。

第一节 公共危机的概念与特征

古语有云:"祸兮,福之所倚,福兮,祸之所伏。"现代社会高速发展、财富迅速累积,世界形势风云诡谲,危机四伏。从"9·11"事件到福岛核泄漏事故、新型冠状病毒感染全球大流行,各类公共危机的频繁发生,严重冲击了全球经济发展,给社会公众的生命财产安全造成了巨大的威胁。如何有效管理公共危机,将公共危机的危害程度降至最低,是各国政府所面临的执政考验,也是现代政府所面临的现实问题。建立健全适合我国国情的公共危机管理体系,提高我国政府应对危机的能力,需要对公共危机相关的概念、特征进行深入探究。

一、公共危机的渊源

（一）危机及其定义

危机的英文单词是"crisis"，最早源于希腊语"krinein"，当时主要被应用在医学领域，意指人得病后所面临的恢复或者死亡的剧变。《韦氏词典》将"危机"定义为"病情向好或向坏的转折点；决定性的关键时刻"，后引申出"危险""灾害""紧急状态"等含义，通常描述一种意料之外的危险状态。

从词源角度对"危机"一词解构，可以发现，该词由"危"和"机"两个字组成，在汉语中"危"字的含义主要有以下几种：①在高处而畏惧。清代《说文解字》对"危"字的解释是："危，在高而惧也"，即为此意。②伤害，使危险。例如，"危士臣，构怨于诸侯"（出自《孟子·梁惠王上》）。③灭亡，败亡。例如，"魏必危"（出自《战国策·秦策四》）。④人将死。例如，"形盛脉细，少气不足以息者危"（出自《素问》）。⑤端正。例如，"危然处其所而反其性"（出自《庄子》）。⑥几乎，差点儿。例如，"我危得之"（出自《汉书》）。⑦作姓氏。"机"在汉语中主要有以下解释：①弓弩上的发动机关；②事务发生的枢纽；③合宜的时候；④由许多零件组成的可以做功或有特殊作用的装置和设备；⑤有生命的生物体器官的作用；⑥灵活，能迅速适应事物变化的。"危"与"机"合成"危机"一词，在古代，常用作表达情况紧急之意，例如，"当是时，危机交急"（出自《资治通鉴·晋纪》）、"乘此危机，遂能归命"（出自《旧唐书·本纪》）等，在《现代汉语词典》中，危机具有"潜伏的危险；严重困难的关头"等基本含义。

由此得知"危机"包含两层含义：一是危险，即危机所带来的冲突、分歧、对抗、摩擦、失衡等破坏性结果；二是机遇，即危险之中蕴含的转危为安、逢凶化吉的可能性，只要妥善处理危机事件，就可化险为夷，走向稳定和恢复，甚至实现变革和迭代。

从理论角度对"危机"进行定义，学界目前存在较多的讨论。将危机作为一个学术概念引入研究领域的是美国学者赫尔曼（Hermann），他将危机界定为"一种情境"，在此情境之中，决策主体的根本目标受到威胁，决策者的反应时间非常有限，且事件的发展往往在决策者意料之外。①著名危机管理学家史蒂芬·芬克（Steven Fink）追随赫尔曼的研究，也将危机看作一种进入关键性阶段的情境，它是"不稳定的时期或事务状态，具有决定性的变化即将发生，既包括产生负面结果的可能性，也包括产生预想、正面结果的可能性"。②罗森塔尔（Rosenthal）进一步聚焦到社会系统，认为"危机是指对社会系统的基本结构或基本价值和规范产生威胁，并要求在时间压力和高度不确定的情况下做出关键性决策的事件"。③将危机看作"事件"而非"情境"的还有斯格（Seeger）和皮尔森（Pearson）等人。斯格认为危机是高度不确定的和有威胁性的非常规的一系列事件，皮

---

① HERMANN C F. International Crises:Insights from Behavioral Research[M]. New York: The Free Press, 1972:13.
② 王宏伟. 公共危机管理[M]. 北京：中国人民大学出版社，2019：4.
③ ROSENTHAL U, CHARLES M T. Coping with Crises: The Management of Disasters, Riots and Terrorism[M]. Springfield: Charles C.Thomas, 1989:8.

尔森从危机对组织原有运行轨道的影响角度界定其为一种特殊事件。此外，哈贝马斯从宏观层面对危机进行界定，将危机定义为系统整合（system integration）的失调，这一观点虽与危机管理领域的界定存在出入，但启发了我们关于危机的两点思考：一是危机使社会系统失调，陷入了一种"非常态"；二是面对失调的"非常态"，社会系统需要加以整合进入一个新的平衡状态，即"常态"，也就是要突出危机管理的重要性。①

我国的公共危机研究较之于国外起步较晚，在吸收国外理论的基础上，形成具有较大影响力的学者主要是薛澜和张成福等。受罗森塔尔的启发，薛澜等人则从政府常规决策的非常态情境出发，将危机界定为一种决策情势，"在此情境中，决策者所在组织的社会基本价值和行为准则架构面临严重威胁，突发紧急事件以及不确定前景造成了高度的紧张和压力，为使组织在危机中得以生存，并将危机所造成的损害降至最低限度，决策者必须在相当有限的时间约束下做出关键性决策和具体的危机应对措施"②。张成福则更加强调政府和社会组织的危机应对，认为"危机是这样一种紧急事件或紧急状态，它的出现和爆发严重影响社会的正常运作，对生命、财产、环境等造成威胁、损害，超出了政府和社会常态的管理能力，要求政府和社会采取特殊的措施加以应对"。③台湾学者詹中原秉持价值中立的原则，强调危机价值的中立性，"危机的产生，可能会带来整个事件更佳的结局，但亦可能造成更恶劣的结果；其决定的关键是决策者危机管理的能力"。④

关于危机的不同定义既包含价值判断，也包含事实判断。危机是事务发展过程中的"分水岭"——在紧急关头需要决策主体迅速做出关键性决断。正如危机的字面意思显示的那样，危机之中既有危险，也有机遇，有的学者可能只强调其"危险"的一面，认为"危机"只能带来负面价值，而有的学者则放大了"机遇"，试图将"危机"与"转机"相提并论。定义分歧的另一个方面在于危机究竟是"过程"还是"事件"。危机表现为低概率、高影响的事件——从正常情境向危机情境的突然转变。这种以事件为中心对危机进行解释的观点受到许多学者的质疑，另一部分学者主张基于危机的生命周期和演进过程展开研究，强调危机管理的连续性和阶段性。由此，我们认为，危机是一种对现状会造成挑战或威胁的非常规情境，具有突发性、高度不确定性、紧急性和破坏性的基本特征。

此外，危机还有不同的类型，按照不同的分类标准可以产生不同的分类结果。根据危机的影响范围可以分为国际危机、国内危机、地区危机和组织危机等；根据危机的主要成因和涉及范围可以分为政治危机、经济危机、社会危机、价值危机；根据危机的复杂程度、性质和可控性可以分为结构良好的危机与结构不良的危机；等等。面对不同类型的危机，处理方法也存在巨大的差异，因此在处理危机前，首先需要明确危机的类型及其特点，以便采取有针对性的措施。

---

① 金太军，赵军锋. 风险社会的治理之道[M]. 北京：北京大学出版社，2018：30.
② 薛澜，张强，钟开斌. 危机管理：转型期中国面临的挑战[M]. 北京：清华大学出版社，2003：26.
③ 张成福. 公共危机管理：全面整合的模式与中国的战略选择[J]. 中国行政管理，2003（7）：6-11.
④ 王宏伟. 公共危机管理[M]. 北京：中国人民大学出版社，2019：4.

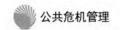

（二）公共危机的定义

公共危机（public crisis）是危机类型中一种特殊的存在。①金太军等学者给出了清晰的解释："危机"和"公共危机"之间是一般和特殊的关系，"危机"是一般的概括，是统称，"公共危机"则是特殊的类型、特例。"危机"指代的是包括公共危机在内的所有危机情境，"公共危机"指代的是以政府为治理核心的，影响社会系统平衡的情境。②依据危机出现的领域，危机可以划分为私人领域的危机和公共领域的危机。私人领域的危机一般影响范围较小，往往针对个人和私人组织而言，公共领域的危机则突出了"公共性"，是发生在公共领域范围内的危机，一般影响范围较大，社会秩序和公共利益都受到严重的影响，此类危机被称为"公共危机"。公共危机一旦发生，社会系统的行为规范和基本价值将受到严重威胁，造成重大的人员伤亡、财产损失和生态环境破坏，甚至威胁社会安全和政治稳定。

为了更好地理解公共危机的定义，首先对"公共"的由来进行基础的梳理。在中文解释中，"公"与"私"相对，基本含义是"共同""共有"，正如《礼记》所言："大道之行也，天下为公。""公共"一词在《现代汉语词典》中的释义为："属于社会的；公有公用的。"在西方，"公共"一词起源于古希腊，主要有两重含义：①超越个人利益去理解和思考他人利益，这意味着这个人具有公共精神和公共意识，是作为成年男性公民参与公共事务的标志；②人与人之间在相互交往过程中相互关系和照顾的一种状态。因此，从起源上看，"公共"具有社会层面的非个体性特点，随着时代发展，此概念发生了很大改变，一度演变成"政府"或"政治"的同义词。③

关于公共危机的定义，学界同样尚未达成共识，不同的定义代表了研究不同的侧重点。例如，从危机的破坏性角度来说，公共危机是指对社会公众具有巨大现实或潜在危险（危害或风险）的事件④。从危机的特征角度来说，公共危机是指那些突然发生的，攸关公共利益的、对于组织的生存与发展具有重大影响的、亟须管理者快速应对的事件⑤。从危机的生成角度来说，公共危机被定义为由于社会组织内部存在某种缺陷或脆弱性而长期得不到改善或加强，在某种外因的突然作用下，所引起的一种需要决策主体在有限时间内做出决策、动员整个社会积极参与、整合社会各种资源进行积极应对的，一种可能威胁整个社会正常秩序或价值规范的紧急形势或状态。⑥据此可以认为，公共危机是一种高度不确定的情境，以突发事件为显著标志，是对社会系统的价值体系、功能运转以及全体社会成员的公共利益产生威胁的一类危机，要求危机管理主体，也就是政府部门整合社会各项资源加以应对。

---

① 张永理，李程伟. 公共危机管理[M]. 武汉：武汉大学出版社，2010：7.
② 金太军，赵军锋. 风险社会的治理之道[M]. 北京：北京大学出版社，2018：31.
③ 王乐夫，陈干全. 公共性：公共管理研究的基础与核心[J]. 社会科学，2003（4）：67-74.
④ 李燕凌，陈冬林，周长青. 农村公共危机的经济学研究及管理机制建设[J]. 江西农业大学学报（社会科学版），2004（1）：130-133.
⑤ 汪玉凯. 公共危机与管理[M]. 北京：中国人事出版社，2006：1.
⑥ 汪大海. 公共危机管理实务[M]. 北京：中国人事出版社，2013：1.

国内学者之所以使用"公共危机"的概念，是为了从研究上与"国际危机""企业危机"区别开来，突出其最核心的特征，即公共性。国际危机以国家间关系和国家利益的对立为出发点，公共危机更强调发生在一个国家内部涉及社会公共利益的危机，与别国之间不存在"利益博弈"色彩；企业危机以企业发展和企业形象为核心，遵循"经济人假设"，而公共危机更关注企业危机所产生的"负外部性"，遵循"社会人假说"。三者概念的区分并不是绝对的，而是相对的，特别是在全球化的今天，国际危机爆发给国内带来的一系列负面影响可能引发国内公共危机，企业危机的外溢给社会公众的生命财产安全造成巨大损失引致公共危机。同理，公共危机的处理不当会扩散至国际范围，演化为国际危机，公共危机的发生也会影响企业的生产经营活动，给企业发展带来危机。

因此，对公共危机和其他危机之间的关系需要辩证看待，既要看到两者之间的区别，更要看到它们之间的联系，以便更好地应对公共危机。

二、突发事件的概念及其与公共危机的关系

公共危机概念经常与风险、紧急事件、灾害、突发事件等联系起来，学术研究人员在概念使用时各有侧重，欧美国家倾向于使用"紧急事件"这一概念，日本多使用"危机"作为习惯表达。在中国，政府部门及研究人员多使用"突发事件"这一概念，尽管使用的术语表达有所不同，但从本质上来说，其研究内容存在许多交叉。为了进一步深化中国话语体系下对公共危机的认知，有必要进一步厘清公共危机与突发事件之间的关系。

（一）突发事件的概念、类型及特征

早在 2007 年，我国就颁布、实施了一部规范突发事件应对的重要法律——《中华人民共和国突发事件应对法》（以下简称《突发事件应对法》），确保应对突发事件过程有法可依。

《突发事件应对法》对突发事件的界定如下："是指突然发生，造成或者可能造成严重社会危害，需要采取应急处置措施予以应对的自然灾害、事故灾难、公共卫生事件和社会安全事件。"按照发生过程、性质和机理，突发事件被分为自然灾害、事故灾难、公共卫生事件和社会安全事件。

1. 自然灾害

自然灾害主要包括台风、暴雨、洪涝、冰雹、干旱、沙尘暴、雷电等气象水文灾害，山体滑坡、泥石流等地质地震灾害，风暴潮、赤潮、浒苔绿潮、海啸等海洋灾害，农作物病虫害、森林病虫害、草原蝗虫鼠害等生物灾害和森林草原火灾，等等。我国是世界上两大自然灾害带（北半球中纬度灾害带和环太平洋灾害带）复合的高自然灾害风险区，各类自然灾害的频繁发生给我国国民经济和群众生活造成了严重的损失，更会带来负面的社会影响，不利于社会的安定团结。例如，2008 年的"5·12"汶川地震、2021 年的"7·20"郑州暴雨都对当地的经济发展和生产生活造成了巨大的影响。

2. 事故灾难

事故灾难主要包括工矿商贸等企业的各类安全事故，民航、铁路、公路、水运、轨道交通等交通运输事故，城市供水、供电、供气、供热等公共设施和通信信息事故，网络特种设备事故，核辐射事故，环境污染和生态破坏事件，等等。事故灾难不仅会导致人员伤亡，更会引发群众对政府监管职能的质疑，产生不良的社会影响。例如，日本福岛核泄漏事故、"8·12"天津滨海新区爆炸事件都产生了极大的负面影响，损害了公共部门在公众心中的形象。

3. 公共卫生事件

公共卫生事件主要包括传染病疫情、群体性不明原因疾病、食品安全事件和职业危害事件、动物疫情，以及其他严重影响公众健康和生命安全的事件。公共卫生事件的爆发不仅损害了人们的生命健康权，给人们造成了疾病和伤亡，也会在社会范围内营造恐慌情绪，不利于社会的良性运转。2003年非典及2020年新型冠状病毒的肆虐给全世界范围内的国家和人民都造成了重大的损失。

4. 社会安全事件

社会安全事件主要包括恐怖袭击事件、经济安全事件和涉外突发事件、涉外刑事案件、民族宗教事件和规模较大的群体性突发事件等。社会安全事件的发生导致当地群众"人心惶惶"，甚至会激化社会矛盾，产生对立冲突等不良影响。

阅读材料 1-1

"9·11"恐怖袭击事件[①]

美国东部时间2001年9月11日上午，先后四架民航客机被恐怖分子劫持，其中两架被劫客机撞击了纽约世界贸易中心双塔，一架撞击了位于首都华盛顿的五角大楼，第四架被劫客机在宾夕法尼亚州坠毁。"9·11"恐怖袭击事件是发生在美国本土的最为严重的恐怖攻击行动。包括世界贸易中心双塔在内的6座纽约地标性建筑被完全摧毁，美国国防部总部所在地五角大楼局部结构损坏并坍塌。共造成2977名平民遇难及19名劫机者死亡。美国经济损失达2000亿美元。

"9·11"事件给美国民众造成了严重的心理伤害，特别是那些遇难者的家属。这一恐怖袭击事件已经成为美国人永远挥之不去的心病。美国专栏作家罗伯特·萨默森说，恐怖活动炸毁的"不仅是世贸中心和五角大楼的一部分，而是美国的平静和安全感"，"美国人的自由假日从此画上句号"。此事件发生后，中国、俄罗斯、英国等世界绝大多数国家一致强烈谴责恐怖分子的野蛮行径，支持美国打击恐怖主义。美国积极呼吁建立国际反恐怖联盟，通过国际合作共同打击恐怖主义，并将反恐怖合作作为其衡量国际关系的新标准。自此，恐怖主义与反恐怖主义的斗争成为影响国际安全形势走向的重要因素。

[①] 根据百度百科"9·11事件"整理形成，见 https://baike.baidu.com/item/9·11事件。

综上，我国语境下"突发事件"概念具有丰富的内涵，涵盖了自然灾害、事故灾难、公共卫生事件和社会安全事件四种基本类型。其中，自然灾害与事故灾难属于"灾害"范畴，公共卫生事件和社会安全事件属于"紧急事件"的范畴，紧急事件相较于灾害来说，损害程度不高，危害程度不大，比较容易处置，运用常规的社会资源和程序即可迅速响应并加以解决。但是，以系统性观点看待突发事件，发现其具有突发性、不确定性、破坏性、扩散性、周期性等特征。突发性是指事发突然，人们始料未及，在没有充分准备的情况下发生；不确定性是指突发事件的发生状态、时间、地点和规模等都是高度不确定的，尽管技术和经验的嵌入减少了不确定性因素，但在信息不对称、时间紧迫性等资源约束下，事态发展和走向仍然充满了不确定性；破坏性是指突发事件所造成的各方面的负面影响，包括对生命财产安全的侵犯、对生态环境的破坏、公众心理的不安、社会秩序的紊乱等；扩散性是指突发事件所造成的影响不再局限于发生地，而是会发生跨地域和跨领域的扩散与传播；而周期性则是强调突发事件的发展过程是一个生命周期，历经若干阶段走向终结。

（二）公共危机与突发事件的关系

有学者认为"公共危机"和"突发事件"之间并不存在根本性的差别，极有可能是同一事件在不同的发展阶段、表现形态等某一侧面的概括和反映。①我国各级政府经常使用"突发事件"的说法而很少使用"公共危机"字样，两者之间并不能完全等同起来看待，需要厘清两者之间的关系，对公共危机和突发事件的认识既要看到两者的区别，也要看到两者的联系。

1. 公共危机与突发事件的区别

（1）从本体论的角度来说，公共危机作为一种情境而存在，是一个不断演变的持续性过程，而突发事件是公共危机过程中的重要组成，是公共危机的触发媒介或焦点事件。

（2）从认识论的角度来说，对公共危机的研判具有很强的主观色彩，特别是在公共危机的早期阶段，由于没有发生损害，人们难以判定公共危机是否发生，而突发事件则是众所周知、有目共睹的事实。

（3）从方法论的角度来说，公共危机的应对是一个综合性的过程，以公共部门为主体，强调部门间的协同互动，关注事情发生的诱因与结果，但突发事件的应对是一个技术问题，对责任主体的专业性要求较高，更加强调事件即时的破坏性的修复。

2. 公共危机与突发事件的联系

（1）从理论研究上看，公共危机与突发事件具有相似之处，都具有突发性、不确定性、破坏性和时间紧迫性等特点。突发事件作为公共危机过程中的一环，是危机爆发的临界点，公共危机与突发事件在发展过程中具有交叉重叠的部分，危机通过突发事件表现出来，因此也有学者将公共危机理解为危机事件，与突发事件等同起来。

---

① 金太军，赵军锋. 风险社会的治理之道[M]. 北京：北京大学出版社，2018：34-35.

（2）在实践应用中，突发事件并不必然会导致危机，只有处理不当才会造成更大的公共危机，突发事件可以看作公共危机的前期。①公共危机在发展过程中表现为若干突发事件，公共危机的解决往往是以突发事件的妥善处理为标志的。无论是公共危机还是突发事件，都归属于应急管理体系，我国应急管理部是其主管部门，负责组织编制国家应急总体预案和规划，指导各地区各部门应对突发事件，推动应急预案体系建设和预案演练等工作。

三、公共危机的特征

公共危机一旦爆发就会产生巨大的负面效应，为了更好地认识公共危机，把握其中的规律，需要对公共危机的基本特征有所了解。一般而言，公共危机具有以下几个基本特征。

（一）威胁性和破坏性

公共危机是一种非常规状态，挑战着常规状态下社会秩序的运行，对公共利益、公共安全和社会价值体系造成威胁，这种威胁性是造成实质性破坏的潜在性因素。如果危机管理者能对潜在的威胁保持敏锐的嗅觉就能防微杜渐，否则，一旦进入危机状态就会带来比较严重的物质损失，产生负面影响。

（二）突发性和紧急性

公共危机的发生往往是不期而至，始料未及的，以突发事件为显著标志，尽管危机的发展是一个由量变到质变的过程，但是在爆发之前很少有人意识到公共危机的发生，人们很难做好充分准备，在可利用资源极其有限的情况下，还会面临物资短缺、信息不对称等紧急困境。公共危机具有的突发性和紧急性特征对危机管理者来说是一个不小的挑战。

（三）不确定性和可控性

公共危机的状态、影响以及应对都具有不确定性，始终处于不断变化的过程中，即便根据经验或技术力量对其发展态势做出判断，危机的发生和发展过程都不可能完全一样。但是，这并不意味着面对公共危机就束手无策，公共危机的演变机理和发展过程都遵循特定的规律，之所以可以在把握公共危机发生规律的基础上对危机进行管理，就是因为公共危机具有可控性的特征。

（四）公共性和扩散性

公共危机与其他危机最大的区别在于其影响范围的公共性。公共危机对大众生活和社会秩序产生了影响，因此，公共性是公共危机的应有之义。物质世界是运动的世界，公共危机也是处在不断变化发展之中的，危机的影响范围和影响程度都会出现扩散，特别是在全球化时代，公共危机的扩散会打破国界的限制，也会引发其他次生危机，形成"连锁反应"或"涟漪效应"。这就意味着我们不能再用孤立、片面、静止的眼光看待危机，要以

---

① 薛澜，张强，钟开斌. 危机管理：转型期中国面临的挑战[M]. 北京：清华大学出版社，2003：26.

联系、全面、发展的系统性思路解决问题。

（五）政治性和传播无序性

公共危机意味着对既有状态的打破，是对常态社会状况、管理状态甚至管理体制机制的冲击，因而其处理如果不够及时和有效，将对现有的社会秩序乃至政治秩序产生冲击，造成一定的社会危机和政治危机，从而具有了政治性。舆论在公共危机发展过程中扮演着一个特殊的角色，经常表现出一定的传播无序性。危机作为一种不确定性情境，人们对其的感知具有相当的主观色彩，个人对危机的感知以及个人在危机不同发展阶段对其的感知各有不同。舆论传播的无序性，需要我们在应对危机时，对其加以引导。其对危机发展的引导性作用表现在：危机经过正确的舆论传播可以达到安抚群众情绪、消除社会恐慌的作用，舆论将自下而上将利益诉求传递给危机管理主体，有利于危机的化解；而错误舆论的发酵则会对危机应对起到副作用，甚至会造成新的危机，不利于公共危机的消解。

第二节 公共危机的分类与分级

在把握公共危机基本概念与特征的基础上，对公共危机的类型认知可以帮助我们理解不同类型危机发生的机理和逻辑，以便更好地应对危机。依照不同的标准，可以对公共危机进行多种分类，本节主要探讨公共危机的分类与分级，为后续的公共危机管理提供基础性知识储备。

一、公共危机的分类

正确认识公共危机的类型不仅是理论发展的基础，也是公共危机管理顺利进行的关键。就已有的研究来说，关于公共危机的类型学研究成果十分丰富，公共危机类型的划分可以有多个标准，不同的判断标准产生不同的划分结果。从理论与实践两个角度出发，目前比较常见的分类如下。

（一）理论界类型划分

以公共危机的诱因为标准，公共危机可划分为自然灾害性危机、事故灾难性危机、公共卫生性危机、国家政治性危机、宏观经济性危机、文化价值性危机和社会安全性危机七大类，不同类型的公共危机之间可能会存在交叉、转化。①

同样是以诱因为标准，有学者将公共危机划分为六大类：第一类是自然灾害型公共危机，主要包括洪涝、地震等自然灾害，此类危机主要由自然环境破坏、疾病的扩散蔓延所引起；第二类是利益失衡型公共危机，主要包括罢工、集体上访、示威游行、集会等，此

---
① 汪大海. 公共危机管理实务[M]. 北京：中国人事出版社，2013：3.

类危机事件主要起因于经济发展的不均衡和社会保障制度上的缺陷，造成了利益分配不均衡的局面，引发了利益相关者的不满；第三类是权力异化型公共危机，主要包括集体上访示威游行、暴力抗法、刑事案件等，产生的原因在于政府权力体系中的失效，如腐败、司法权不完善等；第四类是冲突型公共危机，主要表现为大规模群体冲突、妨碍公务、刑事案件等，此类危机主要是因为意识形态异化给核心价值观念造成的冲突；第五类是国际关系型公共危机，主要表现为国家间的紧张局势、经济制裁甚至局部战争，诱因主要是国家在国际格局中的发展受到制约，国家利益和主权受损；第六类是技术灾难型公共危机，主要表现为爆炸、核辐射、核泄漏等，其原因在于工业发展中技术造成的一系列事故所引发的公共危机。

在西方学者对公共危机的分类中，具有广泛影响力的是乌里尔·罗森塔尔和斯蒂芬·冈德尔。罗森塔尔根据危机的演进与终结速度，将公共危机分为龙卷风型公共危机、腹泻型公共危机、长投影型公共危机和文火型公共危机四类。龙卷风型公共危机的演进速度与终结速度都比较快，整个周期比较短暂，要求危机管理者果断决策，迅速响应，对决策者的要求比较高；腹泻型公共危机的演进是一个比较漫长的过程，但结束速度比较快，要求危机管理者防微杜渐，在危机爆发前尽可能化解冲突与张力；长投影型公共危机一般突然发生，演进节奏较快，但终结速度很慢，并且产生比较深远的影响，面对此类公共危机，危机管理者要做好长期斗争的准备，高瞻远瞩，解决好未来可能出现的问题；文火型公共危机的演进速度很慢且未经解决逐渐式微，它对危机管理者的要求是在危机后期将重心放在消除危机所产生的负面影响。①

斯蒂芬·冈德尔（Stephen Gundel）根据危机的可预测性和施加影响的可能性，将公共危机分为常规型、不可预料型、难以驾驭型和基本型，如表1-1所示。其中，可预测性是指危机发生的地点、方式或事件是可知的，且有一定的发生概率；施加影响的可能性是指阻止灾害或危机发生或减少损失的响应行动可能为人们知晓并实施的概率。

表1-1　斯蒂芬·冈德尔的危机分类

可预测性		施加影响的可能性	
		是	否
	是	常规型	难以驾驭型
	否	不可预料型	基本型

资料来源：GUNDEL S. Towards a New Typology of Crises[J]. Journal of Contingencies and Crisis Management,2005,13(3):109-112.

（二）管理部门类型划分

公共危机以突发公共事件为具体表现形式，我国政府部门采用线分类法将突发事件分为大类、亚类和细类三个层次②，具体划分如表1-2所示。

---

① ROSENTHAL,U. Managing Crises: Threat, Dilemma, Opportunities[M]. Springfield:Charles C.Thomas Publisher Ltd., 2001:3-12.
② 参见：https://openstd.samr.gov.cn 及《突发事件分类与编码》（GB/T 35561—2017）。

表1-2 我国突发事件类型划分

大类	亚类	细类
自然灾害	水旱灾害	洪水；内涝；水库重大险情；堤防重大险情；凌汛；山洪；农业干旱；城镇缺水；生态干旱；农村人畜饮水困难；等等
	气象灾害	台风；龙卷风；暴雨；雪灾；寒潮；大风；沙尘暴；低温冻害；冻雨；高温天气；热浪；干热风；下击暴流；雪崩；雷电；冰雹；霜冻；大雾；霾；低空风切变；等等
	地震灾害	由开山、开矿、爆破等引起的人工地震；天然地震（构造地震、火山地震和陷落撞击地震）；等等
	地质灾害	滑坡；泥石流；崩塌；塌陷；地裂；地面沉降；火山爆发；海（咸）水入侵；等等
	海洋灾害	海啸；风暴潮；海冰；巨浪；赤潮；绿潮；等等
	森林火灾	境内森林火灾；跨境森林火灾；境外威胁我国境内的森林火灾；等等
	草原火灾	境内草原火灾；跨境草原火灾；境外威胁我国境内的草原火灾；等等
	生物灾害	农业病害；农业虫害；农业草害；农业鼠害；森林病害；森林虫害；森林鼠害；林业有害植物事件；外来有害动植物威胁农业生产事件；外来有害动植物威胁林业生产事件；等等
	其他自然灾害事件	
事故灾难	煤矿事故	煤矿瓦斯爆炸事故；煤矿煤尘爆炸事故；煤矿顶板事故；煤矿水害事故；煤矿煤与瓦斯突出事故；煤矿火灾事故；煤矿运输事故；煤矿爆破事故；等等
	金属非金属矿山事故	金属非金属矿顶板事故；金属非金属矿水害事故；金属非金属矿尾矿库塌坝事故；金属非金属矿中毒和窒息事故；金属非金属矿机电事故；金属非金属矿火灾事故；金属非金属矿运输事故；金属非金属矿放炮事故；金属非金属矿火药爆炸事故；等等
	危险化学品事故	危险化学品爆炸事故；危险化学品泄漏事故；危险化学品中毒和窒息事故；危险化学品火灾事故；危险化学品灼烫事故；等等
	烟花爆竹和民用爆炸物事故	烟花爆竹生产企业火灾或爆炸事故；烟花爆竹运输火灾或爆炸事故；烟花爆竹储存场所火灾或爆炸事故；烟花爆竹销售点火灾或爆炸事故；烟花爆竹燃放火灾或爆炸事故；民用爆炸物火灾或爆炸事故；等等
	建筑施工事故	建筑施工物体打击事故；建筑施工车辆伤害事故；建筑施工起重伤害事故；建筑施工高处坠落事故；建筑施工触电事故；建筑施工坍塌事故；等等
	其他工矿商贸事故	
	火灾事故	一般工业建筑火灾；特种工业建筑火灾；一般民用建筑火灾；高层民用建筑火灾；地下建筑火灾；公用建筑火灾；隧道火灾；等等
	道路交通事故	翻车事件；撞车事件；车辆坠水坠沟事件；车辆起火事件；校车交通事故；撞人事件；等等
	水上交通事故	船舶碰撞事故；船舶触礁事故；船舶触损事故；船舶搁浅事故；船舶遭受风灾事故；船舶火灾事故；船舶失踪事故；船舶海上遇险事故；水上保安事件；沿海渔业设施事故；等等
	铁路交通事故	列车脱轨事故；列车追尾事故；列车撞车事故；列车撞人事故；列车火灾、爆炸事故；等等

续表

大类	亚类	细类
事故灾难	城市轨道交通事故	地铁、轻轨、单轨列车脱轨事故;地铁、轻轨、单轨列车追尾事故;地铁、轻轨、单轨列车撞车事故;地铁、轻轨、单轨列车撞人事故;地铁、轻轨、单轨列车火灾、爆炸事故;等等
	民用航空事故	民用航空器坠机事件;民用航空器撞机事件;民用航空器剐蹭事件;大面积航班延误事件;等等
	特种设备事故	锅炉事故;压力容器事故;压力管道事故;电梯事故;起重机械事故;客运索道事故;游乐设施事故;场(厂)内专用机动车辆事故;等等
	基础设施和公用设施事故	公路交通设施事故;铁路交通设施事故;城市轨道交通设施事故;城市桥梁隧道设施事故;水运交通设施事故;民航交通设施事故;水利基础设施事故;电力基础设施事故;石油天然气基础设施事故;通信基础设施事故;金融基础设施事故;城市生命线基础设施事故;建筑垮塌事故;大面积停电事故;等等
	环境污染和生态破坏事故	水污染事件;空气污染事件;土壤污染事件;海上溢油事件;污染导致城市水源供水中断事故;转基因生物生态破坏事件;盗伐、滥伐、哄抢森林事件;毁林、乱占林地、非法改变林地用途事件;濒危物种生存环境遭受环境污染事件;野生动(植)物种群大批死亡事件;自然保护区、风景名胜区生态破坏事件;进口再生原料污染事件;非法倾倒、埋藏剧毒危险废物事件;等等
	农业机械事故	农业机械行驶事故;农业机械作业事故;农业机械碾压事件;农业机械碰撞事件;农业机械翻车事件;农业机械落车事件;农业机械火灾事件;等等
	踩踏事件	公园(广场)踩踏事件;校园踩踏事件;体育场(馆)踩踏事件;车站踩踏事件;机场(港口)踩踏事件;商场踩踏事件;影剧院踩踏事件;旅游景区踩踏事件;等等
	核与辐射事故	核设施事故;放射性物质运输事故;放射事故;射线装置事故;等等
	能源供应中断事故	
	其他事故灾难	
公共卫生事件	传染病事件	鼠疫流行事件;霍乱流行事件;肺炭疽流行事件;传染性非典型肺炎流行事件;人感染高致病性禽流感流行事件;其他按甲类管理的传染病流行事件;乙类传染病流行事件;按乙类管理的传染病流行事件;新传染病或我国尚未发现的传染病传人事件
	食品药品安全事件	食品安全事件;饮用水安全事件;农作物种子质量安全事件;药品安全事件;预防接种事件;医疗器械安全事件;化妆品安全事件;等等
	群体性中毒、感染事件	急性职业中毒事件;重金属中毒事件;非职业性一氧化碳中毒事件;等等
	病原微生物、菌毒株事件	菌株、毒株致病因子丢失事件;隐匿运输、邮寄病原体、生物毒素;医源性感染事件;等等
	动物疫情事件	高致病性禽流感;口蹄疫;疯牛病;猪瘟;新城疫;蓝舌病;动物布鲁氏菌病;动物结核病;狂犬病;动物炭疽病;小反刍兽疫;我国未发的动物疫病传入事件;我国已消灭动物疫病重新流行事件;等等

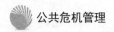

续表

大类	亚类	细类
公共卫生事件		群体性不明原因疾病
		其他公共卫生事件
社会安全事件		群体性事件
		重大刑事案件
		恐怖袭击案件
		民族和宗教事件
		涉外突发事件
		网络安全事件
		信息安全事件
		金融安全事件
		影响市场稳定的突发事件
		其他社会安全事件

资料来源：根据《突发事件分类与编码》（GB/T 35561—2017）整理。

介绍公共危机的类型学研究成果的意义在于：公共危机的类型划分是公共危机管理和应对的基础和前提，没有科学的类型划分，就不能准确把握各类公共危机的特性，也就不能对症下药地对危机进行科学有效的应对，更不能实现危机管理的最终目标。

二、公共危机的分级

仅根据危机类型采取措施并不是明智之举，还要对公共危机的影响范围严重程度分级，才能更好地应对危机。所谓分级，是将公共危机事件划分为不同的级别，从而启动不同的应急预案，采取不同的应急措施，一旦突发事件来临，可以分级响应，合理组织。根据危机事件的级别采取不同的管理措施是世界各国危机管理的基本经验，美国在经历"9·11"恐怖袭击后，对公共危机事件就采取了分级的策略，分别用红、橙、黄、蓝、绿五种颜色表示由高到低五种威胁程度，以此起到预警作用。

在我国，根据各类突发公共事件的性质、严重程度、可控性和影响范围等因素，将危机分为四级：Ⅰ级（特别重大）、Ⅱ级（重大）、Ⅲ级（较大）和Ⅳ级（一般）。按照统一领导、综合协调、分类管理、分级负责、属地管理为主的管理体制要求，四级突发事件的组织机构负责安排如下。

（1）Ⅰ级（特别重大）突发公共事件，一般由国务院负责处置。例如，2008年"5·12"汶川大地震、2015年"8·12"天津港火灾爆炸事故、2021年"7·20"郑州特大暴雨灾害等。

（2）Ⅱ级（重大）突发公共事件，一般由省（区、市）级政府负责处置。例如，2015年"12·13"上海外滩踩踏事件、2020年"1·3"贵州毕节建筑工地重大滑坡事故、2021年"7·12"江苏苏州四季开源酒店重大坍塌事故等。

（3）Ⅲ级（较大）突发公共事件，一般是由市级政府负责处置。

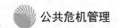

（4）Ⅳ级（一般）突发公共事件，一般是由县级政府负责处置。

对突发公共事件的分级分类处理成为政府部门制定、执行、修订突发公共事件的总体预案和专项预案的主要依据，也是对公共危机进行预警的重要前提。预警指的是在突发事件发生之前，根据以往总结的经验或观测得到的可能性前兆，向公众和相关部门发出紧急信号，报告危险情况，以避免危害在不知情或准备不足的情况下发生，从而最大限度地降低危害所造成的损失的行为。①根据突发事件的分级情况，预警颜色由高到低依次使用红色、橙色、黄色和蓝色表示。

我国政府部门将公共危机划分为自然灾害类、事故灾难类、公共卫生类和社会安全类，不同类型的公共危机的分级标准也有所不同。以自然灾害类突发事件中的地震灾害为例，根据专项预案规定，分级的标准依据地震等级、死亡（含失踪）人数以及经济损失划分，具体如表1-3所示。

表1-3　地震灾害分级标准

级　　别	地　震　灾　害
特别重大	特别重大地震灾害是指造成300人以上死亡（含失踪），或者直接经济损失占地震发生地省（区、市）上年国内生产总值1%以上的地震灾害；人口较密集地区发生7.0级以上地震，人口密集地区发生6.0级以上地震，初判为特别重大地震灾害
重大	造成50人以上、300人以下死亡（含失踪），或者造成严重经济损失的地震灾害；人口较密集地区发生6.0级以上、7.0级以下地震，人口密集地区发生5.0级以上、6.0级以下地震，初判为重大地震灾害
较大	较大地震灾害是指造成10人以上、50人以下死亡（含失踪），或者造成较重经济损失的地震灾害；人口较密集地区发生5.0级以上、6.0级以下地震，人口密集地区发生4.0级以上、5.0级以下地震，初判为较大地震灾害
一般	一般地震灾害是指造成10人以下死亡（含失踪），或者造成一定经济损失的地震灾害；人口较密集地区发生4.0级以上、5.0级以下地震，初判为一般地震灾害

资料来源：根据《国家地震应急预案》（2012年8月28日修订）整理而成。

概括而言，目前对公共危机的分类和分级主要以两分法、三分法和四分法等分类较为常见。在国内，一般将公共危机分为自然灾害、事故灾难、公共卫生事件以及社会安全事件四大类，并按照公共危机的性质、严重程度、可控性和影响范围，由高到低分为Ⅰ级（特别重大）、Ⅱ级（重大）、Ⅲ级（较大）和Ⅳ级（一般）四级，对应的预警颜色依次使用红色、橙色、黄色和蓝色表示。

第三节　公共危机管理的内涵、特征、阶段与原则

公共危机直接影响着"人的安全""社会安全""国家安全"乃至"全球安全"，是任何社会都要面临的直接问题，因此人类社会很早就有了危机管理的概念与意识，而最大限

---

① 参见《公共安全 应急管理 预警颜色指南》（GB/T 37230—2018）。

度地降低各类悲剧发生的可能性，则是现代政府面临的首要任务。政府建立公共危机管理的全过程有效应对机制，提升危机管理的效度与能力，需要厘清公共危机管理需经历的阶段及所要遵守的原则。

一、公共危机管理的内涵和特征

自有文字记载以来，人类始终面临着各种各样的危机，始终处于与危机战斗的状态，鉴于危机给人类带来的巨大损失和危害，理论与实务都对其给予了相当程度的关注，公共危机管理成为政府管理的重要内容之一，也成为公共管理学的重要研究议题之一。

（一）公共危机管理的内涵

关于公共危机管理，在宏观上可以理解为，以担负管理职能的国家政治机构为核心，在社会系统其他因素影响下，按照相应组织机构运作而对危机事态进行预警、应对和恢复的组织体系；在微观上则更加强调开展管理的手段和方法，指的是政府和其他社会公共组织等危机管理主体，以公共危机为目标，通过监测、预警、预控防止公共危机发生，或者通过控制、应急处置、评估、修复补偿等措施减少危机损失，避免危机扩大或升级，使社会恢复正常秩序的一整套管理体系与运作过程。[1]

因此，公共危机管理是一种有组织、有计划、持续动态的管理过程，政府针对潜在的或当前的危机，在危机发展的不同阶段采取一系列的控制行动，以期有效地预防、处理和消弭危机。其重点在于危机信息的获取与预警、危机的准备与预防、危机的控制与回应、危机后的恢复与重建以及持续不断的学习和创新；[2]以政府为核心的公共组织是公共危机管理的核心主体；公共危机管理活动开展的最终目的在于增进社会公平和公共利益。

具体来看，公共危机管理的概念有以下三层内涵。

（1）由于自然的不可抗力、对自然认识的未知和不确定因素的存在及其挑战性，以及社会利益与信念的过度分散与对由此产生的矛盾和冲突进行协调的难度，出现各种公共危机的不同程度的可能性是客观存在的，必须予以正视。

（2）对公共危机的认识和管理必须秉持科学的态度和科学的方法。

（3）治理公共危机不仅仅是政府的职责，而是要在政府的主导下，动员和整合社会各方面的力量共同参与，合作共治。[3]

无论从什么角度界定和理解公共危机管理的内涵，公共危机管理的目的始终在于通过提高政府对危机发生的预见能力和危机发生后的救治能力，及时、有效地处理危机，恢复社会稳定，并恢复、提升民众对政府的信任，实现整个社会的公平与稳定。

---

[1] 张永理，李程伟. 公共危机管理[M]. 武汉：武汉大学出版社，2010：10.
[2] 张成福. 公共危机管理：全面整合的模式与中国的战略选择[J]. 中国行政管理，2003（7）：6-11.
[3] 杨超. 论公共危机管理能力的提升[J]. 求实，2004（12）：92-94.

(二)公共危机管理的特征

公共危机管理具有紧迫性和长期性、不确定性、链条效应、权变性、心理约束性及博弈性六个特征。①

(1) 紧迫性和长期性。危机是一种紧张无序态势,其发生往往具有突然性,对社会产生巨大负面影响且难以有效准备。因此,对这类事件的管理属于一种紧急状态和有限时间压力下的行为选择。同时,这类事件的出现往往并非偶然和孤立的,其产生一般存在各种自然和社会诱因。对某一单个诱因或其直接诱因的解决并不意味着危机的全面化解,而必须从其全局性、结构性方面找根源,进而寻求整体性解决方案,这决定了公共危机管理是一项长期性工作。

(2) 不确定性。在危机发生前,人们的预测一般具有不确定性;即使危机发生之后,人们的判断也常常是不确定的,对事件处理往往很难准确把握,由此给公共危机管理带来了不确定性。

(3) 链条效应。危机往往会引起链条反应,形成危机的"蝴蝶效应",这就要求对危机的反应速度要越快越好,坚持第一时间反应原则。同样,危机管理的不当会引发后续不良影响出现,因此公共危机管理需要在把握第一时间反应原则的基础上尽量做到精准有效决策,降低负面链式反应出现的可能性。

(4) 权变性。导致危机发生的诱因很多,而且在发生过程中表现出的侧重点也各不相同。危机的规模、强度和持久性等结构性因素是随着各种环境因素的变化而变化的,人们很难找到一条"放之四海而皆准"的真理法则应对危机,即使人们已经发现了解决它们的一些基本准则,也必须考虑"死守规则无异于使自己的创造力窒息"。因此,这就意味着危机管理的方式方法必须随着危机情势的变化而变化。

(5) 心理约束性。在危机状态下,事件的参与者处于一种高度紧张的心理状态,往往表现为担心、焦虑、恐慌、畏惧,甚至发生剧烈的内心矛盾冲突。这种心理状态会影响事件决策者的认知能力和分析判断能力,进而影响对危机事件的反应和控制能力;对其他利害关系人而言,可能造成个人理性判断的丧失,集体感性占上风,进而出现一些盲从行为,甚至是一些极端暴力行为。可见,危机管理对决策者和事件利害人的心理要求是极其重要的。

(6) 博弈性。危机不仅仅是事件一方单方面做出的行为,在危机状态下,事件双方或多方存在一个相互博弈的动态过程,各方都会选择使自己效用最大化的策略,最终形成一个各方都愿意改变现有选择的行动集合。危机管理的结局不仅仅取决于某一方的选择,而往往取决于双方或多方的策略选择。在各方追求自身效用最大化的目标下,交易或者讨价还价就始终贯穿于危机管理的全过程。

---

① 王惠岩. 行政管理学[M]. 北京:高等教育出版社,2011.

二、公共危机管理的阶段

关于公共危机管理的阶段，针对危机时间发展和管理过程的各个环节涌现出了许多关于阶段划分的理论，其中以史蒂文·芬克和罗伯特·希斯为主要代表，推动着公共危机管理阶段研究的前进，由此形成了关于公共危机管理阶段划分的四阶段论。

（一）已有阶段划分

1. 史蒂文·芬克的四阶段模型

管理学家史蒂文·芬克于 1986 年提出企业危机生命周期理论，从危机的症候学研究或过程学视角出发，通过划分危机生命周期的方式，将危机管理分为征兆期、突发期、延续期和痊愈期四个阶段，被称作"四阶段模型"，也称作"F 模型"，如图 1-1 所示。[①]这一模型后来逐步只用于公共危机的周期和管理的阶段分析，成为最权威、影响最广泛的危机管理理论模型之一。史蒂文·芬克对危机生命周期的划分方式强调危机因子从出现到处理结束的过程中会有不同的生命特征，就如同人的生命周期，从诞生、成长、成熟到死亡，都有不同的征兆显现。

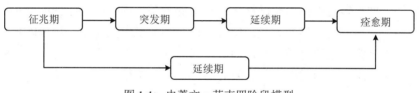

图 1-1　史蒂文·芬克四阶段模型

（1）征兆期（prodromal）：这一时期是危机处理最容易的阶段，但也是最不易被察觉的阶段。

（2）突发期（breakout）：突发期是四个阶段中持续时间最短但感觉最长的阶段，对人们造成的心理伤害也是最严重的，最显著的特征在于事件的急速发展和其带来的严峻形势。

（3）延续期（chronic）：延续期是危机四个阶段中时间较长的阶段，如果处理得当则可以大大缩减这一阶段的时间，这一阶段的主要内容是纠正突发期带来的损害和不利影响。

（4）痊愈期（resolution）：这一阶段指社会已从危机的影响中完全解脱，但仍需保持警惕，因为危机可能再度袭来，这体现了危机循环往复的过程性。

2. 罗伯特·希斯的 4R 模型

罗伯特·希斯在《危机管理》一书中提出了危机管理的 4R 模型，如图 1-2 所示，主要包括危机管理的降低、准备、反应及恢复四个阶段，这一模型和史蒂文·芬克的四阶

---

① FINK S C. Management:Planning for the Inevitable[M]. New York: American Management Association, 1986:20.

段模型的针对目标相同，是基于企业危机管理提出的相关理论，随后发展应用至公共管理领域。

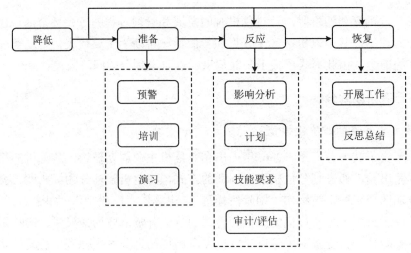

图 1-2　罗伯特·希斯的 4R 模型

（1）降低（reduction）：危机的降低是公共危机管理的核心内容，贯穿公共危机管理的全过程。降低的前提是人们都要做好应对危机的预备工作，因而降低的危机应对策略能够建立与环境相适宜的预警信号系统，也会使得公共危机管理加强对环境的重视；当反应和恢复的人员能力强，能够有效控制局面时，人员就成为降低风险发生概率和缩减其冲击的一个关键因素，这些能力需要通过有效的演习和培训获得。

（2）准备（readiness）：准备主要体现为有效地检测、预警，监视一个特定的环境，从而对每个细节的不良变化都会有所反应，并发出信号给其他系统或者负责人。准备主要是进行危机的防范工作，可通过挑选各方面的专家组成危机管理团队，制订危机管理计划，进行日常的危机管理工作；同时为了能清楚地了解危机爆发前的征兆，还需要一套完整而有效的危机预警系统；通过训练和演习，可使每个人都掌握一定的危机处理方法，在面对危机时可以从容应对。

（3）反应（response）：反应是指在危机或突发事件已经产生时，管理者应该做出什么样的反应以策略性地处置危机。在这一阶段，危机管理首先要解决的是如何能够获得更多的时间以应对危机；其次是如何能够更多地获得全面真实的信息以便了解危机波及的程度，为危机的顺畅解决提供依据；最后是在危机来临之后，如何降低损失，以最小的损失将危机消除。反应可被分为确认危机、隔离危机、处理危机及总结危机四个步骤。

（4）恢复（recovery）：恢复包括两个层面的内涵：第一，在危机发生并得到控制之后，着手进行后续工作，在物质和精神方面采取措施进行恢复与提升；第二，在危机管理结束之后进行反思，为今后的危机管理总结经验教训，避免重复犯错。危机一旦被控制，迅速挽回危机所造成的损失就上升为危机管理的首要工作了，在进行恢复工作前，要对危机产生的影响和后果进行分析，然后制订针对性的恢复计划，尽快摆脱危机的阴影，恢复以往的状态；同时要抓住危机带来的机遇，进行必要的探索，以使组织获得更高的工作效率和更好的工作效果。

（二）公共危机管理的四阶段划分

政府行动的首要意义及目的就是保护社会公众的生命、健康与财产安全，公共危机管理的最终目的在于实现社会稳定。因此，公共危机管理是为保护人民生命财产安全，维护国家安全、公共安全、环境安全和社会秩序而进行的活动，有三个方面的具体目标：首先是预防、减少公共危机的发生；其次是控制、减轻公共危机的社会危害；最后是消除公共危机的负面影响。①基于这样的目标前提，公共危机管理的阶段可由四部分组成，分别是减缓（mitigation）、准备（preparedness）、响应（response）及恢复（recovery）。

1. 减缓

减缓意味着在某一危机事件发生之前采取多种措施以防止危机的爆发，或是消减危机爆发时对自然、社会及公民个人的有害影响，也就是在危机发生之前遏止或遏制危机。预防和减缓危机是政府的职责之一，有效的公共危机管理需要在危机发生前就展开预防工作，对可能引起危机发生的风险点进行预判与消解，将危机发生的可能性减缓到最小，防患未然。社会危机意识的提升也在丰富着减缓的具体措施，具体可通过立法、公众教育、定期危险物排查等手段落实公共危机管理的减缓工作。

阅读材料 1-2

智利地震前的减缓措施②

2010 年 2 月 27 日，当地时间凌晨 3：34，智利发生里氏 8.8 级特大地震，震源深度仅为 59.4km，时间持续长达 1 分钟。在强震发生后十余个小时内，连续发生了 50 多次里氏 5 级以上的余震，其中强度最大的一次达 6.9 级，地震引发的海啸波及了阿根廷等多个邻国。

数据显示，智利地震所释放的能量是同年 1 月海地大地震的 800 倍，然而，智利政府公布的死亡人数仅为 507 人，其中还包括震后海啸中的丧生者，而 2010 年 1 月 12 日的海地地震却造成 20 余万人死亡。此次智利地震破坏程度远低于海地地震的一个重要原因就是，智利非常注重采取预防措施以削减风险。智利位于太平洋板块与南美洲板块相互碰撞的地带，是一个地震高发国家，其城市规划与房屋建造初始就十分关注抗震性能，采取"强柱弱梁"的设计理念，通过梁的断裂巧妙缓冲地震的巨大能量，大大降低了房屋的脆弱性。

2. 准备

准备是指公共危机管理者为了应对可能发生的危机事件所做的各种准备工作，以便当危机出现时可以有效地应对危机。准备工作包括两个方面的内容：一方面是制订应急计划，提前设想危机可能爆发的方式、规模，并且准备好多套应急方案，一般要以最坏打算

---

① 王宏伟. 公共危机管理[M]. 北京：中国人民大学出版社，2021：19.
② 智利为啥特别"抗震" [EB/OL]. （2017-09-20）. http://world.people.com.cn/n1/2017/0920/c1002-29546929.html.

为底线；另一方面是建立危机预警机制，依靠这种参照物指标加以检验。注意通过媒体或其他传播方式向社会公众普及应急响应计划和疏散计划，做好资源储备，提前进行检验性演练，完善避难场所建设，加强政府不同部门之间的沟通协作，提升准备工作的协调性。

3. 响应

响应是指对于已经发生的公共危机事件，管理者根据先前制订的应急预案采取应急行动，控制或消灭正在发生的危机事件，减轻灾害危害，保护生命和财产安全。公共危机发生后，首先要遏制危机，公共管理部门要在困难的情况下为决策者提供及时、准确而必要的信息，从而为迅速出击解决危机创造条件。其次要注意隔绝危机，避免其蔓延，要将危机限定在一定范围内。最后要加强媒体管理，防止谣言流传、虚假信息散布影响决策。

4. 恢复

许多危机属于长投影型的，响应的结束并不意味着危机管理的结束，而是进入了危机管理的恢复阶段。公共危机过后，以政府为核心的公共部门需要对危机造成的各方面伤害采取措施以恢复到危机前的状态，具体指通过各种措施恢复和重建社会运作的正常秩序，这一阶段可能会持续很长时间，处理不当有可能引发新的公共危机事件。也就是说，恢复不仅意味着恢复危机中所受到的损害，更要恢复受害人的精神损失，尤其要避免重蹈覆辙，加强认识与学习，将可能发生危机的漏洞弥补起来。

三、公共危机管理的原则

一个优秀的危机管理者应立足于实际，着眼于未来，敏锐感知与判断危机，从而有效在危机中做出决策，对自己的工作负有责任，善于在危机中学习和成长，为下一次危机的处置做好准备。在具体的公共危机管理过程中，危机管理者应遵循以下原则。

（一）效率原则

公共危机事件具有突发性特征，其破坏性、危害性和负面影响最初难以确定，这时就必须在信息不充分的情况下做出反应，否则不但会延误时机，而且会使事态恶化。立即采取有效措施紧急处置，符合精干高效的效率原则。效率意味着处事的机动性与灵活性，危机管理者还要善用创造性的方法面对和解决危机，紧跟危机发展的进程和动态，提升危机管理的效率，做到灵活多变。

（二）协同原则

突发事件引起的公共危机是多方面的，涉及的领域是综合性的，需要政府各个部门和社会各界的社会组织、公民个人共同参与，有效应对公共危机，这就要求公共危机管理应对各方协同合作，优化整合社会资源，发挥整体效能，最大限度减少危机带来的损失。这就要求危机管理者要站在一个全局系统的角度上看待问题，统筹考虑危机中的各类因素，协调好各方参与主体，将所有人员汇聚在一个共同的目标之下，形成有效的危机信息沟通网络。

（三）安全原则

在公共危机应对中，必须强调应急处置与救援的先后次序问题。公共危机管理的首要任务是保证民众生命安全，确保受害人员生命安全，同时还要最大限度地保护参与公共危机处置的应急人员生命安全；在保证人民生命安全的基础上，还应该尽力保障国家和人民群众的财产安全。

（四）依法原则

法律与危机事件是密切相关的，依法原则对公共危机管理的主体——政府来说就是依法行政，这是现代民主宪政的基本要求，也有利于制约政府在应对公共危机中滥用自由裁量权来侵犯公民权益。就目前来看，我国针对公共危机管理形成了如表 1-4 所示的法律体系。

表1-4 中国公共危机管理相关主要法律

颁布时间	法律名称	目标
1996年	《中华人民共和国戒严法》	应对战争、动乱、大规模的暴力冲突等较为严重的紧急危机事态
2007年	《中华人民共和国突发事件应对法》	预防和减少突发事件的发生，控制、减轻和消除突发事件引起的严重社会危害，规范突发事件应对活动，保护人民生命财产安全，维护国家安全、公共安全、环境安全和社会秩序
2008年	《中华人民共和国防震减灾法》	防御和减轻地震灾害
2016年	《中华人民共和国防洪法》	防治洪水，防御、减轻洪涝灾害
2016年	《中华人民共和国气象法》	发展气象事业，规范气象工作，准确及时地发布气象预报，防御气象灾害，合理开发利用和保护气候资源
2021年	《中华人民共和国消防法》	预防火灾和减少火灾危害，加强应急救援工作，保护人身、财产安全，维护公共安全

资料来源：作者根据相关资料整理。

（五）科学原则

公共危机管理需要全社会的共同参与，但这并不意味着人海战术效果最佳，专业性要求高的公共危机事件需要专业人员应对，没有专业的知识和相关设备，盲目参与应对反而会适得其反。因此，危机管理者需要重视以科学知识为基础的公共危机管理方法，科学应对公共危机，科学进行公共危机管理，将操作权赋予专业人员，注重发挥专业救援队伍和专家的力量，选择合适、专业的救援工具，加大公共危机管理的科技支撑力度，优化公共危机应对的效果。

（六）适度原则

公共危机管理存在相应的成本，反应过度会造成公共资源浪费，公共危机管理的效率

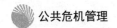

原则也就无从谈起。当前中国公共危机管理存在着一定的事前准备不足和事中反应过度的问题，这就需要提升预防工作的质量，在危机发生时根据危机情况适度反应，避免惊慌失措或"不惜一切代价"反应不当的情况。

第四节 公共危机管理与风险治理

风险治理概念的广泛传播始于 20 世纪中期，早期偏向于"风险管理"，主要针对的是危害性风险，而后逐渐扩展范畴。公共危机管理与风险治理既有联系又有区别，风险治理是公共危机管理的"关口再前移"，能在更加基础的层面上实现公共危机的"标本兼治"，从而通过策略管理实现资源最优配置。

一、风险与风险治理

（一）风险的含义与特征

德国社会学家卢曼曾指出："我们生活在一个除了冒险别无选择的社会。"[1]风险已经成为我们日常生产生活的组成部分。如何定义风险，它是如何产生的，我们又该如何治理风险，对我们做出的每一个选择和判断都具有重要意义。

风险在人类社会中一直存在，但随着当前突发事件和危机事件的增多、不确定性的增强，风险在当今社会已有了与以往本质性的不同。"风险"一词来源于意大利语"risqué"，是在现代早期的航海贸易和保险业中出现的，体现为自然现象或者航海遇到礁石、风暴等事件，"风"就意味着"险"的存在，由此形成了"风险"一词；从汉语来看，"风险"意指遭受损失或毁灭的可能性，也就是发生不幸的概率，最大的特点在于不确定性和可能性。

目前，"风险"的词义是由保险业给定的，将其理解为一件事件造成破坏或伤害的可能性或概率，通用的公式是风险（R）=伤害的程度（H）×发生的可能性（P），带有明显的经济学色彩，遵循成本—收益逻辑。[2]人类学学者将风险定义为一个群体对危险的认知，是社会结构本身具有的功能，作用是辨别群体所处环境的危险性。[3]贝克则从现代性出发对风险的定义给出了富有洞察力的见解，他认为风险是"一种应对现代化本身诱致和带来的灾难与不安全的系统方法，与以前的危险不同的是，风险是具有威胁性的现代化力量以及现代化造成的怀疑全球化所引发的结果，它们在政治上具有反思性"[4]，明确指出风险是"预测和控制人类行为未来后果的现代方式"。

综合上述定义，我们可以将风险定义为：未来事件发生的可能性以及对这种可能性的

---

[1] LUHMANN N. Risk: A sociological theory[M]. Berlin: de Gruyter, 1993:218.
[2] DOUGLASS M. Risk Acceptability According to the Social Sciences[M]. London: Routledge, 2003:20.
[3] 杨雪冬. 全球化、风险社会与复合治理[J]. 马克思主义与现实，2004（4）：61-77.
[4] BECK U. Risk Society: Towards a new modernity[M]. Mark Ritter. London: Sage Publications, 1992:21.

感知。其本质是不确定性，只要存在不确定性，风险就会存在。

具体来看，风险具有以下双重属性结合的特征。

（1）风险是客观存在与主观感受的结合。我们必须认识到，风险是客观存在的，是不以人的意志为转移的，"即使让我们了解了风险，也无法消除或解决是否必须接受风险这个问题"。①另外，风险的存在依赖于风险附着的对象，能否成为风险与人们的认知有关，不同的认知水平对风险有着不同的感受，因此风险又是主观的。

（2）风险是积极影响与消极后果的结合。"迄今为止，风险似乎一直被视为一种纯粹消极，应当避免或者使之最小化的现象"②，事实上，这样的观点存在偏颇。面对风险，采取的不同态度和方法会产生"差之毫厘，谬以千里"的效果，处置得当则会转危为安，化险为夷；反之，则会遭受损失，失去转机。风险既是机会、机遇，也是危险和不确定性，是积极和消极的双面集合体。

（3）风险是平等性与不平等性的结合。一方面，风险具有不平等性，不同的群体和个人由于自身所拥有的资源与能力不同，对风险的承受能力也不同，越往社会上层，风险越分散，越往弱势群体，风险越集聚，呈现出"财富在上层聚集，而风险在下层聚集"③的局面。另一方面，风险又具有平等性，终极风险面前人人一律平等，空气、风、水和食物链变得"无边界"，环境、安全、健康这些问题对于每个人都无二异④，形成了风险均等分摊的平面化社会。

（4）风险是可计算性和不可计算性的结合。正如前文提到过的，保险业对风险的计算遵循"$R=H\times P$"公式，这就是一种可以计算的风险。然而，不断出现的复杂新型风险对计算提出了更高、更精确的要求，也导致了这种计算的不可能，风险的存在超脱于数字可计算的范围，风险发生的范围和程度越大，其带来的影响越加不可计算。

（5）风险是现实性和未来性的结合。风险是一个将来时态的定义，研究和治理风险的意义并不在于其正在发生，而是将来有可能发生，从潜在演变为现实还需要一定的时间或其他事件的推动，因而风险是具有未来性的。但是，每一刻都有许多风险正在发生和变为现实，这与风险的未来性并不矛盾，是一种"虚拟的现实，现实的虚拟"⑤。

因此，"风险社会"已成为当今社会的主要特征，传统的资本主义社会已经在向着"晚期现代主义""后现代主义""后传统社会"转变，社会要发展就必须具有"自反性"（reflexive），即"自反性现代化"，"安全成为与价值相关的、最重要的、强制性的议题"⑥，人为风险、人造风险的增加使得社会不得不思考如何在风险社会中继续稳定生存。

---

① MASSUMI B."Two infinities of risk", The Politics of Everyday Fear[M]. Minneapolis: University of Minnesota Press,1993:225.
② 贝克. 世界风险社会[M]. 吴英姿，孙淑敏，译. 南京：南京大学出版社，2004：20.
③ 贝克. 风险社会[M]. 何博闻，译. 南京：译林出版社，2004：36.
④ 张成福，陈占锋，谢一帆. 风险社会与风险治理[J]. 教学与研究，2009（5）：5-11.
⑤ 贝克. 世界风险社会[M]. 吴英姿，孙淑敏，译. 南京：南京大学出版社，2004：3-4, 136.
⑥ 丹尼. 风险与社会[M]. 马缨，译. 北京：北京出版社，2009：28-29.

（二）风险治理的含义与原则

风险的存在带来了风险社会的存在，风险社会的根本选择在于风险治理（risk governance），指公共部门在风险环境中将风险降至最低的治理过程。当风险演进到某种程度，超出社会特定领域的承受临界点时，危机就会发生，但如果能对风险进行有效的治理，从而控制风险、削弱风险、转移风险，就能有效避免危机的发生。具体来讲，风险治理是指通过对风险的认识、衡量和分析，选择有效方式，有计划、有目的地处理风险，以达到社会稳定、公共利益最大化的目标，遵循多元参与、开放透明、责任明确及公正合理的原则。具体来看，风险治理是一个系统性的过程，应当遵循以下原则。

（1）风险治理创造并保护价值：风险治理有助于目标的达成和绩效的明显改善。

（2）风险治理是整个组织和管理流程的一部分：风险治理不是从组织的主要活动和流程中分开的孤立的活动。

（3）风险治理是决策的一部分：风险治理可以帮助决策者做出更加明智的选择。

（4）风险治理涉及不确定性：风险本身就是一种不确定性。

（5）风险治理是系统的、结构化的、及时的过程：系统、结构化和及时的风险治理方法有助于提高效率，并产生一致、可靠的结果。

（6）风险治理基于最优的有效信息：风险治理在很大程度上依赖于信息资源。

（7）风险治理与组织相适应：风险治理应与组织的内外部环境及风险状况相匹配。

（8）风险治理应考虑人类和文化因素：风险治理承认内外部人群的能力、观念意图可以促进或阻碍组织目标的实现。

（9）风险治理是透明和包容的：风险治理的过程应允许利益相关者参与并提出意见，将其意见纳入决策的考虑范围。

（10）风险治理是动态的、迭代的和适应环境变迁的：当环境发生变化时，原有风险会发生变化或产生新的风险，风险治理应根据变化不断做出响应。

（11）风险治理有利于组织持续改进：组织通过制定和实施战略，促进风险治理和其他方面不断改进。[①]

综上所述，风险治理是一个动态化的过程，作为公共危机管理的一部分，构成了危机管理活动开展的前提，是有效应急处置的基础。

二、风险治理与公共危机管理的关系

风险的累积与量变会导致风险因素发生质变，从而导致危机的出现。风险治理与公共危机管理之间是相通的，公共危机管理涉及事前、事中及事后的完整行动过程，属于全端性管理；相比之下，风险治理将"风险"作为对象，其主要特性是对不确定性和可能性的管理，可视其为公共危机管理的向前延伸和关口，或者可以将风险治理理解为公共危机管理的前端内容之一，是公共危机管理"关口前移"的重点，能够在战略层面消除危机发生

---

① 邹积亮. 政府突发事件风险评估研究与实践[M]. 北京：国家行政学院出版社，2013：43-44.

的可能性。因此,我们将风险治理看作公共危机管理的组成部分之一,是公共危机管理的事前阶段,如表 1-5 所示。

表 1-5 风险治理与公共危机管理对比

对 比 项	风险治理	公共危机管理
阶段	前端	全端
对象	风险	危机
层次	战略管理	行动管理
功效	根本性	应时性

资料来源:作者整理而成。

(1)从阶段上来看,风险治理是公共危机管理活动的前端内容,是对"能带来损失的不确定性"的前端管理,是公共危机管理的"关口再前移";公共危机管理则涉及事前、事中及事后的全过程,呈现出征兆、突发、延续、痊愈的四阶段过程特性,公共危机管理包含着风险治理。风险治理可被理解为公共危机管理的前端组成。

(2)从对象上来看,风险治理以"风险"为行动对象,居于常态治理与非常态治理的中间地带,主要针对事件发生的不确定性和可能性展开相应的预防活动;公共危机管理则更加针对已经发生的危机进行相应处置。在风险治理中,如果风险源能够被成功消除或控制,则重新进入常态化管理或开启新一轮的风险治理;若风险未能得到有效解决,潜在风险演化为突发事件,引发危机事件的出现,则进入公共危机管理的事中阶段,也即作为前端的风险治理的终点,就是公共危机管理的事中及事后的起点。

(3)从层次上来看,风险治理的本质是战略管理,而公共危机管理更加倾向于一种行动策略,风险治理能够在更基础的层面实现管理的优化与提升,是一种更加优化的管理策略。风险治理通过对环境及风险源进行测定与评估,从而制订出处理"潜在威胁"的系统性计划,从前端和根本上杜绝与防止危机事件的产生,实现管理的整体性和战略性优化配置;公共危机管理是在危机事件出现之后,按照先前的既定方案配置资源进行应对,属于行动管理,通常是在有限的时间和信息资源下做出相应决策,与风险治理相比,资源配置的科学性和有效性会有所降低。

(4)从功效上来看,风险治理比公共危机管理更能从根本层面上避免和减少损失的产生。风险治理的最佳功效在于其超前预防,即尽量避免和减少人类活动与灾害性环境之间的互动,也就降低了致灾因子产生的可能性,渗透在"规划、发展、建设、管理、运行"的各个环节中,从而在根本层面上防止危机事件的发生及其带来的损失;而风险一旦转化为危机事件,损失便不可避免,此时就需要采取危机管理的相关手段将损失降到最低。

三、公共危机的风险评估与预防

(一)公共危机的风险评估

风险评估是公共危机管理的前哨,也是公共危机管理活动开展的第一道防线,进行科学的公共危机事前风险评估已成为公共危机管理的首要和重要组成部分，已成为公共危机管理的重中之重。

公共危机的风险评估主要由四个部分组成：风险识别（risk identification）、风险分析与评估（risk analysis & evaluation）、风险处理（risk treatment）以及风险监控（risk monitoring）。①

1. 风险识别

风险识别指的是对风险的类型及其产生的根源进行分析判断，进而对风险估算和控制的过程，是风险治理和公共危机管理的基础所在。风险识别主要解决的是"5W1H"问题，包括"可能会发生什么"（what）、"如何发生"（how）、"为什么发生"（why）、"什么地点及时间会发生"（where & when）以及"谁会受到影响"（who）六个方面。在危机发生前，人们运用各种方法系统地分析风险及征兆，认识所面临的各种风险，并分析风险事故发生的潜在原因。

2. 风险分析与评估

风险分析是从风险发生的可能性和后果两个方面对风险水平进行分析，风险评估则是根据风险分析的结果，把所有可能面临的风险按照紧急性和重要程度进行排序，并将每种风险对应的风险解决方案进行可行性、成本—收益等分析，从而建立一个完整科学、切实可行的风险应对管理体系，以便更加有效地分配和使用风险应对的相关资源。

3. 风险处理

风险处理指的是针对风险选择合适策略和手段加以应对并执行。按照罗伯特·希斯提出的四阶段理论，风险处理有四种应对策略，分别是降低、准备、反应及恢复。

4. 风险监控

风险监控指的是对识别出的风险加以分析、评估，并选择合适的策略和手段来应对，但要注意的是，风险监控并不是公共危机风险评估的全过程，而是贯穿于风险评估过程的一个流动性要素，在监控的同时对公共危机风险评估进行实时修正与调整，从而构成一个完整、封闭、动态的公共危机风险评估过程，为公共危机决策提供所需信息与决策参考资源。

（二）公共危机的预防

危机预防是指在危机发生前，通过政府的主导和全社会的动员，采取各种有效措施消除危机隐患，避免危机发生；或者在危机来临前做好充分准备，防止危机扩大或升级，最大限度地减少危机造成的损失。②公共危机的预防是避免危机大规模爆发、减少危机损失的关键，也是其他公共危机管理措施的前提基础。因此，"预防为主，准备在先"成为现代公共危机管理的一条重要原则，也是现代公共危机管理与传统危机应对的重要区

---

① 张涛. 大数据时代个人信息匿名化的规制治理[J]. 华中科技大学学报（社会科学版），2019，33（2）：76-85.
② 安志放. 基于预防的城市公共危机常态化管理探讨[J]. 前沿，2011（6）：111-113.

别之一。①

具体来说，公共危机的预防可以采取如下措施。

（1）加大公共危机的预防教育力度，增强危机风险意识，推进危机预防的宣传教育工作，为政府有效应对公共危机提供社会思想基础。危机意识是公共危机预防工作的起点，只有居安思危、未雨绸缪，才能有效减少公共危机事件发生的概率与可能性。在政府的公共危机管理中，危机意识作用的充分发挥能够将危机事件控制在管理体系与准备范畴之内，从而构筑其危机管理的坚实防火墙。

（2）强化公共危机管理组织建设，建立专门的组织机构，对公共危机实行专门管理，为政府有效预防公共危机提供组织保障与主体基础。我国在 2018 年机构改革之后，国务院成立了专门的应急管理部负责相关应急工作的开展，并将防灾工作看作部门职责的重要内容之一，在部门协调、上下级协调之间发挥着不可忽视的作用。

（3）加强危机预防技术与物资储备，设立公共危机预防专项资金，为公共危机预防提供物质保障。充足的物资资源是公共危机管理工作得以开展的前提条件之一，为确保危机来临时政府能有效地调动所需资源予以应对，应当在危机爆发前或者在日常行政管理中就确保充足的物资储备，以有效处理突发性公共危机事件。

（4）建立健全公共危机预防的法律法规体系，做到有法可依，有法必依，保证好公共危机预防的法律供给，为政府开展公共危机预防行动提供制度保障。完备的法制体系为国家危机预防机制的建设奠定了坚实的法制基础，为危机预防行为提供了法律保障和制度规章规范。

（5）建立良性的危机预防互动关系，重视其他社会力量的参与，形成多元参与的治理格局，为公共危机预防提供社会保障。"小政府·大社会"的理念可应用到公共危机管理中，社会力量在这其中的参与也尤为重要，政府部门应对公共危机管理中社会力量的作用赋予新的认识，采取积极措施加强对社会力量的引导和协调，予以必要的帮助与指导，调动、盘活各种社会资源，充分发挥社会各个主体的作用，提高社会整体预防与应对公共危机事件的能力，提升社会整体在公共危机事件中的韧性程度，实现可持续发展。②

本章小结

"公共危机"这个词在中文和英文中都颇具渊源。公共危机是一种高度不确定的情境，以突发事件为显著标志，是对社会系统的价值体系、功能运转以及全体社会成员的公共利益产生威胁的一类危机。公共危机与突发事件密切相关，后者按照法律规定，可以划分为自然灾害、事故灾难、公共卫生事件、社会安全事件。公共危机管理是一种有组织、有计划、持续动态的管理过程，与风险治理也具有辩证的对应关系。

---

① 黄顺康. 公共危机管理与危机法治研究[M]. 北京：中国检察出版社，2006：5.
② 谭卫国，但锐. 公共危机预防机制的构建：以政府有效应对汶川大地震为研究主体[J]. 湖北社会科学，2009（7）：25-27.

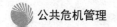

 课后名词解释

公共危机　公共危机管理　风险　风险治理　风险评估　风险识别

 **思考题**

1. 请解释公共危机的内涵与特征。
2. 如何辩证地看待公共危机与突发事件之间的关系？
3. 公共危机管理大致可以划分为几个阶段？需要坚持什么原则？
4. 公共危机的风险评估包括哪几个环节？
5. 如何理解风险治理与公共危机管理之间的关系？

第二章　公共危机管理的理论与方法

本章学习目标

公共危机管理理论的形成和发展逾半个世纪之久,迄今产生了诸多富有真知灼见的理论观点和实用性非常强的研究方法。通过对本章的学习,需要达到以下目标:第一,熟悉公共危机管理理论的演变和发展历程,熟练掌握其中的代表性人物及其理论观点;第二,熟悉公共危机管理研究方法的具体应用,学会运用定性或定量的实证研究方法对公共危机管理问题开展学术研究;第三,弄懂弄通公共危机管理的理论与方法对推动公共危机管理实践改进的作用;第四,学深悟透公共危机管理的理论与方法在全书中应有的价值。

实践是理论之源泉,理论构成实践之先导。在同危机抗争中,人类不仅习得了经验,更在经验基础上形成了危机应对的科学知识。如今,公共危机管理研究已经经历了从"公共危机研究"到"公共危机管理研究"再到"公共危机管理理论研究"的变迁,在这一过程中,危机应对理论的作用不断凸显,危机管理理论的版图已经覆盖到人类社会生活的方方面面。本章立足于公共危机管理的理论与方法介绍,全面揭示公共危机管理的理论基础,并辅之以实践案例,探求理论基础上的实践行为及实践过程中的理论创新。

第一节　公共危机管理的理论

除却纷繁复杂的概念界定,纵横交错的学科门类,公共危机管理理论研究始于 20 世纪 50 年代,从早期的"公共危机研究"到"公共危机管理研究"再到"公共危机管理理论研究",这一路径既是对公共危机本身的深入,也是对化解公共危机的方法的深入。本节追随这一路径,首先,对公共危机理论研究进行历史溯源,简要回顾其源起过程;其次,以时代顺序为纲,大致梳理公共危机理论发展至今的历史演进;再次,简要介绍公共危机管理理论中有代表性的几种主要理论;最后,概括不同公共危机管理理论的应用方式,并以一个公共危机管理的应用实例加以说明。

一、公共危机管理理论的演进

公共危机管理研究的兴起与世界形势紧密相连,大致可以划分为两个阶段:第一个阶段是 20 世纪 50 年代中期战后两极格局的形成,全球性危机频发,引起研究者广泛关注。①公共危机管理来源于消除战争冲突的负面影响。以三次柏林危机、古巴导弹危机、越南战争、朝鲜战争等为代表的一系列冲突的影响范围超越了具体区域，演化为世界性危机，给世界各国带来了深重灾难。这种客观形势促使学者将公共危机研究上升为一个独立研究对象。②公共危机管理的理论基础日趋成熟。20世纪以来，美国社会科学界发生了重要的研究范式转变，如"行为主义"的流行使学者更多关注人的行为本身，"危机中人的行为显然就具有特别的研究意义"①，经济学中新自由主义与新制度主义的理性回归，行政学、心理学等其他学科的快速发展共同为公共危机管理理论的产生创造了契机。③公共危机管理的研究方法逐渐多样。科技进步与学术研究的结合使定量分析、建模等方法与计算机技术的应用相结合，学者能使用更高效、更"科学"的方法关注个案，解释、分析甚至预测危机。②

第二个阶段是20世纪末至21世纪初，全球范围内的公共危机并没有随着冷战落幕而消失，相反，随着两极格局被打破，全球化进程加快，区域范围内的局部冲突愈演愈烈，引起研究者的重心转移。①以印度和巴基斯坦突破限制核试验国际公约造成的南亚核危机、国际恐怖主义肆虐造成的"9·11"事件为代表的典型危机依旧存在，以疯牛病、SARS为代表的公共卫生危机、非洲大湖地区为代表的人道主义危机等新型危机涌现③，使公共危机管理研究突破传统视角，朝着跨学科、理论化的方向发展；②在对危机本身的研究基础之上，学者尝试继续探究危机的生成机理、作用机制、预测模型以及危机后的恢复方法、管理体制、理论范式等④，这些尝试将学术界的一部分注意力引到公共危机管理的理论建构上，促成了公共危机管理研究的兴起。

综上所述，学界产生了众多关于公共危机管理的理论研究，这些理论在指导危机管理实践的过程中起到重要作用。关于公共危机管理研究有多个切入点，如对公共危机的生成逻辑研究、类型划分研究、灾害控制研究等，在这里我们遵循一种由浅入深的逻辑进路，从公共危机的类型到公共危机管理的周期再到公共危机管理的创新，系统梳理公共危机管理研究脉络，展示其时代演进特点及规律。

（一）公共危机类型研究

1968年，沃黑特（Warheit）等将社会危机划分为一致性危机（consensus types of crisis）和分歧性危机（dissensus types of crisis）。一致性危机是指对形势的含义、适当的规范和价值以及应该遵循的优先次序达成一致的危机。自然灾害以及由技术因素引起的灾害是这种类型危机的主要类型。分歧性危机包含冲突的情况，在这种情况下，人们对局势的性质、造成这种情况的原因以及如何解决这种情况的看法截然不同。⑤在20世纪60—70年代，人们对公共危机的概念探析已经有不少成果，但对公共危机的类型划分还较为

---

① 丁文喜. 突发事件应对与公共危机管理[M]. 北京：光明日报出版社，2009：35.
② 孙多勇，鲁洋. 危机管理的理论发展与现实问题[J]. 江西社会科学，2004（4）：138-143.
③ 赵绪生. 论后冷战时期的国际危机与危机管理[J]. 现代国际关系，2003（1）：23-28.
④ 丁文喜. 突发事件应对与公共危机管理[M]. 北京：光明日报出版社，2009：36.
⑤ WARHEIT G J. The impact of major emergencies on the functional integration of four American communities[M]. Missiology An International Review, 1968:270.

有限。正如克兰特利（Quarantelli）等所言："三十年前，在应对公共危机和灾难方面，没有足够的理论材料或研究工作来支撑这一学科。"①

1997年，罗森塔尔（Rosenthal）在其著作中提供了一种更为详细的类型划分，他基于"危机本身"与"危机参与者持有的解决意见"两个变量建构了关于公共危机的类型矩阵②。在横向上按照冲突的程度，公共危机可以划分为"冲突性"危机和"协作性"危机，"威胁的起因对其影响的体制而言可能是内源性的，也可能是外源性的"③，前者是内生性危机，后者是外生性危机。按照威胁的意图，危机各异。在有些案例中它关系社会政治生活中制度的基本结构，在另外一些案例中，威胁主要涉及某些重要的行为规则和价值、公民的身体和精神健康、法治原则等。④另外，还可以从地理意义来考虑威胁的范围：在某个机构或者建筑内，在地方、区域、国家或国际范围内。⑤在纵向上按照威胁的范围，公共危机可以分成国际的、国家的、区域的、地方的、组织的五个维度，进而细化了危机分类，这也是对沃黑特分类的一种深化。

薛澜教授等根据动因性质、影响时空范围、主要成因及涉及范围、采取手段、特殊状态几大标准，将危机事件概括为利益失衡型、权力异化型、意识冲突型和国际关系型四类。⑥童星教授等依据是否有组织、是否有直接利益诉求两个维度，将其分为"有组织—有直接利益诉求""有组织—无直接利益诉求""无组织—有直接利益诉求""无组织—无直接利益诉求"四个类型。⑦由此可以看到，公共危机管理的类型研究向着标准细化、覆盖全面、分类科学、设计合理的方向不断演进。

（二）公共危机管理周期理论

紧随类型研究之后，对公共危机管理的周期划分成为一个时期的研究主题，产生了丰富的理论成果。这一时期有代表性的成果是努纳梅克（Nunamaker）的三阶段论：危机前活动、危机中活动、危机后活动。①危机前活动包括危机规划、危机训练、情境生成与危机感知，这些活动能帮助组织预测关键情境，在危机发生前模拟情境，并在适当时刻避免危机，如果执行良好，这些活动可以非常有价值地帮助整个组织中的个人做出并实施明智决策；②危机中活动包括资源管理和情境监控，资源管理系统负责定位、获取和分配解决特定危机所需的资源，情境监控系统则负责跟踪危机局势，并向危机指挥中心的决策者报告状况；③危机后活动包括经验总结和危机评估，最重要的是令个人与组织清楚危机，也

---

① QUARANTELLI E L, DYNES R R. Response to Social Crisis and Disaster[J]. Annual Review of Sociology, 1977, 3(1):23-49.
② ROSENTHAL U, KOUZMIN A. Crises and Crisis Management:Toward Comprehensive Government Decision Making[J]. Journal of Public Administration Research and Theory, 1997,7(2):277-304.
③ 罗森塔尔，查尔斯，特哈特. 应对危机：灾难、暴乱和恐怖行为管理[M]. 赵凤萍，译. 郑州：河南人民出版社，2014：13.
④ 同③.
⑤ 同③.
⑥ 薛澜，张强，钟开斌. 危机管理：转型期中国面临的挑战[J]. 中国软科学，2003（4）：6-12.
⑦ 童星，张海波. 群体性突发事件及其治理：社会风险与公共危机综合分析框架下的再考量[J]. 学术界，2008（2）：35-45.

是从中学习经验和成长的机会。①

史蒂文·芬克提出生命周期理论，罗伯特·希斯提出了 4R 危机管理理论，他们都将公共危机管理过程划分为四个阶段（参见本书第一章第三节），二者的划分取得了广泛认可。其他学者也给出了更具体的阶段划分，如米特罗夫（Mitroff）将公共危机管理全过程划分为信号侦测、监测与预防、损害控制、恢复、学习五个阶段②。这些研究实际上已经超越了对公共危机管理的流程划分，进入管理理论研究的领域，时至今日仍有巨大的学术影响力。

（三）公共危机管理创新研究

在众多原初理论假设的基础上，部分学者开始进行关于危机管理理论的建构、检验、改进和创新研究，在这里，我们将这类研究统称为公共危机管理的创新研究。"传统公共危机管理的指导思想倾向于、着重于直接救灾；而当前国际上前沿的理论创新已转为全方位的、着重于危机管理与社会的全面发展。"③一直以来，危机管理理论的建构以西方为主，自 SARS 事件后，我国学者开始大量研究、引介西方理论。值得注意的是，我国学者对西方理论的修正、优化产生了一众有代表性的理论成果，为我国公共危机管理体系建构起到了很大的指导作用。

（1）全面整合的危机管理体系。张成福教授在总结危机给中国带来巨大影响的基础上，提出建立一个"全面整合的危机管理体系"。这一体系在高层政治领导者的直接领导和参与下，通过法律、制度和政策的作用及资源支持系统的支持，依靠整合的组织与社会协作进行全流程危机管理，从而提高政府危机管理能力。④这一研究打开了多元主体危机管理的思路，是我国公共危机管理理论研究的一座里程碑。

（2）现代危机管理体系。薛澜教授等基于有效解决 SARS 危机，提出了转型期中国危机管理体系。他们首先从危机管理的角度分析了 SARS 危机在中国的演变过程和三个特点，然后提出了当代中国危机管理体系的一个基本框架，并结合抗击 SARS 危机，从政府功能、媒体与公众沟通、社会网络以及法律框架四个方面对这个体系进行了详细的分析。⑤

（3）灾害管理分析框架。童星和张海波教授基于中国问题建立了一个灾害管理分析框架。这个分析框架可以对应急管理功能定位、应急预案绩效分析、治理结构优化、突发事件问责和群体性事件治理进行分析，以促进与完善中国的灾害管理。⑥在此基础上，通过归纳逻辑和类比方式，他们对中国应急管理的结构固化进行理论概括，进一步提出了"彗星"结构与"彗尾"效应，形成了关于中国应急管理结构变化的理论命题。⑦

---

① NUNAMAKER J F, WEBER E S, CHEN M. Organizational Crisis Management Systems: Planning for Intelligent Action[J]. Journal of Management Information Systems, 1989, 5(4):7-32.
② MITROFF I I. Managing Crisis before Happened[M]. New York:American Management Association, 2001:75.
③ 唐钧. 公共危机管理：国际趋势与前沿动态[J]. 理论与改革，2003（6）：124-126.
④ 张成福. 公共危机管理：全面整合的模式与中国的战略选择[J]. 中国行政管理，2003（7）：6-11.
⑤ 薛澜，张强. SARS 事件与中国危机管理体系建设[J]. 清华大学学报（哲学社会科学版），2003（4）：1-6+18.
⑥ 童星，张海波. 基于中国问题的灾害管理分析框架[J]. 中国社会科学，2010（1）：132-146+223-224.
⑦ 张海波，童星. 中国应急管理结构变化及其理论概化[J]. 中国社会科学，2015（3）：58-84+206.

第二章 公共危机管理的理论与方法

(4) 公共危机协同治理模式。张立荣、冷向明教授通过调研总结出我国危机管理体系主体单一、条块分割严重、调动力量困难等薄弱点，提出建立公共危机协同治理模式。这个模式的内容是：第一，在权力结构上使除政府之外的非政府组织、企业组织以及公民个人都在公共危机治理的结构中同时拥有权力、能力和责任，形成一种权力与责任对等化、制度化、常规化的多元治理结构；第二，在技术上通过现代网络与科技为多元主体互动提供支持；第三，在组织上以扁平化、弹性化的应对网络取代传统组织方式；第四，在决策体制上变为并行式网络流程，使反应更加迅捷。①

总而言之，公共危机管理研究经历数十年发展，具有以下特点。

(1) 学科由单一到多元。正如罗森塔尔所言，"危机管理研究在很大程度上形成于独立学者之中"②，最初的公共危机管理理论研究避免不了单一学科的局限性，之后随着研究范式的转向与学科背景的日渐丰富，公共危机管理的研究进入交叉学科领域，形成多元学科特点。

(2) 类型由简单到细化。早期研究对公共危机的分类很简单，自然灾害与人文危机、核事故与非核事故、国际冲突与国内冲突等，以二分法的方式简单呈现③。后以罗森塔尔、希斯等学者为代表，20世纪80—90年代以来，学术研究对公共危机的分类逐步细化，定义愈加精准。

(3) 目标由减灾到预防。最初公共危机管理的目标以消解战争和核危机为主（政治目标），后来随着危机定义的扩充，公共危机管理的目标变为消灾减灾，降低公共危机的损失。④之后，危机呈现多类型、跨区域的特点，公共危机管理的目标演化为建立公共危机管理的模型，实现全过程、全周期、全方位的危机管理。

(4) 对象由本国危机到跨国危机。美国因为冷战时期的诸多危机事件开始重视公共危机管理，率先建构起针对危机的管理体系与专门机构⑤；后冷战时期随着国际化、多极化格局的加速形成，危机的影响范围扩散到其他国家甚至世界，危机的理论研究持续深入，其研究范围从本国危机扩展至跨国危机。

通过对公共危机管理研究源起与理论演进历程的详细梳理，我们明确了以下几点：①西方世界对公共危机管理的研究始于冷战时期，受到核威胁的影响，最初主要围绕核危机开展工作，后续随着危机类型的增多与冷战结束，研究范围也逐渐变广；②我国对公共危机管理的研究晚于西方，在很大程度上始于"SARS事件"后，经历了概念引介—理论修正—创新优化几步，当前仍在继续发展；③公共危机管理理论在指导公共危机管理实践中发挥了巨大作用。

---

① 张立荣，冷向明. 协同学语境下的公共危机管理模式创新探讨[J]. 中国行政管理，2007（10）：100-104.
② 罗森塔尔，查尔斯，特哈特. 应对危机：灾难、暴乱和恐怖行为管理[M]. 赵凤萍，译. 郑州：河南人民出版社，2014：6.
③ 同②12.
④ 林德尔，普拉特，佩里. 公共危机与应急管理概论[M]. 王宏伟，译. 北京：中国人民大学出版社，2016：2-5.
⑤ 唐钧. 公共危机管理：国际趋势与前沿动态[J]. 理论与改革，2003（6）：124-126.

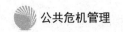

二、公共危机管理研究的主要理论

纵观公共危机管理研究,在长达半个世纪有余的演进历程中,涌现出各种理论,可谓层出不穷,总结起来,其代表性理论有以下几种。

(一)生命周期理论

危机时常具有复发性,形成"爆发—恢复—再爆发"的循环,这启发公共危机管理学者采取周期式治理。生命周期的概念最早由伊查克·爱迪思提出。爱迪思认为,生命周期的概念既适用于生命体,也适用于企业组织。"企业的成长与老化同生物体一样,主要都是通过灵活性和可控性这两大因素之间的关系表现,灵活性和可控性决定了企业在生命周期所处的位置。"[①]如今生命周期理论更多成为一种代称,应用在公共危机管理领域,意指一个具有生命周期的循环过程,以史蒂文·芬克的四阶段论与米特罗夫的五阶段论最有代表性。以五阶段论为例,米特罗夫和皮尔森认为,收集、分析和传播信息是危机管理者的直接任务。危机发生的最初几小时或最初几天,管理者应该同时采取一系列关键的行动。这些行动是"甄别事实,深度分析,控制损失,加强沟通",包含以下周期。

(1)信号侦测:识别危机发生的预警信号。这一阶段需要组织建构危机预警系统,形成完备的危机预警功能。

(2)准备及预防:对可能发生的危机做好准备并尽力减少潜在损害。在危机发生之前,做好紧急预案、储备充足资源、布置合适人员等,从而降低危机对组织造成破坏的可能性。

(3)损失控制:在危机发生之后,努力使危机不影响组织的其他部分或外部环境。如果危机真的不幸发生,通过及时、迅速的反应降低损失。

(4)恢复阶段:尽快从危机的伤害中恢复过来,实现正常运转。

(5)学习阶段:从危机处理的整个过程中汲取危机再次发生的经验教训,组织成员回顾和审视所采取的危机管理措施,并整理使之成为今后的运作基础。[②]

生命周期理论的最大作用是按照一定流程建构的公共危机管理体系可以使政府运作更加科学合理,同时政府作为公共危机管理中最重要的主体,可以全面提高危机应对能力。

(二)全面危机管理理论

区别于线性的生命周期理论模型,杰克斯(Jaques)创造性地提出了非线性的、交互的"全面危机管理理论"模型[③]。该模型包括四个主要要素:危机准备、危机预防、危

---

① 爱迪思. 企业生命周期[M]. 赵睿,译. 北京:中国社会科学出版社,1997.
② 胡税根. 公共危机管理通论[M]. 杭州:浙江大学出版社,2009:300-301.
③ JAQUES T. Issue management and crisis management: An integrated, non-linear, relational construct[J]. Public Relations Review, 2007(2):33.

事件管理和危机后管理。每个要素都是围绕一系列活动和进程建立的，并依次加以讨论，各组成部分和分组活动不是连续的，在某些情况下可以而且应该同时进行。

（1）危机准备：预案流程、系统、手册、训练、模拟。预案流程包括实施计划、分配角色和职责、建立过程所有权；系统、手册包括危机管理基础设施、设备、"作战室"、资源、文件；训练、模拟则包括熟悉程序、测试、桌面练习与现场模拟。

（2）危机预防：预警、扫描、问题、风险管理、应急响应。预警、扫描包括审核、预防性维护、问题扫描、社会预测、环境扫描、预期管理、未来研究等过程，与之对应，还应建立许多战术机制支持工作，包括领导调查、媒体内容分析、民意调查、立法趋势分析、行业协会参与、文献综述、会议出席、重点网站监控、聊天群分析等；问题、风险管理包括识别、优先化、战略制定和实施三个步骤，它们在很大程度上是重叠的活动，都从根本上依赖于管理层认识到行动的必要性，决定做什么并完成它；应急响应包括基础设施、文档、培训，迅速和有效的紧急反应是预防危机的核心要素。

（3）危机事件管理：危机识别、系统激活/响应、危机管理。危机识别包括从紧急状态过渡、客观评估、早期识别；系统激活/响应包括激活过程、有效的联系机制、留存备份、系统冗余；危机管理包括策略选择和实施、减少损害、利益相关者管理、媒体反应。

（4）危机后管理：复苏、业务恢复、后危机时期问题的影响、评估、修正。复苏、业务恢复包括运营恢复、财务成本、市场保留、业务势头、股价保护；后危机时期问题的影响包括死因调查、司法调查、起诉、诉讼、名誉损害、媒体审查等；评估、修正包括根本原因分析、管理评估、过程评审、实施变更。值得一提的是，虽然学习和评估应该发生在关系模型的每个阶段，但后危机阶段为真正的企业学习和系统修改提供了肥沃土壤。

该模型及其所倡导的外延理解为不同的危机过程提供了范式和背景。在实践层面，它还有助于避免一些过于简单的错误，比如认为问题管理主要依靠游说，或认为危机管理实际上不过是有效的媒体关系。该模型旨在促进对不同学科的理论理解，同时帮助提供真正的基本影响——将成本最小化，并降低危机事件的风险和影响。

（三）钻石模型

1974年，米特罗夫等人发表了一个科学研究的通用系统模型——钻石模型，该模型的目的是展示科学探究的主要特征，以及它们何以并且为什么相互联系、相互依存[①]。按照危机管理的事前、事中和事后阶段，米特罗夫提出四大变量：危机类型、危机机制、危机系统、危机利益相关者，并将这些要素嵌入模型，从而正式提出危机管理的钻石模型，如图2-1所示。

---

① MITROFF I I, KILMANN R. Methodological Approaches to Social Science: Integrating Divergent Concepts and Theories[M]. San Francisco: Jossey-Bass, 1978：106-121.

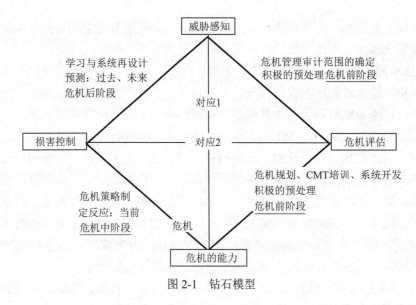

图 2-1　钻石模型

该模型从组织内部或外部的潜在威胁的"感知或识别"开始,但需注意任何威胁的完整性并不一定是已知的,只凭感知得到的信息有可能存在偏误。针对这种危机紧迫感建立危机的概念或初始模型,并为进行危机审计或对组织面临的威胁、风险等进行系统评估做准备。审计和评估工具建立在以前的研究基础上,因此,危机管理离不开科学的问题解决方法,如果使用有缺陷的方法和模型进行科学探究,那么危机管理将受到相应的影响。

使用初始评估增强组织管理实际危机的能力,这通常涉及制订危机计划和对跨职能危机管理团队(CMT)进行培训,包括设计信号检测和损害控制机制、与利益相关者建立牢固的关系,以及进行适当的危机模拟。大多数危机管理专家都同意,在当今世界,一场重大危机几乎肯定会发生在即使是准备最充分的组织身上。因此,确保一个组织有应对危机的计划、准备和能力,是有效应对和化解危机的关键。

"当我们将钻石危机管理模型嵌套在不同危机管理中,危机的定义可能会发生变化,甚至是巨大的变化。换句话说,什么是危机、什么不是危机的定义不能完全脱离危机的系统模型。在系统语言中,对关键术语和事件的定义离不开对其进行诊断和治疗的整个过程。"[①]米特罗夫等学者呼吁对危机管理和危机管理研究所涉及的问题进行系统的反思,他们认为,科学探究的系统模型非常适合帮助改进危机管理研究。系统模型将危机概念化为结构不良的问题,这在问题认知上是正确的。米特罗夫也告诫读者,这个模型只是为了概述一个比较有包容性的框架研究危机,但不能认为它是研究公共危机管理的完备框架,危机管理专家仍需对这一框架的各个方面进行认真的研究补充。

(四)全过程均衡模型

张海波教授指出,在危机管理中,规划、预防和恢复问题赢得了重要性。这个领域需

---

① MITROFF I I, ALPASLAN M C, GREEN S E. Crises as Ill-Structured Messes[J]. International Studies Review, 2010, 6(1):165-194.

要提出全面理论（full-fledged theory），以解释不同类型危机的原因与发展、危机演变的规律（regularities）。[1]既有的理论研究虽然厘清了应急管理全过程机制的构成与运行，但均未特别强调全过程的均衡。面向中国实践，兼顾理论知识的积累与沉淀，中国应急管理的全过程均衡可同时强调准备、预防、减缓、响应、恢复、学习六项分阶段机制和监测一项跨阶段机制。这一"6+1"理论框架可为公共卫生应急管理体系"补短板"、应急管理"促整合"和应急管理体系和能力现代化"强基础"提供一种共同的知识基础。[2]

（1）准备。第一，许多理论模型均把准备阶段放在危机管理流程的第一位，危机发生前的准备几乎成为当下所有研究者的共识。第二，人类的认知水平在很大程度上遵循非理性人的假设，无法预知所有危机事件的信息，因此还存在大量危机尚待认知，做好危机前的准备是"以不变应万变"，综合考虑将危机准备放在阶段中的第一环节。

（2）预防。对于已经了解的危机，"防患未然"是其未发生前的第一要务，公共危机的类型多样，特别而言，对于人为因素造成的危机，在理论上可以通过控制人为因素消解风险，在实践上或许很困难，但应当尝试。预防环节包括识别、分析、评估、管理等内部过程。

（3）减缓。并不是做好了准备与预防就可安然渡过危机，在很多情况下危机无法有效预防，而针对这类难以预防的，或者即使完成了准备、预防环节，仍然不幸到来的危机，需要提前采取风险沟通、管制措施以提升公众防护的依从性、科学性、有效性，减少风险爆发造成的损失。减缓这一环节的核心是降低系统的脆弱性，这一点适用于包括自然灾害、人造危机在内的各类危机。

（4）响应。在采取了前置措施之后，如果确实没有避免危机的发生，那么就需要系统发布预警信号，并及时进行危机应对，以尽快控制事态、减少人员伤亡和财产损失、维护社会秩序；同时，应注意舆情沟通，兼顾社会面的关切与质疑。特别强调，预警并不是单独流程，而是响应的一部分，并且是响应的"第一程序"。

（5）恢复。响应环节结束之后，公共危机管理进入恢复阶段，包括物理、社会、心理恢复三种类型的全方位恢复。将恢复作为单独环节是为了避免危机状态的不当延长或者滥用，并且强化危机响应降级和结束程序。物理恢复重视危机后的物质重建与复原，社会、心理恢复则分别重视公共福利与个体健康，是现代社会文明程度考量的重要指标，也是公共危机管理体系优劣的重要指标，应当明确并制度化。

（6）学习。学习作为整个流程中最后一个环节，具有高度重要性，通过科学、全面、深入的调查，针对前述五个环节可能存在的不足进行系统性的总结反思与解决改进，对存在的有效策略进行系统性的学习回顾与传播扩散，是学习环节的内容。学习衔接恢复与准备两个关键阶段，有助于实现应急管理全过程的闭环运转和动态循环。学习阶段既可与恢复阶段同步展开，也可根据实际需要比恢复阶段延续更长的时间，不能急于开始、草草结束。

---

[1] 张海波. 中国转型期公共危机治理：理论模型与现实路径[M]. 北京：社会科学文献出版社，2012：57.
[2] 张海波. 应急管理的全过程均衡：一个新议题[J]. 中国行政管理，2020（3）：123-130.

(7)监测。监测实际上跨越多个关键阶段乃至公共危机管理的全过程,在这里不能单独作为一个分离的阶段。在大数据时代,监测与信息技术的高度融合使其呈现全新的可能性与面貌,既要发挥大数据监测的优势,又要尽量保护个体隐私,这也是信息时代长期存在的伦理矛盾。

(五)公共危机预警理论

2006年,我国学者张小明设计并提出了公共危机管理系统的预警机制,"在社会顺境的条件下,一切针对危机的预防、警示、准备工作都称为公共危机的预警行为"。[①]建立预警系统的意义重大,一是预测公共危机可能的来源、程度、发展趋势等;二是为公共危机的有关部门提供信息、传递警示;三是对公共危机管理体系的有效补充和向前延伸,从而形成复杂度高、层次多、网络化的治理体系。其主要内容如下。

(1)预警信息搜集子系统。信息关系危机预警的成功与否,首先应收集外部环境信息和内部信息,及时发现公共危机可能产生的征兆,以便制定对策、采取措施规避危机;其次应对危机因素与危机表象进行监控,充分利用现代信息技术,掌握其变化趋势与可能后果;最后应成立国家门户网站,提供便民信息服务,以形成全国性危机预警平台。

(2)预警信息分析和评估子系统。这一子系统强调对监测得到的危机信息鉴别、分类、分析、评估,且主要针对危机环境进行分析,即对可能产生或已经产生危机因素的社会、文化、经济等环境进行鉴别、分类。通过对收集的信息进行鉴别,定位社会活动领域会造成公共危机的诱因,进一步进行诊断评估,区别主要因素与次要因素。该子系统十分强调预警信息的真实性,要求认清公共危机的相关利益群体,分析个体认知与行为,从而保证危机前的预防精确性与危机来临时的应对有效性。

(3)公共危机预测子系统。能够科学预测危机是预警系统建立的前提条件,该子系统主要以电子政务形式对社会安全状态进行分类管理,对分析和评估系统发现的可能危机诱因进行监测,达到预测危机演进趋势、为危机管理主体提供科学依据的目的。首先对组织各方面的风险、威胁进行识别分析;其次对每一种风险进行分类,并决定如何管理各类风险;最后对已经确认的每一种风险、威胁的大小及发生的概率进行评价,建立各类危机管理的优先次序,以有限的资源、时间和资金管理最严重的某一种或某几类风险。

(4)公共危机预警指标子系统。设定公共危机的相关指标可有效筛选公共危机程度与特征,建立公共危机预警指标子系统并随时更新与维护,对公共危机预警以及后续流程都有重要意义。指标体系与危机状态紧密相关,将已经确定的指标与危机预兆或危机因素相比对,便可预测危机演进趋势。因为预警讲究准确性,指标体系必须是精确的,而不能是模糊的;必须便于收集、测量、计算,而不能难以统计。

(5)公共危机警报子系统。该系统的主要功能为依据指标体系研判各种危机是否达到了警戒线,并根据危机的类型、程度决定是否发出警报,发出什么类型的警报。警报系统需要注意严格按照标准进行科学、有效的计算,不能浪费警报资源,不能因为错误研判

---

① 张小明. 公共危机预警机制设计与指标体系构建[J]. 中国行政管理,2006(7):14-19.

人为造成危机。

（6）公共危机预控对策子系统。预控对策是针对公共危机的诱因采取的提前措施，从而有效避免危机发生或降低危机发生的可能性，从而减小或消解危机的危害。危机预控的步骤包括：提出预测目标；收集有关信息；正确选择预测方案；持续危机预控方案评价与调整；加强模拟，进行危机预演。

（六）其他理论模型

除了以上著名的危机管理理论，还有一些与公共危机管理相关度较低或关注危机类型相对单一的理论，这些理论模型并非不够出色，而是受到使用情境的限制，没有被广泛研究。

（1）业务持续理论。"9·11"事件后，各国政府加强业务持续管理（BCM）机制建设，出台了诸多国家标准规范，以此保证危机发生前后政府功能的连续性。该理论包括业务持续和灾难恢复两部分。业务持续是指机构流程和程序，确保在灾难中和灾难后主要职能继续使用，防止重要服务中断，迅速完整地重建职能；灾难恢复是指预先安排流程，使用机构启动重要业务职能，限定在某时间范围内减少损失，重新恢复受灾区域。业务持续理论更多关注实践层面的危机管理系统建构，在研究中应用较少。

（2）"J曲线"理论、"倒U形曲线"理论。许多研究表明，经济繁荣会带来社会不稳定、矛盾激化和社会风险加大。美国社会学家K.戴维斯、格尔的"J曲线"理论认为，客观生活状况的改善导致人们更高的期望值。当期望值增长速度超过客观状况改善速度时，会导致人群中更高程度的被剥夺感。因此，动乱常常发生于长时期经济繁荣之后突然萧条的时候。库兹涅茨用"倒U形曲线"理论予以解释。他认为，社会不平等和贫富差距扩大是经济发展到一定阶段的现象。戴维斯指出，"J曲线"是描述革命为何发生，而不是如何演进的理论。这两种理论关注的危机类型较为单一，理论内容较为简单，专注于危机生成逻辑，对危机预防和化解的关注不足。

（3）社会燃烧理论、社会激波理论、社会行为熵理论。"社会燃烧"是社会动乱或者社会不稳定的机理，我国学者牛文元于2001年提出该理论①。燃烧元素是燃烧物质、燃烧助供剂和点火温度。社会燃烧物质是人和自然、人和人的矛盾；助燃剂是一些媒体的煽动、敌对势力等；点火温度是具有一定热度的焦点事件的触发。"社会激波理论"指出，本来社会很平静，一个焦点事件就像石头投进湖水，社会利益集团产生反响，就像激波一样。"社会行为熵理论"则认为，社会行为熵是社会动乱的本源，包括六大规则：人类普适的"最小努力"原则、自发追寻"熵最小"原则、自觉维系"心理平衡"原则、持续激发"情商共鸣"原则、社会取向"倒U形走势"原则、都希望有让别人遵守而自己可以例外的社会公约。这些理论重点关注社会层面人为因素导致的公共危机，对客观情境和长期的历史趋势关心不足。

（4）多中心理论。在公共危机管理语境下，"多中心"意味着多个指挥中心和不同层

---

① 牛文元. 社会物理学与中国社会稳定预警系统[J]. 中国科学院院刊，2001（1）：15-20.

级的组织体系共同处理危机事件，它们在竞争性关系中相互重视对方的存在，相互签订各种各样的合约，并从事合作性的活动，或者利用核心机制解决冲突。在中国情境下，它们代表不同层级的政府与各种危机事件领导小组，其关系应该是合作而非竞争、互动而非契约，利用整体性的公共危机处理系统对抗危机。这是我们政府结构的优势所在。"多中心"一词超越了本身创立时的学科局限，成为一种通用式的思维方式和理论框架，在公共危机管理领域也有应用，但是也面临着焦点不足的问题。

此外，还有诸如公共危机决策理论，公共危机学习理论、评估理论等，它们关注的是整个公共危机管理流程中的某个环节；还有诸如经济学、政治学、经济管理等学科的理论，融入危机管理中，它们关注的是公共危机管理与其他学科的相似性以及嵌入其他学科分析范式的有效性，这些理论与上述研究共同构成了丰富的公共危机理论研究集。

三、基于公共危机管理代表性理论的应用分析

公共危机管理理论的应用方式众多，首先按照理论与实践的关系分类。

第一类研究是以理论指导实践。通过建构或优化公共危机管理的理论，分析已有实践中存在的理论问题来推动更加全面、更加科学的危机管理实践，对公共危机管理理论的引介扩散、对公共危机管理理论的直接套用都属于这种研究类型。例如，有学者利用生命周期理论将危机划分为不同阶段，结合访谈分析法或定量分析法等精确定位不同危机阶段的影响因素[1]；有学者在人力资源组织的背景下分析巴西空难案例，针对复杂的社会技术系统，审查了人类和科技性质的各个方面，为航空公司和交通管制系统提供了重要的经验教训，使企业、社会、个人几个不同类型的主体衔接在一起，共同影响公共危机管理体系[2]；有学者通过整合不同理论与实践知识，建立新的公共危机网络治理结构模型，以指导我国危机管理的政府工作[3]；有学者直接引介西方传统危机管理理论，以补充我国学术界的理论缺乏[4]。

第二类研究是以实践过程反哺理论。通过比较其他国家或地区的优秀公共危机管理案例，提炼归纳支持危机管理系统改良的有用理论，"他山之石，可以攻玉"，对其他国家实践经验的总结、基于我国实践过程的经验提炼都属于这种研究类型。薛澜总结美国公共卫生体系长久以来应对卫生危机的经验，其不同部门的体系建构与职能分类，向我国的政府部门提出改进意见[5]；赖诗攀从委托代理关系框架的角度重新定义和理解公共危机事件中地方政府的信息公开问题，以问责和惯性为关键解释变量建立理论模型，并以2009—2011年的97个公共危机案例对研究假设进行检验，其分析结果对地方政府的公共危机管

---

[1] TOKAKIS V, POLYCHRONIOU P, BOUSTRAS G. Crisis management in public administration: The three phases model for safety incidents[J]. Safety Science,2019:113.
[2] MEYER J V, CUNHA M P E, MAMÉDIO D F, et al. Crisis management in high-reliability organizations: lessons from Brazilian air disasters[J]. Disaster Prevention and Management: An International Journal, 2020, 30(2):209-224.
[3] 刘霞, 向良云. 我国公共危机网络治理结构：双重整合机制的构建[J]. 东南学术，2006（3）：23-29.
[4] 唐钧. 从国际视角谈公共危机管理的创新[J]. 理论探讨，2003（5）：82-84.
[5] 薛澜，朱琴. 危机管理的国际借鉴：以美国突发公共卫生事件应对体系为例[J]. 中国行政管理，2003（8）：51-56.

理体系建设和改革起到了重要作用①。

若按照其应用领域进行分类，第一类研究注重危机的预防，如刘鹏通过考察发达国家公共危机预警机制的特征，对我国的有关部门形成借鉴②；第二类研究注重危机的应对，聚焦具体的、不同类型的公共危机事件，考察在不同情境下的反应策略与科学方法，这类研究也最为丰富，对SRAS事件、新冠疫情、恐怖主义等的危机管理研究不胜枚举；第三类研究注重危机的理论反哺，通过已有的公共危机管理理论，评估政府危机管理能力，改善危机管理过程，例如许皓、杨宗龙建构了地方政府危机管理能力评价体系，并对地方政府的危机管理给出了量化测评方案③；第四类研究注重危机的综合治理，不是侧重某一环节，而是通过建构全过程的危机管理体系模型将理论与实践相结合。

（一）公共危机管理过程理论的提出

关于公共危机管理过程，学界存在两种迥异的观点：第一种将危机看作事件，认为危机是被关键利益相关者感知到的、影响组织生存能力的低概率和高影响度的事件④，其理论依据是公共危机在事前无法预测，危机管理的目标是使组织恢复到原初状态⑤，因而也就失去了对危机过程进行划分的理论前提。第二种将危机看作分阶段发展、在时间和空间上延续的过程，危机的爆发是致灾因子长时期积累孵化的结果⑥。基于此，危机的发生过程不仅可划分为若干阶段，还可从危机的阶段性出发对其进行预测和预防。

公共危机管理过程更为重要的意义在于，它以发展的眼光看待公共危机的演进，在指出危机复杂多样性的同时，更强调组织需要针对危机不同阶段的特征制定应对措施。⑦公共危机管理过程研究发展到今天，无论是实务界还是理论界都对其进行了不厌其烦的划分，相关研究已经从最初的危机前、危机中、危机后的三分法⑧，发展到减缓、准备、响应、恢复的经典四分，再到五分、六分……甚至九分法，总而言之，公共危机管理过程的阶段划分愈发细致、多样，其从简单走向复杂的趋势也反映出划分依据的日益多元、危机应对思想的日益发展。这其中既有域外的成果积累，也有来自域内理论界和实务界的创新探索，如张海波基于"应急管理全过程均衡"提出的"6+1"划分⑨，钟开斌基于《国务院

---

① 赖诗攀. 问责、惯性与公开：基于97个公共危机事件的地方政府行为研究[J]. 公共管理学报，2013，10（2）：18-27.
② 刘鹏. 发达国家公共危机预警机制的特征[J]. 经济纵横，2007（13）：67-69.
③ 许皓，杨宗龙. 地方政府危机管理能力评价的研究[J]. 中国行政管理，2007（5）：93-95.
④ PEARSON C M, Clair J A. Reframing crisis management[J]. Academy of Management Review, 1998, 23(1): 59-76.
⑤ ROSENTHAL U. Public administration and the study of crises and crisis management[J]. Administration and Society, 2003,35(2):129-143.
⑥ ROUX-DUFORT C. Is crisis management (only) a management of exceptions?[J]. Journal of Contingencies and Crisis Management, 2007,15(2):105-114；路江涌，相佩蓉. 危机过程管理：如何提升组织韧性？[J]. 外国经济与管理，2021，43（3）：3-24.
⑦ WILLIAMS T A, GRUBER D A, Sutcliffe K M, et al. Organizational response to adversity: Fusing crisis management and resilience research streams[J]. Academy of Management Annals, 2017,11(2):733-769.
⑧ NUNAMAKER J F, WEBER E S, CHEN M. Organizational Crisis Management Systems: Planning for Intelligent Action[J]. Journal of Management Information Systems,1989,5(4):7-32.
⑨ 张海波. 应急管理的全过程均衡：一个新议题[J]. 中国行政管理，2020（3）：123-130.

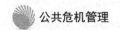

关于全面加强应急管理工作的意见》的"8+1"划分①。

在公共危机阶段划分日益走向细致、复杂的同时,公共危机管理过程研究又呈现出模型化、公式化特点,如上文提到的钻石模型、4R 模型、芬克模型、全面危机管理模型等,这些危机管理模型的提出不仅巩固、扩展了危机过程理论的研究成果,使其能够以更为形象、通俗易懂的方式传播扩散开来,更为重要的是,危机管理过程模型早已超脱单纯阶段划分的局限,在框架危机过程的同时指出了危机应对的具体技术、方法,为人们应对危机提供了可供借鉴、复制的蓝图。

正如任何理论发展过程中不可避免地面临理论内涵"简约"与"翔实"的价值取舍一样,面对林林总总的,由简单到复杂、由粗糙到精细的公共危机管理过程划分和愈发多元、跨学科的危机管理过程模型,如何选择、取舍,显然也成为困扰研究者的一个问题。危机管理过程划分的简约往往能够扩大其适用的时空范围,但易招致以偏概全、错误解释的批评,划分阶段的翔实虽能更为完整地解释特定的经验现象,但仅能适用特定或少量案例。

危机管理过程阶段为更好应对危机而存在,但公共危机的发生并不限于一时一地,正是基于简约性基础上的过程划分才为公共危机管理跨国交流提供了更为广阔的平台,因此本书将应用基于减缓、准备、响应、恢复的经典四分法对公共危机案例进行分析(关于减缓、准备、响应、恢复的四阶段的具体内容见第一章第三节)。

(二)基于公共危机管理过程理论的案例分析

2005 年 8 月,卡特里娜飓风袭击了包括佛罗里达州、路易斯安那州、密西西比州及阿拉巴马州的美国东南沿海地区,波及范围高达 24 万平方公里,共造成 1800 多人伤亡、2000 多亿美元的经济损失,至今仍是美国历史上最为严重的自然灾害。卡特里娜飓风造成的次生灾害同样严重,飓风过后的洪水直接摧毁了美国第 35 大城市新奥尔良市,一度导致该市陷入无政府状态,造成严重的道德主义危机。2009 年,美国总统奥巴马在访问新奥尔良市时对美国政府在应对卡特里娜飓风中的表现进行了反思:"这个国家和全世界目睹了令人痛心的事实,那就是:卡特里娜飓风造成的破坏不仅仅是自然灾害的结果,而且也源于政府的失误——政府准备不足,行动不力。"②基于此,本部分将基于危机减缓、准备、响应、恢复的四阶段划分对美国联邦政府在卡特里娜飓风中的表现进行分析。

1. 危机减缓阶段

简单来说,危机减缓就是在危机发生之前遏止或遏制危机,从而将因未来可能发生的危机造成的伤害降到最低,具体可通过立法及制度建设、公众教育、定期危险物排查等手段落实。长久以来,美国就是深受飓风、地震、森林大火等自然灾害严重影响的国家,从灾难和历史中学习可以说是美国开展公众教育的传统,灾难教育已经深入从小学教育直至

---

① 钟开斌. "一案三制":中国应急管理体系建设的基本框架[J]. 南京社会科学,2009(11):77-83.
② 鲁赞. 卡特里娜飓风对美国救灾的启示[J]. 中国减灾,2009(12):14-15.

成人教育的各个阶段。[①]而从危险物排查、应急避难设施和危机防护设施等的建设上，美国作为先进的发达国家也有着较为完善的设施和应对体系。如卡特里娜飓风袭击重灾区的新奥尔良市作为沿海地区，已经修建有坚固的防洪大堤以及包括圆顶体育馆在内的众多的应急疏散场所。

从立法和制度建设方面看，传统上美国的灾害响应工作一直由各州和地方政府负责，联邦政府灾害援助仅是对个人、地方和州资源的补充，除非州政府提出正式请求，否则联邦政府不可直接介入州政府的灾害应急管理事务。2001年"9·11"恐怖袭击后，美国政府为响应时任总统布什关于构建"全国灾害管理体系"的号召（2002年7月），通过组建国土安全部（2002年11月）、颁布《国土安全法》（2002年11月）、制定《国家响应计划》（2004年12月）等形式统筹突发事件的准备、响应和恢复工作，保障联邦与州和地方政府的有效协调。[②]

联邦层面的应急响应和灾后协调工作主要由国土安全部下的应急管理局（FEMA）负责。[③]但应急管理局组织规模较小，只有在总统宣布发生重大灾害，州政府提出明确、具体的援助请求后，应急管理局才能将具体的救灾任务分派给卫生和福利部、国防部、交通部、红十字会等机构执行，这被称为联邦援助的"拉拖体制"。为构建一种更为积极主动的应急响应体系，2004年颁布的《国家响应计划》规定，当国土安全部长宣布发生严重突发灾害时，联邦政府无须等待州政府请求即可迅速向受影响地区开展应急准备和救援工作。但直至卡特里娜飓风到来，关于国土安全部长在灾害到达何种程度可宣布发生严重突发灾害的补充草案还未发布。

2. 危机准备阶段

危机准备就是公共危机管理者为了应对可能发生的危机事件所做的各种准备工作。与危机减缓阶段不同，此时的危机管理者已经通过各种危机预警和观测手段，提前预知危机的特征、类型、可能造成的危害范围、程度等，以便政府和个人更好地应对危机。一般来说，包含制订应急计划和建立危机预警机制两个方面。事实上，在危机到来之前就基于危机类型、等级制订详备的危机应急计划（预案）已经是世界大多数国家的惯常做法。远在卡特里娜飓风到达之前，美国各级政府就已经制订了从小镇计划到联邦政府旨在协调联邦政府与各州、地方以及私人部门等的多达600页的国家响应计划在内的各种应急计划。

在卡特里娜飓风二次登陆（2005年8月29日）前的23日，美国气象局就已经关注到该飓风的动向。在飓风首次登陆前的25日，墨西哥湾各州政府成立应急响应小组开始全面应急准备工作。国家应急管理局则就飓风的首次登陆和二次登陆进行了防灾物资准备。2005年8月26日，美国风暴中心提前约56小时将加强后的卡特里娜飓风将在新奥尔良市附近登陆的消息通知联邦、州和地方政府。阿拉巴马州、路易斯安那州、密西西比州宣布将应急行动状态提升至最高等级，要求州国民警卫队做好救灾行动的准备。

---

① 孙科技. 美国应急管理高等教育课程建设与经验[J]. 中国行政管理，2022（5）：144-151.
② 邓仕仑. 美国应急管理体系及其启示[J]. 国家行政学院学报，2008（3）：102-104.
③ 同②.

2005年8月27日，包括新奥尔良市在内的有关州和地方政府进行应急物资和应急场所的全面准备工作，并开启撤离行动（绝大部分是自愿撤离，仍有许多居民不愿意撤离或没有条件撤离）。应急管理局则开启全国救灾医疗体系和救灾物资的调运工作。布什总统在晚间宣布三州进入紧急状态。28日，布什总统要求新奥尔良市发布强制撤离命令，避难群众开始进入应急避难场所。但受即将到来的飓风的影响，墨西哥沿岸部分地区的公共安全机构停止了应急行动。

3. 危机响应阶段

危机响应是指对于已经发生的公共危机事件，管理者根据先前制定的应急预案采取应急行动，控制或消灭正在发生的危机事件，减轻灾害危害，保护生命和财产安全。2005年8月29日，卡特里娜飓风从路易斯安那州的勃莱克迈斯教区登陆，对该地区的能源、通信设施、医疗卫生设施造成毁灭性破坏。飓风重灾区的新奥尔良市，其发电厂、排水系统、通信和电力线路全部瘫痪，防洪大堤也在洪水的持续冲击下出现决口，排洪水泵停止工作，市区陷入一片汪洋。

飓风及洪水发生后，应急管理局根据《国家响应计划》的授权，统筹来自海岸警卫队、应急管理局城市搜救特遣队、国防部以及其他机构的联邦搜救力量，与州和地方应急人员一起投入对新奥尔良市数万被困人员的搜救任务中。2005年8月30日，州和地方官员组织全城大规模撤离行动及相应的人员再安置工作。但在人员搜救与撤离过程中，出现部分警员逃避责任、擅离职守的情况，以及由于指挥协调系统的瘫痪导致的人员转运混乱的情况，突出表现为应急转运运力的不足。

飓风造成的社会秩序混乱导致了严重的社会治安事件。在飓风影响减小后，一些不法分子开始公然抢劫，甚至出现了针对执法人员和其他应急响应人员的暴力犯罪事件，使得新奥尔良市的大多数警员开始在2005年8月31日从搜救工作转向应对抢劫等社会治安事件，严重阻碍了救灾工作的开展。直到一周后的2005年9月6日，国土安全部门才在接到路易斯安那州州长援助请求后增派执法人员。

在更为广泛的应急响应层面，国土安全部长在2005年8月30日宣布卡特里娜飓风为具有全国影响的突发事件，并在同一时间启动全国联合信息中心负责与其他联邦部、局的应急沟通工作。联邦政府在飓风登陆的头两个星期向墨西哥沿岸地区运送了大量物资，军队也在国防部授权下开展搜救、撤离和物资运输工作。卫生和福利部在飓风登陆时就向路易斯安那州紧急拨付了100吨医疗物资，并派出24支医疗队伍。但在飓风登陆后，灾区所需的应急通信、食品药品等物资仍然超过了后勤供应能力，救灾资源不足严重影响了灾民的安置和对危机救援的保障。

4. 危机恢复阶段

危机恢复是指公共危机过后，以政府为核心的公共部门通过各种措施恢复和重建社会运作的正常秩序，具体而言，政府在灾后重建阶段面临的主要任务包括：一是对因灾受损的各类基础设施，包括房屋、交通、通信等硬件设施进行恢复和重建，其中交通和通信设施在危机响应阶段已经随着危机救援的开展进行了永久性或半永久性的恢复；二是对受灾群众进行心理干预工作,使他们的心理健康状况恢复到危机发生前的状态;三是对政府在危机应对中的表现进行系统反思和改进工作。

首先,卡特里娜飓风后的社区重建工作依旧延续了社区主导的特点,即"政府及社会各界资源配合,社区主导进行重建的计划、实施、管理、控制各环节,从而构成一个自下而上的组织体系和工作机制"。①在具体操作上,可由社区居民成立负责重建工作的委员会及其分委会,各委员会的执行人员则由居民选出的社区领袖担任。而后,重建委员会在政府及社会各种力量(高等教育机构、研究机构、环保组织、宗教组织、个人志愿者及一些商业机构)的支援下开展重建工作。

其次,在受灾群众的心理创伤和精神抚慰上,则由政府、私人部门、宗教组织、非营利机构和个人志愿者共同负责。应急管理局通过设立快速援助计划以加快向灾民提供援助,并在墨西哥沿岸设立若干灾害恢复中心帮助灾民解决日常问题。

最后,在对危机的系统反思上,全美自2005年9月起便在参众两院举行了上百场关于卡特里娜飓风的听证会,先后有近100本听证会报告公开出版。②时任美国总统布什则委任负责国土安全与反恐事务的总统助理起草了《联邦政府对卡特里娜飓风的响应:吸取的教训》的调查报告。路易斯安那州、密西西比州、阿拉巴马州、得克萨斯州、佛罗里达州等的州长也发表了相关作品。③许多新闻记者、灾难亲历者也在媒体的帮助下出版了众多纪实报道、作品。

总而言之,卡特里娜飓风的出现迫使美国联邦、州和地方政府发起了一次没有做好应急准备响应的行动。虽然包括美国各级政府及其所属机构、军队、私人部门、宗教组织、非营利机构、商业机构和个人志愿者在内的各类主体都被紧急动员参与了危机应对的全过程,但在卡特里娜飓风登陆后,全国应急响应行动却因组织协调问题被严重拖累,通信中断以及由此导致的对灾难现场的不了解对应急响应造成了负面影响。

(三)基于公共危机管理过程理论应对中的不足及其改进

美国白宫发布的《联邦政府对卡特里娜飓风的响应:吸取的教训》的报告称,联邦政府在应对卡特里娜飓风的响应行动中存在严重的系统性弱点,即缺乏灾害应急响应、恢复和重建的专门经验,并从全国应急准备工作、公民与社区的应急准备、搜寻与营救、灾民照顾与安置等十七个方面提供了改进建议。以危机管理全过程为依据发现危机应对不足,进而改进危机应对手段,成为反思公共危机管理的重要手段。基于此,本部分将结合美国政府应对卡特里娜飓风的案例分析以及对我国危机应对的经验观察,从公共危机四大过程出发指出其不足和改进措施。

---

① 杨新红. 美国减灾的应急及社会联动机制研究:以卡特里娜飓风为例[J]. 中国安全生产科学技术,2012,8(1):118-122.
② 郑琦. 灾难过后的反思:关于美国卡特里娜飓风的研究综述[J]. 中国非营利评论,2008,3(2):241-250.
③ 费伦. 应急管理操作实务[M]. 林毓铭,陈玉梅,等译. 北京:知识产权出版社,2011:88.

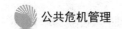

1. 危机减缓中的不足与改进

结合危机减缓阶段的主要任务可以发现，当前的危机管理实践在实际的危机减缓过程中呈现出三大矛盾：一是日益完善的危机立法与制度建设同危机应对不足的矛盾；二是日益多发的重大公共危机事件与民众重视不足的矛盾；三是日益强化的危机应对设施与危机损害依旧严重的矛盾。

第一类矛盾说明危机演化的复杂性已经不能由某一方面的法律或制度建设加以应对，需要危机管理者从逆科层化、逆碎片化的综合视角出发构建基于统一响应的应急法律和制度建设体系，为危机应对中的跨部门协作、越级协作提供法律保障和制度支持。第二类矛盾说明民众灾难教育的不足，为此需要构建充满活力的全民应急准备文化，可在应急管理部门的指导下，通过学校教育、社区教育、灾难教育向民众普及危机应对知识，面向全体公众，尤其是重点区域、重点人群定期开展常态化应急演练工作。第三类矛盾说明危机应对设施在危机响应中准备不足，这可能是危机伤害特别巨大造成的，也可能是危机应对设施没有发挥其应有的效果造成的，这需要加强对重点设施的危机预案编制工作，使其不仅能应对一般危机，也要充分考虑危机灾害特别重大的情况。

2. 危机准备中的不足与改进

结合危机准备阶段的主要任务可以发现，当前危机准备过程中呈现两大矛盾：一是日益精细的危机应对计划与计划落实偏差的矛盾；二是日益精确的危机预警体系与危机执行部门行动迟缓的矛盾。

第一类矛盾实际上体现了制订危机应对计划的专业人员与落实危机应对计划的实务人员的深层矛盾。正是负责危机应对的官员缺乏对危机应对预案、过程、手段的了解，致使受灾地区的灾情雪上加霜。因此，应建立针对危机管理实务人员的培训机构，对包括中央政府和地方政府在内的危机应对现场人员进行专业化的培训、教育和演练，并对其培训效果进行评估。在我国，第二类矛盾更易表现为事故发生单位或下级政府部门出于避责心态瞒报、缓报事故灾害导致的上级政府部门行动迟缓。因此，可探索建立"吹哨人"制度，以"吹哨人"倒逼政府主动承担责任；[1]改革危机灾难中的惩戒制度，确立应急管理中的容错纠错机制，对危机管理人员因监管不力导致的危害要追究，对其在危机应对中的积极表现也要奖励，在动态中实现奖惩平衡。[2]

3. 危机响应中的不足与改进

结合危机响应阶段的应急管理实践来看，主要存在以下矛盾：一是应急执行机构众多与协调混乱的矛盾；二是应急援助涌入与管理混乱的矛盾；三是民间救援积极与专业性不强的矛盾；四是原发危机单一与次生危机多样的矛盾。

第一类矛盾是由于危机协调指挥机构缺失导致的群龙无首状态。对此，上级领导者应根据危机等级、影响范围提前任命或在危机发生后第一时间紧急任命通常由党委、政府或

---

[1] 彭成义. 国外吹哨人保护制度及启示[J]. 政治学研究，2019（4）：42-54+126.
[2] 刘泽照. 突发事件应急管理中的官员避责行为及纠治[J]. 中国行政管理，2021（5）：138-145.

军队首脑担任的第一责任人,赋予其特别行动权,由第一责任人成立应急指挥部统筹各机构协调工作。①第二类矛盾主要是由于危机应对人员在面对大量物资的登记、储存、发放工作时专业性不强导致的,其改进措施可借鉴武汉在新冠疫情暴发时将应急物资外包给专业物流公司的做法,以提升物资管理的专业性。第三类矛盾根源于危机应对专业性的缺乏,在我国 2008 年汶川地震时体现最为明显,各地群众在得知汶川地震后自发前往灾区,大量的支援车辆不仅堵塞交通,还为后续救灾人员和救灾物资的进入造成更大困难。对此,政府部门应在积极引导专业化民间救援力量发展的同时,加强对一般民众的舆论引导工作,使其通过捐款、捐物等的方式宣泄应急援助情绪。第四类矛盾源于公共危机的连锁性、群发性特征,如重大自然灾害和事故灾难引发的卫生危机事件、重大公共卫生事件引发的群体性事件等。这需要公共危机管理者从危机特质和历史经验出发把握各类危机相互转化、传递的规律,完善危机应急预案和应对措施,避免次生灾害的发生。

4. 危机恢复中的不足与改进

相比危机准备与危机响应阶段,危机恢复阶段更具有长期性特征,许多重大自然灾害的恢复重建工作往往需要持续数年甚至十几年,重大危机对受灾群众造成的心理创伤可能永远无法抹去。经过数十年的发展,世界各国已经形成了独具特色的危机恢复机制,如美国的社区主导型重建机制、我国的对口支援型重建机制②等,对于受灾群众的心理帮扶也早已受到广泛关注。

虽然各国已经建立起相对完善的危机恢复制度,但 2020 年暴发在全球范围内持续长时间的新冠疫情也为理论和实务工作者提出了问题:随着风险社会的到来,以重大公共卫生事件为代表的公共危机能否彻底恢复到危机前的状态?如若不能,危机恢复又该进行到何种尺度?若要解决这些问题,需要我们检视危机过程理论,重新定义危机恢复阶段。

第二节 公共危机管理的方法

从一定程度上讲,人类发展史就是一部与包括自然灾害、事故灾难、公共卫生、社会安全等在内的危机灾难的抗争史,人类在应对危机中成长。随着工业及后工业时代的来临,人类面临的公共危机也愈发复杂多样,除自然灾害外,"人为制造的风险开始充斥整个世界,人类已经进入一个以风险为本质特征的风险社会"③。正是在与各种危机灾难的斗争中,人类凝聚了力量、增长了经验、更新了技术、习得了方法。公共危机管理研究一方面是从实践中总结有关人们防范和化解风险、灾害和危机的理论,另一方面也发展出一

---

① 钟开斌. 国家应急指挥体制的"变"与"不变":基于"非典"、甲流感、新冠肺炎疫情的案例比较研究[J]. 行政法学研究, 2020(3):11-23.
② 王禹澔. 中国特色对口支援机制:成就、经验与价值[J]. 管理世界, 2022, 38(6):71-85.
③ 贝克. 风险社会[M]. 何博闻, 译. 南京:译林出版社, 2004:6-7.

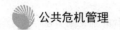

系列研究有关自然灾害、事故灾难、公共卫生、社会安全等公共危机的定性和定量方法，这些研究方法又被应用于公共危机管理活动。

一、公共危机管理的研究方法

依据不同的标准对公共危机的类型进行划分，探讨各类公共危机的发生、演进规律，进而更有针对性地应对危机，是对公共危机进行类型划分的现实依据。2007 年颁布的《突发事件应对法》根据危机的性质和发生过程，将公共危机划分为自然灾害、事故灾难、公共卫生事件和社会安全事件四类。与之对应的主要致灾因子分别为自然致灾因子、技术致灾因子、生物致灾因子和人为致灾因子。[1]从致灾因子出发减少危机发生概率、降低危机造成的灾害性后果，已成为实务部门在制定危机应对预案、措施时的主要依据。

在针对上述四大类公共危机的研究过程中，公共危机管理研究专家广泛并充分运用了各种定性与定量研究方法，这些方法主要可以归类为以下几种。

1. 历史研究法

历史研究法是指运用历史资料，按照历史发展顺序对过去事件进行研究的方法。由于古代科技发展水平以及防灾减灾方法的限制，自然灾害的发生往往造成重大经济社会损失，在一定程度上影响着古代政治建设，甚至决定着政权更替，由此生发出从历史角度对自然灾害进行研究的历史研究法。如孙程九、张勤勤通过对中国两千年来的历史研究验证了气候周期律与王朝周期律的相关性，指出："温度与降水变化均对王朝兴衰有显著影响，气候冲击主要通过影响粮食丰歉而作用于国家财政能力，进而影响社会经济发展。"[2]

还有一种基于法理学分析的研究方法，也从属于历史研究的范畴。以法学学者为代表的研究人员运用法理学一般原理、范式（或图式）分析事实或理论命题的分析方法，其目的在于解释法律为什么如此规定。[3]由于事故灾难类公共危机常常涉及事故责任认定和侵害赔偿等复杂的法律问题，导致学界的相关研究不可避免带有法理分析倾向。应用于事故灾难的法理学研究，通常从法社会学[4]、法经济学[5]和自然法学[6]的角度分析某一类型的事故灾难的侵权赔偿和某一法律条文的适用问题[7]，而在分析对象的选取上同样存在着由矿

---

[1] 王宏伟. 公共危机管理概论[M]. 北京：中国人民大学出版社，2016：11.
[2] 孙程九，张勤勤. 气候变迁、政府能力与王朝兴衰：基于中国两千年来历史经验的实证研究[J]. 经济学（季刊），2019，18（1）：311-336.
[3] 陈金钊，吴丙新，焦宝乾，等. 关于"法理分析"和"法律分析"的断思[J]. 河南省政法管理干部学院学报，2004（1）：125-132.
[4] 陆益龙. 基层调解与法礼融合的纠纷化解机制：对一起乡村交通事故的法社会学分析[J]. 社会科学研究，2018（3）：106-113.
[5] 王艳梅，祝雅柠. 论公司环境侵权后股东损害赔偿责任：基于事故成本法经济学理论[J]. 西安交通大学学报（社会科学版），2019，39（6）：114-122.
[6] 陈帮锋. 论意外事故与不可抗力的趋同：从优士丁尼法到现代民法[J]. 清华法学，2010，4（4）：166-176.
[7] 吴国喆. 公平责任的滥用及其应对：从侵权责任法第 24 条到民法典第 1186 条[J]. 西北师大学报（社会科学版），2020，57（6）：45-54.

产安全事故到交通安全，尤其是自动驾驶事故责任认定的演进路径。

2. 内容分析法

人类在与自然灾害的数千年抗争中产生了诸多神话传说、文学作品、影视题材，这些文艺作品往往体现了一定时期内人们对自然灾害的态度、抗击手段与方法，具有相当的历史价值和艺术价值，由此构成了自然灾害研究的另一独特面向：运用内容分析法对自然灾害艺术作品的研究。如鞠熙[1]、张若一[2]、窦兴斌[3]、庄玮[4]等人通过对有关自然灾害神话故事、电影叙事和文学作品的研究，反映出不同历史时期人类对于洪水等自然灾害的态度，揭示出不同历史时期人与历史、自然的关系。

内容分析法是通过文字发掘的方式从文本中抽取特征词进行量化，进而分析文本发出者的立场、观点、价值、利益的一种研究方法。《国家安全生产事故灾难应急预案》规定，在安全事故后期处置环节必须形成事故灾难调查报告，其中特别重大安全生产事故灾难，在必要时，可由国务院直接组成调查组或者授权有关部门组成调查组，其形成的事故调查报告具有相当的权威性和可靠性，成为文本分析的理想对象。应用于事故调查报告的文本分析主要存在以下两类：一是通过对事故调查报告中调查主体、调查时限、调查技术、调查流程等事故报告一般特征的描述，分析当前事故调查层面的不足及改进，从而为更好地防范危机[5]和危机学习[6]提供建议；二是通过事故调查报告中反映的政府态度，框架政府在面对事故灾难时的责任归因逻辑和事故监管特征。[7]

作为内容分析的话语分析是指借助符号理论和话语理论，致力于对传播活动的各种符号、象征、文本及话语进行解剖，从表象中发现其中隐含的深层寓意与真实用意。公共卫生事件中的话语分析主要涉及：一是对同一公共卫生事件中不同话语生产者（中外媒体）所采用的差异化表达方式的研究，其目的是为政府有效应对国际舆情提供建议[8]；二是对公共卫生危机发生过程中的网络数据、舆情（谣言）进行话语分析，为政府在突发公共卫生事件中的有效决策和信息管理提供建议。[9]

---

[1] 鞠熙. 大禹神话与地震自救：四川省绵竹市清平乡的神话、行动与宇宙观[J]. 社会学评论, 2021, 9（3）：83-100.

[2] 张若一. 两河流域大洪水神话体系及其影响：以《创世纪》为中心[J]. 中国比较文学, 2021（3）：165-175.

[3] 窦兴斌. 中国当代自然灾害题材电影叙事机制、镜像策略与意义建构[J]. 深圳大学学报（人文社会科学版）, 2020, 37（4）：24-33.

[4] 庄玮. 文明社会批判和重返自然：评克莱斯特中篇小说《智利地震》[J]. 同济大学学报（社会科学版）, 2021, 32（2）：1-8.

[5] 张海波, 牛一凡. 事故调查如何促进风险防范？：基于167份事故调查报告的实证分析[J]. 行政论坛, 2022, 29（2）：62-73.

[6] 马奔, 程海漫. 危机学习的困境：基于特别重大事故调查报告的分析[J]. 公共行政评论, 2017, 10（2）：118-139+195-196.

[7] 高恩新. 特别重大生产安全事故的框架建构：基于65份事故调查报告的分析[J]. 上海行政学院学报, 2017, 18（1）：62-72.

[8] 张艳敏, 张辉. 突发公共卫生事件话语的批评认知语言学分析：2018"疫苗事件"中外媒体报道的个案研究[J]. 解放军外国语学院学报, 2020, 43（6）：73-81+158；陈璟浩, 谢献坤, 陈美合. 突发公共卫生事件国际媒体涉华报道特征及相关因素分析：基于COVID-19数据[J]. 信息资源管理学报, 2022, 12（2）：76-87.

[9] 翟羽佳, 许佳, 赵玥. 突发公共卫生事件风险研判信息语义聚合模式研究[J]. 图书与情报, 2021（5）：21-30；邵琦, 牟冬梅, 王萍, 等. 基于语义的突发公共卫生事件网络舆情主题发现研究[J]. 数据分析与知识发现, 2020, 4（9）：68-80.

3. 社会网络分析法

社会网络分析法是以对社会行动者之间的互动研究为基础的结构性方法,其核心目标在于解释社会行动者中不同的关系模式,并确定这些模式在何种条件下出现何种后果,其理论依据包括小世界理论、结构洞理论等。公共卫生事件中的社会网络分析主要用于对公共健康话语(网络舆论传播)网络[1]、利益相关者社会网络情感图谱[2]、危机应对网络[3]等的分析,其目的是通过对危机相关者话语网络、行动网络的剖析,为政府决策提供优化建议。

例如,社会安全事件中的社会网络分析主要是对群体性事件的生成机理和信息传播特性的分析。刘德海对基于社会网络理论的维权型群体性突发事件协同演化模型分析后发现,利他主义社会网络的最低临界人数较少,机会主义社会网络中核心组织成员需要承担更大的抗议成本。[4]汪大海将研究进一步细化,他发现在群体性事件的生成演进过程中存在着复杂的人际网络结构,当其在内外因作用下由简单随机网络演化成一个存在明显社团结构的非随机复杂网络时,群体事件将难以得到有效控制。[5]

4. 案例研究法

案例研究法作为公共危机研究中最为常用的研究方法,是以公共危机典型案例(如地震、洪水、干旱、台风、暴雨、泥石流等)为研究对象,以实地调查、线上线下访谈、文字记载、网络检索等多种形式收集资料,对(某一类型)公共危机发生发展规律、应对措施进行深入分析的方法。应用于自然灾害的个案研究开展较早,其研究内容已经从对自然灾害成因[6]、演进过程[7]为主的单案例研究,发展到以防灾减灾为核心的多案例、跨学科,甚至跨国别的比较研究。[8]

应用于事故灾难类的案例研究法同样是以典型事故灾难(如矿难、建筑事故、交通事故、危化学品爆炸、核泄漏事故等)为研究对象,对各类事故的发生原因及预防、救援措施进行研究的方法。与自然灾害相比,事故灾难类案例研究存在以下特点:一是在对危机

---

[1] 宫贺. 公共健康话语网络的两种形态与关键影响者的角色:社会网络分析的路径[J]. 国际新闻界,2016,38(12):110-133.
[2] 安璐,欧孟花. 突发公共卫生事件利益相关者的社会网络情感图谱研究[J]. 图书情报工作,2017,61(20):120-130.
[3] 何明. 生活方式、社会网络与疾病防控:重大传染病疫情的人类学研究框架[J]. 广西民族大学学报(哲学社会科学版),2020,42(1):46-49.
[4] 刘德海,王维国. 维权型群体性突发事件社会网络结构与策略的协同演化机制[J]. 中国管理科学,2012,20(3):185-192.
[5] 汪大海,何立军,肖开提. 复杂社会网络:群体性事件生成机理研究的新视角[J]. 中国行政管理,2012(6):71-75.
[6] 马平安,李庆辰,段会敏. 太行山区泥石流研究:以元坊东沟为例[J]. 地理学与国土研究,1998(2):44-48.
[7] 詹承豫. 地震巨灾后抗震救灾的阶段划分及主要任务研究[J]. 甘肃社会科学,2008(5):44-47.
[8] 王志永. 美国联邦军队与1906年旧金山地震救援[J]. 社会科学家,2017(10):141-145;熊贵彬. 中日美救灾体制比较:以汶川地震、东海岸地震、卡特里娜飓风为例[J]. 中国青年政治学院学报,2011,30(6):115-118;邱小鹏. 国家回应自然灾害援助的策略及其行为机理:以印度自然灾害援助回应为例[J].太平洋学报,2022,30(2):51-62.

预防及产生原因的分析上更侧重政府监管层面；[1]二是在案例选取上具有演进性特征，已经从矿产安全事故[2]、建筑安全事故转向交通安全事故[3]、危化学品爆炸事故[4]；三是相关研究在一开始具有明显的跨国比较特征，这是因为事故灾难作为工业社会背景下的产物，西方发达国家率先经历了事故灾难的集中爆发阶段，无论是在事故灾难的类型、应对措施上，还是在事故责任认定上均较我国更早成熟。[5]

公共卫生事件中的案例研究是对某一公共卫生事件的应对过程进行描述性分析的方法，其核心目标是为政府应对公共卫生危机提供优化建议。新冠疫情作为一个重大的公共危机事件，使得公共卫生危机案例研究呈现以下转向：一是从某一公共卫生危机整体性应对分析转向新冠疫情背景下对某一城市、部门危机应对案例的分析[6]，显示出新冠疫情后公共卫生危机研究的细化；二是从对国外案例的经验借鉴转向中外的案例对比分析[7]；三是案例研究呈现跨学科交叉融合的倾向，如公共危机管理学与社会保障学、法学的相互融合[8]。

应用于社会安全类公共危机的案例研究，主要是通过对单个或多个案例中政府与公民互动过程的描述，揭示社会安全事件的生成机理和演进逻辑，据此为政府应对社会安全事件提供优化建议。其存在以下三个特点：一是在技术手段上呈现出由对单个或多个案例的定性分析[9]向对多个案例的定量比较分析[10]的转变；二是在案例选取上从征地、拆迁矛盾，劳资纠纷，向环保类社会运动[11]、网络群体事件[12]的转变；三是针对国际恐怖主义的案

---

[1] 江永清. 地方政府化工企业安全监管的演化博弈分析：以江苏省响水"3·21"爆炸事故为例[J]. 北京航空航天大学学报（社会科学版），2021，34（5）：58-69；张乐，童星. 日常风险治理的安全网与结构洞：基于天津港8.12事故的案例分析[J]. 社会科学研究，2019（5）：119-128；魏淑艳，杨大瀚. 中国地方政府安全生产的"监管空间"问题研究：基于31个危化品生产安全事故案例[J]. 东北大学学报（社会科学版），2017，19（2）：173-179.

[2] 郑风田，冯伟. 根治矿难：产权改革能否有效——兼析山西临汾、吕梁的煤矿产权改革试点[J]. 经济学家，2007（4）：108-113.

[3] 刘福泽，李娟，范博松，等. 城市交通系统安全运营状态风险评估：以北京市轨道交通为例[J]. 管理评论，2020，32（7）：217-225.

[4] 江永清. 地方政府化工企业安全监管的演化博弈分析：以江苏省响水"3·21"爆炸事故为例[J]. 北京航空航天大学学报（社会科学版），2021，34（5）：58-69.

[5] 宋云，王洁. 美国化学品应急响应系统及其经验探讨[J]. 环境保护，2003（8）：63-64；左凤荣. 切尔诺贝利事故的原因与教训[J]. 理论视野，2011（6）：55-58.

[6] 李欣，周林，贾涛，等. "新冠"疫情下的城市空间风险因素解析：以武汉为例[J]. 城市规划，2021，45（8）：78-86.

[7] 赵月华，达婧玮，万强，等. 面向突发公共卫生事件的多主体协同应对策略研究：以"新冠疫情"为例的中、美、英三国应对策略比较分析[J]. 现代情报，2021，41（12）：38-47.

[8] 何小勇. 突发公共卫生事件伤亡人员的社会保障适用研究[J]. 交大法学，2022（4）：137-152.

[9] 于建嵘. 利益、权威和秩序：对村民对抗基层政府的群体性事件的分析[J]. 中国农村观察，2000（4）：70-76；李琼. 边界与冲突：以S县某群体性冲突事件为个案[J]. 东南学术，2007（5）：129-136.

[10] 李志刚，苏忠林. 环境群体性事件网络舆情引导研究：基于多案例比较分析[J]. 北京航空航天大学学报（社会科学版），2021，34（3）：72-79.

[11] 王帆宇. 环境群体性事件的衰变及其治理模式变革：从"粗放式摆平"到"精细化治理"[J]. 中国矿业大学学报（社会科学版），2022，24（5）：50-65.

[12] 文宏. 网络群体性事件中舆情导向与政府回应的逻辑互动：基于"雪乡"事件大数据的情感分析[J].政治学研究，2019（1）：77-90+127-128.

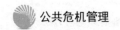

例研究一直是社会安全事件研究的重要方面。

5. 定性比较分析法

公共危机管理研究方法呈现多而杂的特点，其中采用定性比较分析法（QCA）较具代表性。定性比较分析法就是俗称的"QCA"，是当前人文社科领域常用的研究方法。与其他研究方法相比，它能通过发展新的因果关系概念，为复杂性留下了空间，从而使论证过程与论证结果更具科学性。①社会安全事件中的定性比较分析主要应用于对包括邻避抗争在内的群体性事件的影响因素、爆发机理②及政府工具选择逻辑③的研究。如万筠等人通过对中国邻避冲突结果影响因素的研究发现，新媒体联动是使邻避冲突结果导向抗争者偏好的必要条件，城市业主群体在邻避抗争中更倾向于选择非暴力的行动策略，并且意见领袖作用有限。④雷玉琼和梁晓鸣基于"主体—事件—客体"分析框架，结合中国 60 起公共危机典型事件，利用模糊集定性比较分析（fsQCA）方法分析影响地方政府公共危机回应有效性的必要条件和组态情况。研究发现，地方政府公共危机回应极具复杂性，不存在促成地方政府公共危机回应有效性的单个必要条件；三种类型构成了地方政府公共危机回应有效性的实现路径，即"主体驱动型""主体—事件平衡型""综合型"；实现地方政府公共危机回应的有效性，需要"主体—事件—客体"合力完成。⑤山少男、段霞运用模糊集 QCA 探讨了 22 个突发公共事件中多元主体协同治理行为的多因素组合路径。结果表明，内外部因素皆对公共危机多元主体协同治理行为显著正相关，影响因素为七个变量，按照重要性排序依次是复杂性因素、技术性因素、关系性因素、互动性因素、社会性因素、感知性因素及效能性因素，且各因素之间呈现组合效用。结合突发公共事件类型，可以选择适合路径实现公共危机协同治理。⑥还有人运用清晰集定性比较分析（csQCA）方法研究典型的公共危机管理案例，探讨作用于政府部门间协作的各要素对公共危机管理成效的影响机制⑦，等等。

在应对突发公共卫生事件上，有人运用定性比较分析发现，技术水平的提高在优化政府公共卫生治理绩效上发挥着较普适的作用，技术、组织和环境条件"多重并发"，形成

---

① 里豪克斯，拉金. QCA 设计原理与应用：超越定性与定量研究的新方法[M]. 杜运周，等译. 北京：机械工业出版社，2017：7.

② 李良荣，郑雯，张盛. 网络群体性事件爆发机理："传播属性"与"事件属性"双重建模研究——基于 195 个案例的定性比较分析（QCA）[J]. 现代传播（中国传媒大学学报），2013, 35（2）：25-34.

③ 王英伟. 权威应援、资源整合与外压中和：邻避抗争治理中政策工具的选择逻辑——基于（fsQCA）模糊集定性比较分析[J]. 公共管理学报，2020, 17（2）：27-39+166.

④ 万筠，王佃利. 中国邻避冲突结果的影响因素研究：基于 40 个案例的模糊集定性比较分析[J]. 公共管理学报，2019, 16（1）：66-76+172.

⑤ 雷玉琼，梁晓鸣. 地方政府公共危机回应的影响因素研究：基于"主体—事件—客体"框架的组态分析[J]. 北京航空航天大学学报（社会科学版），2023, 36（1）：90-100.

⑥ 山少男，段霞. 复杂性视角下公共危机多元主体协同治理行为的影响因素与行动路径：基于元分析与模糊集 QCA 的双重分析[J]. 公共管理与政策评论，2022, 11（1）：104-119.

⑦ 刘晓亮，李思捷. 政府部门间协作、公共危机管理与成效影响机制：基于 24 个案例的清晰集定性比较分析[J]. 华东理工大学学报（社会科学版），2020, 35（4）：90-100.

驱动政府公共卫生治理绩效的多样化组态；①还有人将 2020 年新冠疫情爆发阶段的 759 个网络谣言案例划分为 12 类谣言变异议题，使用模糊集定性比较分析法进行系统研究。结果表明，"城市风险"是网络谣言变异的核心必要条件组合。"城市问责中的抗疫行动"和"城市问责中的情绪下沉"是谣言变异建构的两类重要爆发叙事。②这些研究揭示了公共危机次生型网络舆情危机产生的内在逻辑及政府应对和治理的相关路径策略。对公共卫生事件社会经济影响的量化研究也不容忽视，如王箐等人运用回归分析发现，疫情和股价波动存在 U 形关系，同时疫情对股价的影响具有一定的滞后效应。③影响政府公共卫生危机管理效能的因素分析也很重要，熊先兰运用回归分析发现，卫生支出对提高传染性公共卫生突发事件防控效果具有显著的作用，其作用形式呈现出结构性和区域性差异，增加政府卫生支出和社会卫生支出的防控效果更加显著，卫生支出在东部地区的防控效果更加显著。④

6. 其他分析方法

除了上述典型分析方法，还有时空分析、仿真模拟分析等量化方法。时空分析包含时序分析和空间分析，是指对具有时间序列属性和空间位置属性的数据进行分析的方法。相较其他三类公共危机事件，自然灾害的发生更易受自然地理、气候气象条件的制约，从而赋予其独特的时空分布特征。应用于自然灾害的时空分析主要基于历史数据，明晰（某一类型）自然灾害的时空分布格局，探究其演化规律，进而为防范其发生提供数据支持。⑤仿真模拟分析是社会安全事件研究的最新方法，它主要基于系统动力学理论构建基于危机影响因素的数理模型，通过仿真模拟软件进行模型的检验和优化工作，其核心目标是拟合出影响社会安全事件的核心要素及其演进机理。如常丹等人的研究发现，社会矛盾水平、应急疏导和谣言煽动是超大规模城市社会安全类突发事件情境演化的核心因素，因此，政府在危机应对中应注意拓宽民意诉求表达渠道，及时化解社会矛盾；积极协调，做好应急疏导；高度重视网络舆情，把握引导话语权。⑥

二、公共危机管理的实践方法体系

正如恩格斯所说，"一个聪明的民族，从灾难中学到的东西会比平时多得多"。公共危机的发生发展不仅推动了危机应对方法的完善，也推动了公共危机研究的进步。基于自然

---

① 陶克涛，张术丹，赵云辉. 什么决定了政府公共卫生治理绩效？：基于 QCA 方法的联动效应研究[J]. 管理世界，2021，37（5）：128-138.
② 廖梦夏. "谣言变异"如何影响公共危机的爆发叙事：基于功能组态的模糊集定性比较分析[J]. 现代传播（中国传媒大学学报），2021，43（9）：60-63.
③ 王箐，王钟黎，李士雪，等. "新冠肺炎"疫情对中国股市价格波动的短期影响[J]. 经济与管理评论，2020，36（6）：16-27.
④ 熊先兰，姜林秀. 卫生支出对传染性公共卫生突发事件防控效果的影响：基于省际面板的实证分析[J]. 湘潭大学学报（哲学社会科学版），2021，45（4）：92-98.
⑤ 张永勇，陈秋潭. 淮河中上游流域洪水主要类型及其时空分布特征[J]. 地理科学进展，2020，39（4）：627-635；胡畔，陈波，史培军. 中国暴雨洪涝灾情时空格局及影响因素[J]. 地理学报，2021，76（5）：1148-1162.
⑥ 常丹，桂昊宇，樊睿. 超大城市社会安全类突发事件情景演化及仿真研究：以北京市为例[J]. 北京交通大学学报（社会科学版），2020，19（1）：86-97.

灾害、事故灾难、公共危机事件、社会安全事件划分的公共危机类型，其研究方法也因四类公共危机性质、发生逻辑的不同呈现出不同的面向。2003 年"SARS"事件后，我国启动了以"一案三制"为核心的应急管理体系建设，形成了基于应急预案，应急体制、机制和法制的系统性危机应对体系。2008 年的汶川地震则在检视"一案三制"的基础上，开启了我国危机应急队伍和手段的专业化、现代化改革，进一步丰富了危机应对体系指导下的具体应对方法。当前我国已经形成了"一案三制"指导下，基于公共危机类型、等级，各级政府部门、社会公众有序参与的公共危机管理方法体系。

（一）自然灾害类公共危机管理方法体系

在以"一案三制"为核心的自然灾害公共危机管理方法体系中，各级应急管理部门依据自然灾害应急法律和相关预案要求，在其上级政府领导下承担自然灾害应对的主要责任，综合协调财政、民政、公安、人社、工信、交通运输等各级职能部门，甚至解放军和武警部队、社会力量，做好危机响应和灾后恢复工作。其中，重大自然灾害的危机应对则由国务院成立应急指挥机构，领导包括应急管理部在内的各部委，派驻工作组组织、指挥、协调地方政府及其下属职能机构，充分调动各种社会力量进行灾害响应工作，如图 2-2 所示。

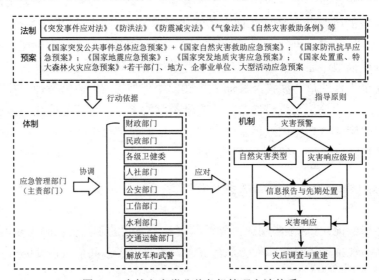

图 2-2　自然灾害类公共危机管理方法体系

在应急管理体系指导下，我国自然灾害类公共危机应对方法可分为灾害预警、信息报告、应急响应、灾后重建的具体应对方法。在灾害预警阶段，主要由应急管理部下设的风险监测和综合减灾司主责，针对具体的自然灾害类型实行科学监测与全民预防相结合的预警体系。在信息报告与先期处置阶段，则由事发地省级政府或国务院有关部门主责，同时要求其在职责和规定的权限内启动自然灾害类公共危机的应急预案，在第一时间处置、控制灾害影响。①

---

① 参见《国家突发公共事件总体应急预案》（2006 年 1 月发布实施）。

对于先期处置未能有效控制事态的特别重大自然灾害,则在国务院或应急管理部组织指挥下,实行自然灾害应对的全国动员体制。中国共产党领导的集中力量办大事优势转化为基于全面动员的集中力量抗大灾优势,包括解放军和武警部队、各级政府及其下属部门、各种社会力量在内的应急主体将被广泛动员,以各种形式参与到灾害应对中。在应急响应结束后的灾后恢复与重建阶段,我国形成了应对特别重大自然灾害的对口援建机制,即在国家或省政府的部署下,动员其他各省、市对受灾严重的省、市、县进行横向资源转移。[①]

(二)事故灾难类公共危机管理方法体系

在以"一案三制"为核心的事故灾难公共危机管理方法体系中,各级应急管理部门及其议事机构:安全生产委员会按照事故灾难公共危机应急预案和应急管理法律要求,根据事故灾难类型和应急响应级别,指挥其下属的消防救援局、国家安全生产应急救援中心,协调交通运输、通信保障、医疗保障等部门负责各类事故灾难的组织、指挥、协调工作。一般情况下,各类事故灾难的监测、报告、响应、救助与善后处置均依据属地原则,由事发地的应急管理部门主责,必要时可借助社会力量参与救援工作,如图2-3所示。[②]

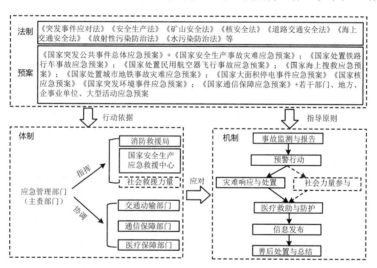

图2-3 事故灾难类公共危机管理方法体系

在应急管理体系指导下,依据《国家安全生产事故灾难应急预案》要求,国务院有关部门和省(区、市)政府主责重大危险源的监控工作,在重大事故灾难发生后,事故现场人员应逐级上报至当地人民政府、国务院有关部门。各级、各部门应急机构在接到可能导致事故灾难的信息后,应按照相关预案要求及时开展预警行动,以试图将灾难消弭于无形之中。在事故灾难发生后,事发单位应立即开展先期处置工作,同时上报当地政府,由其组建现场应急指挥部指挥、协调各部应急救援队伍全力控制事故灾难,同时成立事故现场

---

① 钟开斌. 对口支援灾区:起源与形成[J]. 经济社会体制比较,2011(6):140-146.
② 参见《国家安全生产事故灾难应急预案》(2006年1月发布实施)。

检测与评估小组，查找事故原因，评估事故发展趋势，为制订现场抢救方案和事故调查提供参考，防止次生灾害的发生。

在事故灾难的医疗卫生救助环节，按照属地原则由事发地卫生行政主管部门负责，在必要时，可向国家卫健委和应急管理部申请医疗专家、特种药品和特种救治装备紧急援助。[①]涉及应急救援人员和附近群众的安全防护工作，则由事发单位、现场应急指挥部调动专业装备负责。事故灾难的信息发布工作按照灾难级别由各级应急管理部门会同有关部门负责。经认定遇险人员全部获救、事故现场得以控制后，灾难响应工作转向善后处置阶段。此时，省级人民政府会同相关部门（单位）负责灾难的善后工作，包括人员安置、补偿、征用物资补偿、灾后重建、污染物收集、清理与处置等事项；保险机构及时开展应急救援人员保险受理和受灾人员保险理赔工作；国家安全监管部门负责调查工作，必要时，则由国务院挂牌督办，形成事故调查报告，总结经验教训，提出改进建议。

（三）公共卫生类公共危机管理方法体系

在以"一案三制"为核心的公共卫生公共危机管理方法体系中，按照公共卫生应急管理法制和预案要求，各级卫健委及其下属部门：卫生应急办公室、疾病预防控制局、医政医管局、综合监督局是公共卫生危机组织、指挥、协调的主责部门；各级农村农业部门和海关则分别负责动物疫情和入关货物的国境检查工作。一般情况下，各类公共卫生危机的预防、检测、预警、报告、响应、善后处置等工作均在国家卫健委的指导下实行属地原则，即中央指导、地方负责，由事发地卫健委卫生应急管理办公室负责对各部门、局的协调、指挥工作。重大突发公共卫生危机发生后则由国务院及国家卫健委统筹全国力量加以应对，如图2-4所示。

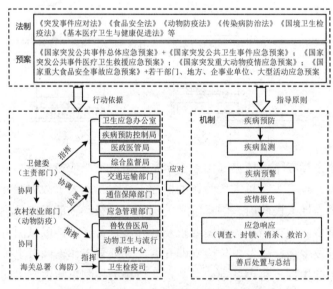

图2-4 公共卫生类公共危机管理方法体系

---

① 参见《国家安全生产事故灾难应急预案》（2006年1月发布实施）。

综合传染性疾病、动物疫情、食品安全事件等公共卫生危机事件，我国的公共卫生危机的应对流程可分为疾病预防、监测、预警、报告、响应、恢复六个环节。疾病预防主要通过制订国家实施重大疾病防治计划、国家免疫规划、接种疫苗、食药品监管、大众基本医疗卫生知识普及等形式实现，由卫健委疾病预防控制局主责。根据公共卫生应急预案要求，目前我国已经建立起覆盖三类主要公共卫生危机类型的监测体系，其中卫健委食品安全标准与监测评估司主责食品安全监测工作，卫生应急办公室监测预警处主责传染病监测工作，农村农业部动物卫生与流行病学中心主责动物疫情监测工作。疾病预警主要是依据上述机构提供的监测信息，按照疫情的发生、发展规律和特点，分析其危害程度、可能的发展趋势，判断危机级别，依旧由上述机构主责。①疫情报告按照属地原则，由事发地单位及地方公共卫生管理机构负责，事发地的卫生监管部门或地方政府接到重大公共卫生危机报告后，应在预案要求时限内向国务院报告。

公共卫生危机的应急响应主要包括对感染源或事故源的调查、感染源周围环境的封锁与消杀，以及人群救治工作。在面对非典、新冠疫情等重大突发公共卫生事件时，我国发展了独具特色的公共卫生危机响应方法，如建设用于集中隔离、救治的方舱医院，基于全国动员的对口医疗支援，它不仅将应用于自然灾害的对口支援模式扩展到应对公共卫生危机中，也将支援环节从事后恢复扩展到应急响应阶段。②善后处置与总结主要由事发地省级人民政府负责，具体包括人员安置、补偿，征用物资补偿，污染物收集、清理与处理等，保险理赔，形成事故报告等，对于重大食品安全事故或公共卫生危机应对中出现的人为过失，还应包括责任追究。

（四）社会安全类公共危机管理方法体系

在以"一案三制"为核心的社会安全公共危机管理方法体系中，根据社会安全类公共危机应急管理法制和预案要求，我国社会安全事件可分为：①以涉外突发事件、大规模恐怖袭击、"涉独"（"疆独""藏独"）为代表的恶性事件，基本属于敌我矛盾的范畴，由国家安全部门主责，协调公安部门、军队对敌对势力进行情报收集和打击行动；②以大规模群众性突发事件、金融突发事件等为代表的社会安全事件，基本属于人民内部矛盾范畴，由公安部门协调信访部门、民政部门，必要时协调医疗卫生和解放军武警统筹解决，如图2-5所示。

与其他类型的公共危机一样，社会安全事件同样有着一套从检测到善后处置的流程。不同于自然灾害、事故灾难、公共卫生事件等具有显著的突发性，以大规模群众性事件为代表的社会安全事件常常由民诉民怨长期积累而起，因此其监测常常有迹可循，主要由公安部门的情报收集机构或政府信访部门围绕重点领域、重点项目进行。事件预警是相关部门根据监测信息，从受事件影响的人群范围、利益相关度等角度综合考虑，研判事件级别，启动相关预案。

---

① 参见《国家突发公共卫生事件应急预案》（2006年2月发布实施）。
② 钟开斌. 对口支援灾区：起源与形成[J]. 经济社会体制比较，2011（6）：140-146.

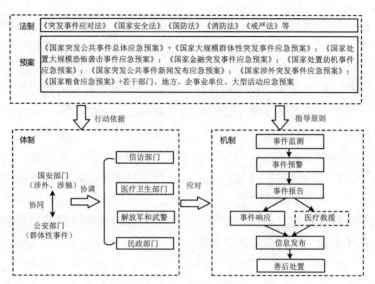

图 2-5　社会安全类公共危机管理方法体系

社会安全事件的应急响应通常按照属地原则由当地政府进行处置，一般采取先协商后公安介入方式，即根据群众诉求由政府相关部门人员与其进行协商、谈判，争取和平解决。但在具体危机应对中，不排除地方政府出于迅速平息事件的考虑，采用先公安介入后协商谈判的处置路径，为防止事态升级，当地公安部门、人民武装部、城管等执法力量对冲击政府机关、扰乱社会秩序的恶性群众事件先行处置，以维护社会稳定。若出现流血冲突，则需要当地医疗卫生部门进行救护。在社会安全事件的信息发布环节，通常由事发地政府或上级政府负责，主要就事发缘由、群众诉求、政府处置措施、双方协商结果等情况进行说明，以达到消除负面影响、维护政府形象的目的。在善后处置阶段，包括人员安抚、信任重建、补偿赔偿，并就社会事件演化过程中的相关人员过失进行责任追究。

（五）四大类公共危机管理方法体系的不足及其改进

我国公共危机管理方法体系虽在非典后取得了长足发展，各类公共危机的具体应对方法也在数次危机应对中不断发展完善。但随着风险社会的到来，各种新型致灾因子的出现也暴露了公共危机应对中的不足。

1. 自然灾害类公共危机管理方法体系的不足及其改进

结合近年来我国自然灾害危机应对过程，尤其是郑州"7·20"特大暴雨灾害应对发现，我国自然灾害类公共危机应对主要呈现以下不足：一是应急预案启动不及时造成应急响应迟缓；二是应对措施不精准、不得力造成重大人员财产损失；三是对次生灾害估计不足造成严重人为灾难。①

从改进的角度来说，首先，相关领导干部应强化风险意识和底线思维，在得知灾害预

---

① 国务院灾害调查组. 郑州 7·20 特大暴雨灾害调查报告[EB/OL].（2022-01-24）. https://sghexport.shobserver. com/html/baijiahao/2022/01/24/642482.html.

警信息后，及时将应急预案启动在危机出现前，而不是灾害造成重大损失后，同时及时通知群众避难，各级政府部门做好防灾减灾准备。其次，自然灾害应对措施不精准、不得力，多是因为年轻干部、群众未经历洪涝、地震等重大灾害，实战经验不足。因此，应针对近年频发的自然灾害类型，加强对干部群众的培训、演练工作，着力提升其应急能力和防灾避险自救知识水平。最后，重大自然灾害的发生往往导致严重的次生灾害，如郑州"7·20"暴雨导致的山洪灾害、地铁亡人事件等，应在加强相关领导干部培训演练的同时，根据各类灾害发生、演进、转化特点强化应急预案的评估修订工作，增强应急预案的整体性、协调性和适用性，防止自然灾害转化为人为灾难。①

2. 事故灾难类公共危机管理方法体系的不足及其改进

近年来，我国事故灾难类公共危机已从煤矿、建筑领域转向交通运输和危化品领域。作为典型的人为事故，事故灾难事件应对不足主要体现在事前监管不力、事后迟报瞒报、应急救援专业性不足等方面。

针对事故灾难事件普遍存在的监管不力情况，应加强相关法规和制度建设，健全全国统一的监管信息平台和安全准入机制，以倒逼企业落实安全生产主体责任，避免其违规违法变更经营资质。②对于事故灾难事件中政府监管不力和迟报瞒报责任，应明确各部门在突发事件中的主体责任，推进制度化、常态化事故灾难重点经营单位和重要领域的检查、考核工作。针对事故灾难中的迟报瞒报情况，应加强和改进突发事件的信息报告工作，明确信息报告责任主体，探索建立安全生产重大事故直报制度，健全多样化报告渠道。③针对应急救援专业性不足的问题，应大力加强应急救援力量建设和特殊器材装备配备，提升生产安全事故应急处置能力。④

3. 公共卫生类公共危机管理方法体系的不足及其改进

我国公共卫生类公共危机已经从食品安全事件转向突发传染性疾病方面。结合"非典"和新冠病毒感染应对实践可以发现，公共卫生类公共危机应对不足主要存在以下方面：一是在危机早期常常由于未知传染源导致基层有预警、政府无响应；二是危机应对中由于政府对病毒认知局限导致披露不及时或披露不足，极易造成大规模的群众恐慌和谣言事件；三是大规模危机应对中由于人员、物资的集中调度导致的指挥、协调不足；四是危机过后对受感染人员的就业保障问题。

针对政府在危机初期响应不足的问题，应落实政府部门，尤其是卫生健康部门的主体责任，一方面建立健全针对重大公共卫生事件的"吹哨人"制度和信息直报制度；另一方面以典型事件为案例加强对政府主要领导干部的专业培训，让其认识到公共卫生事件的严

---

① 张维平. 政府应急管理："一案三制"创新研究[M]. 合肥：安徽大学出版社，2009：42.
② 津港"8·12"瑞海公司危险品仓库特别重大火灾爆炸事故调查报告[EB/OL]. （2016-02-05）. https://www.gov.cn/xinwen/2016-02/05/content_5039773.htm.
③ 山东五彩龙投资有限公司栖霞市笏山金矿"1·10"重大爆炸事故调查报告[EB/OL]. （2021-02-23）. http://yjt.shandong.gov.cn/zwgk/zdly/aqsc/sgxx/202102/t20210223_3536726.html.
④ 津港"8·12"瑞海公司危险品仓库特别重大火灾爆炸事故调查报告[EB/OL]. （2016-02-05）. https://www.gov.cn/xinwen/2016-02/05/content_5039773.htm.

重危害，帮助其强化危机意识。针对危机应对中的群众恐慌和谣言问题，政府有关部门在通过自媒体、专题发布会强化信息公开的同时，为专家、学者等专业人员构建发声渠道，减少群众恐慌。针对危机应对中指挥、协调不足的问题，应根据危机发展态势和响应级别，搭建由地方负责人领导的或上级负责人领导的应急指挥部，疏通沟通渠道，以统筹各方力量参与危机应对工作。针对受感染人员平等就业问题，各地人力资源与社会保障部门、市场监督管理部门需发挥主体责任，建立针对受感染者就业歧视的举报和惩罚制度，敦促企业一视同仁，保障受感染人员的合法权益。

4. 社会安全类公共危机管理方法体系的不足及其改进

得益于近年来的国家安全建设，我国涉外突发公共事件、大规模恐怖袭击、劫机事件等恶性社会安全事件发生较少。社会安全事件主要是由于金融、环保、房产等问题引发的群体性事件，在其应对过程中主要呈现以下不足：一是危机演化前期预防、处置不足，导致积小矛盾为大事件；二是危机处置过程中处置不科学，导致同一事件反复发生；三是危机响应中话语权掌握不足，导致谣言传播、媒体错误解读，严重损害政府形象。

针对以上不足，应首先完善群众利益协调机制，畅通公众表达渠道，包括充分发挥信访制度、民间社会组织、公益诉讼制度在沟通官民、维护群众利益方面的作用，及时回应并解决群众问题。同时建立健全就近、就地化解矛盾纠纷的基层调解制度，防止事件升级。其次，政府在危机处置中应坚持以人民为中心，从群众诉求、意见领袖、事件类型出发化解矛盾，避免粗暴执法。最后，政府应建立健全针对社会安全事件的舆论引导机制，充分利用政府自媒体、传统媒介等的作用，强化信息公开和辟谣引导。①

本章小结

公共危机管理理论经历了长时段的发展阶段转变，迄今产生了生命周期理论、全面危机管理理论、钻石模型、全过程均衡模型、公共危机预警理论等代表性理论，形成了以减缓、准备、响应及恢复为主要特征的公共危机管理过程理论，其中公共危机管理过程理论在实践中得到了较好的应用。在公共危机管理研究方法上，目前主要使用的是历史研究法、内容分析法、社会网络分析法、案例研究法、定性比较分析法等，在实践中建立了自然灾害、事故灾难、公共卫生、社会安全四大类的公共危机管理方法体系。总体而言，公共危机管理的理论与方法渐趋成熟，值得学术界持续跟进研究，从而为公共危机管理的政府实践提供理论指导和方法支持。

课后名词解释

一致性危机　分歧性危机　公共危机生命周期　全面危机管理理论　公共危机协同治

---

① 荣婷，谢耘耕. 环境群体性事件的发生、传播与应对：基于2003—2014年150起中国重大环境群体事件的实证分析[J]. 新闻记者，2015（6）：72-79.

理模式　钻石模型　全过程均衡模型　公共危机预警理论　一案三制

思考题

1. 公共危机管理理论的演进分为哪几个阶段？
2. 公共危机管理创新研究有哪些具体的理论观点？
3. 公共危机管理研究的主要理论有哪些？
4. 公共危机管理过程理论如何运用于具体的案例分析？
5. 公共危机管理的研究方法主要有哪几种？
6. 在"一案三制"具体实践中，四类公共危机管理的方法体系是什么？针对其不足要如何予以改进？

第三章 公共危机管理体系

本章学习目标

公共危机管理体系是公共危机管理实践开展的遵循依据和制度保障，由公共危机管理法制、公共危机管理体制、公共危机管理机制构成。其中，公共危机管理法制旨在从法律法规层面规范和引导危机管理实践；公共危机管理体制则是决定了危机管理主体及相关机构的组织形式和权力分配关系；公共危机管理机制则是从程序和流程上协调、监督和执行危机管理活动。因此，学习和掌握公共危机管理的法制、体制与机制，有助于全面理解和有效应用公共危机管理体系的关键组成部分，加深对公共危机管理制度和规则的系统化认识。

公共危机管理体系是指政府建立的系统地应对公共危机的有效预防预警、减缓、准备、响应及恢复机制和运行体系的总和。一般来说，公共危机管理体系由三个层次构成，分别是公共危机管理法制、公共危机管理体制和公共危机管理机制。完善的公共危机管理体系有助于公共危机管理活动有法可依、有章可循，为公共危机管理活动提供制度性保障，是政府各部门间公共危机管理高效协调和有效运作的前提和基础。

第一节 公共危机管理法制

公共危机管理法律就是国家预防、调控、处置危机的法律规范的总称。公共危机管理法制，也就是我们常说的应急法制，或应急管理法制，是指人们为了应对危机、战胜危机而制定的各种法律制度所形成的法律制度体系。[①]它是规范公共危机状态下政府部门、各类社会组织、社会公众必须做什么、可以做什么、怎样去做、不可做什么、应当得到什么、受怎样的保障等一系列行为规范的总称。一旦社会出现危机状态，各类管理主体和社会主体就必须依照危机管理法律的规定活动。

一、公共危机管理的法制基础

法制往往有三种含义和说法：一是指法律和制度，也有指法律制度的；二是指动态意义上的法制，即指立法、执法、司法、守法和对法律实施的监督，也包括法律宣传教育在

---

① 黄顺康. 公共危机管理与危机法制研究[M]. 北京：中国检察出版社，2006：209.

内；三是指"依法办事"的原则，即指"有法可依，有法必依，违法必究"。一般来讲，目前国内所用的"法制"一词多是法律和制度的总称，是统治阶级以法律化、制度化的方式管理国家事务，并严格依法办事的一种原则，也是执政者按照自己的意志通过国家权力建立的用以维护国家秩序的法律和制度。

公共危机管理法制属于非常态法制，是关于突发事件引起的公共紧急情况下如何处理国家权力之间、国家权力与公民权利之间、公民权利之间的各种社会关系的法律规范和原则的总和。作为预防、调控、处置危机的法律手段，公共危机管理法制是整个国家法律体系的重要组成部分，是一个国家或地区在非常规状态下实行法治的基础。与公共危机管理有关的法规可分为以下四个层面。

（1）由立法机关制定并通过的法律。是基本法，如紧急状态法。基本法在危机管理法律体系中如同一个国家法律体系中的宪法，是危机管理方面的"根本大法"，是制定各种危机管理法律的指南和依据。它保障政府各部门在非常时期行使紧急权力，如做出对疫区实施封锁、对被污染水源实施封闭决定的权力，命令停止集市、集会、停工、停业、停课的权力，征用房屋和交通工具以及强制疏散、强制隔离、强制检疫和强制治疗的权力，等等。另外，法律也要严格确定政府应急权力的边界。不允许法律授予政府没有边界、没有限制的紧急权力。

（2）由政府颁布的规章。这些规章以危机管理基本法为依据，按照先急后缓、先易后难、成熟一个制定一个的原则，逐步制定，使之与基本法、其他涉危法律一道共同构成完善的危机管理法律体系，如应急救援管理条例等。

（3）包括预案在内的政府令形式颁布的政府法令规章等。

（4）与危机救援活动相关联的一系列标准和管理办法。这些法律、法规不但要囊括国家安全、经济、交通运输、福利保障、新闻舆论等宏观领域，还要包含危机管理各个细节这一微观领域。

公共危机管理法律是一个相对特殊的法律，它有着与其他法律相异的许多特征，具体如下。

（1）内容和对象上的综合性、边缘性。由于危机产生原因的多方面性、表现形式的多样性、损害程度的多层次性、危机性质的差异性、调控任务的多目标性，公共危机管理法律必然会具有很强的综合性、边缘性。它关系政治、经济、文化及社会等众多领域，涉及治安、刑事、卫生、环保、防震、防洪、消防、市场、劳资、救助、民族、宗教、军事、外交、舆论媒体等多方面内容。

（2）适用上的临时性和预备性。一般的法律部门调整的是社会的常态，它经常性地在法律规定的时间和空间区域内发挥调整作用；而公共危机管理法律调整的是社会的非常态，只有在危机有产生的危险性或危机已经爆发的情态下，才在特定的时间或特定的区域发挥调整作用，但在非危机的正常状态下则不适用，也不能把危机时期建立起来的制度转化为平时的制度。因此，在平时的正常状态下，应对危机的法制只是有备无患的预备法制，只在危机状态下才会临时启动和实施的特别法制。虽然突发事件往往是不可预见的，但法律要求可预见性，公共危机管理法律就是要在难以预计的情况下，预计可能会发生的

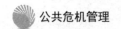

事故，研究规定应对处置、化险为夷的方法。

（3）实施过程具有很强的行政紧急性。在非常规状态下，与立法、司法等其他国家权力相比，与法定的公民权利相比，行政紧急权力具有某种优先性和更大的权威性，例如可以限制或中止某些法定公民权利。即便没有针对某种特殊情况的具体法律规定，行政机关也可进行紧急处置，以防止公共利益和公民权利遭受更大损失。而且，行政紧急权力在行使过程中遵循一些特殊的（要求更高或更低的）行为程序，例如，可通过特别简易程序紧急出台某些政令和措施。

（4）立法目的上更强调对权利的保障性。常态法制要保护权利，公共危机管理法制更需要强调对公民权利的保障，这是因为紧急状态下的紧急权力更容易被滥用，公民权利更容易受到紧急权力的侵害。因此，各国的应急法律中无不强调对公民权利的保障，包括规定不得克减的人权最低标准。

（5）法律制裁具有更大的严苛性。"治乱世用重典。"公共危机管理法律是针对危机对社会的高破坏性和对公众利益的高损害性而制定的法律，它调整的是社会非常状态下的权利义务关系，所以它与社会常态下的法律相比应当具有更大的严苛性。社会常态下的一些普通违法行为，其行为产生的后果要轻得多，因而其制裁就要轻一些；而同样的违法行为在危机情形下就会产生更为严重的后果，因而处罚就必须重一些。①

二、公共危机管理的法制内容

（一）公共危机管理法制的基本原则

公共危机管理法律体系作为行政法领域的一个分支，具备了一般行政法应当具备的基本原则。例如，合法行政原则、合理行政原则、程序正当原则、高效便民原则、诚实信用原则和权责统一原则等。但是突发公共危机管理类法律法规作为非常时期的特别法，除了应具备一般行政法所应具备的基本原则，还应具备一些独特的基本原则，以适应特殊时期的特殊要求。

1. 合法性原则

（1）公共危机管理实施主体由法律规定。通过立法明确公共危机管理主体的地位、职权、法律责任，尤其是政府在行使紧急权力时的范围和边界。现代法治不允许法律不加限制地交给政府一张空头支票，任由政府在危机状态下任意设定自己行使何种权力；现代法治也不允许法律授予政府无边界、无限制的紧急处置权。

（2）公共危机管理主体行使紧急权应遵循法定条件和法定程序。在公共危机状态下，危机管理主体虽然享有比平时更多且更具强制性的权力，但权力的行使应囿于法律设定的条件范围之内。法国宪法规定，政府只有在下述条件下才能行使紧急权力：在共和国制度、国家独立、领土完整或国际义务的履行遭受严重、急迫的威胁，且宪法机关活动不能正常进行时，总统经与总理、两院议长商议，向全国宣告实施紧急措施。此外，危机管

---

① 全国干部培训教材编审指导委员会. 公共危机管理[M]. 北京：人民出版社，党建读物出版社，2006：48-50.

理主体有权行使紧急权时还需符合法定程序。

（3）公共危机状态下，管理主体的权力与相对人的义务由法律界定。现代法治对公共危机状态下政府等管理主体行为的规范主要有两个方面：一是确定其紧急权力的范围和边界，防止其无限扩张紧急权力和滥用紧急权力；二是确定其处置紧急事件的职责范围，防止其应对紧急状态失职和不作为。与此同时，现代法治在充分保护公民合法权益时，也规定了公民应当履行的法定义务，尤其在公共危机状态下，相对于平常时期，公民应当履行更多的法律义务。

2. 法律保留原则

凡属宪法、法律规定只能由法律规定的事项，或者只能由法律规定，或者必须在法律明确授权的情况下，行政机关才有权在其所制定的行政规范中做出规定。这一做法，学界称之为"法律保留原则"。根据我国及国外立法的实践，法律保留原则可作"绝对保留"与"相对保留"之分。"绝对保留"就是该事项的设定权只归法律，任何其他国家机关不得行使，且只由法律规定，不得授权其他国家机关，如《中华人民共和国行政处罚法》规定的对人身自由的限制或剥夺。"相对保留"是该事项的设定权原属法律，但在某些情况下，法律可以通过授权授予国家最高行政机关行使。法律保留原则的实施能保证最高立法机关对国家最重大问题的绝对决策权，从根本上保证国家的发展方向和对人民权利的权威保障。

3. 权力集中原则

公共危机爆发的处理，往往需要多个政府职能部门的协同配合，因此，给予公共危机管理机构以相对集中的行政权力是十分必要的。公共危机管理部门至少应该能够调度一定的救援力量、一定的财产供给和一定的地方封锁能力，甚至一些影响媒体的能力。总之，公共危机管理机构应当具备集合大部分甚至所有处理突发事件所会涉及的所有行政权力。

4. 手段适当原则

强大的行政权力更应得到妥善的应用。行政权力相对集中的突发事件处理机构做出的任何决定都有可能给本来已经很严重的突发事件雪上加霜。因此，更加应当确保此时行政权力的行使能够控制在适当的范围，同时注意其手段的性质、方式、强度以及持久度。

5. 分级分类原则

公共危机种类繁多，强度不一，因此不能一概而论。为了更好地应对公共危机，应当建立以中央为中心、以地方为基本单位的多层次公共危机管理行政体系，从而做到分工明确、权责统一、高效灵活和自上而下的一体化管理。

（二）我国公共危机管理法制的具体内容

我国从首次规定戒严制度至今，已经颁布了一系列与公共危机管理有关的法律、行政法规、部门规章，各地方根据这些法律法规又颁布了适用于本行政区域的地方立法，特别是2007年8月30日通过，同年11月1日起施行的《突发事件应对法》，使我国有了一部行政法意义上的危机管理统一立法，从而初步构建了一个从中央到地方的公共危机管理法律规范体系。主要包括以下几个方面。

（1）战争与政治突发事件法律规范。例如《中华人民共和国宪法》《中华人民共和国香港特别行政区基本法》《反分裂国家法》《中华人民共和国澳门特别行政区基本法》《中华人民共和国国家安全法》《中华人民共和国戒严法》《中华人民共和国保守国家秘密法》《国防交通条例》《民用运力国防动员条例》《中华人民共和国兵役法》《中华人民共和国预备役军官法》《中华人民共和国人民防空法》等。

（2）应对恐怖主义威胁和恐怖袭击突发事件法律规范。随着恐怖主义在我国的出现，我国出台了《全国人民代表大会常务委员会关于惩治劫持航空器犯罪分子的决定》（1992年）。2001年12月29日，全国人大常委会通过了《中华人民共和国刑法修正案》，集中对刑法中的恐怖活动犯罪进行了修改补充，为惩治预防恐怖主义犯罪提供了有力的法律武器。我国先后加入或者签署了有关反恐怖主义的国际公约，目前，我国已经参加了全球性十二个反恐国际公约和一个区域性反恐公约，十二个全球性公约为《防止及惩治恐怖主义公约》《关于在航空器内的犯罪和犯有某些其他行为公约》《关于制止非法劫持航空器的公约》《关于防止和惩处侵害应受国际保护人员包括外交代表的罪行的公约》《制止危害民用航空安全非法行为公约》《反对劫持人质国际公约》《制止危及大陆架固定平台安全非法行为议定书》《制止危及海上航行安全非法行为公约》《制止恐怖主义爆炸的国际公约》《联合国打击跨国有组织犯罪公约》《制止向恐怖主义提供资助的国际公约》《国际合作防止恐怖主义行为》。一个区域性反恐公约为《打击恐怖主义、分裂主义和极端主义上海公约》。根据我国在"9·11"事件以后加入的《制止恐怖主义爆炸的国际公约》和《打击恐怖主义、分裂主义和极端主义上海公约》，我国应当承担以下几个方面的反恐义务：确定恐怖犯罪行为，确定缔约国应当采取的必要措施，确定缔约国反恐合作的措施，确定反恐的引渡原则，这两个公约的内容还涉及反恐的管辖权、保护人权、交换情报、执行等，修改刑法，对恐怖活动犯罪予以修改补充。

（3）骚乱、社会群体性事件法律规范。目前这方面的法律规范主要有《全国人民代表大会常务委员会关于严惩严重危害社会治安的犯罪分子的决定》《中华人民共和国集会游行示威法》《中华人民共和国看守所条例》《中华人民共和国集会游行示威法实施条例》《中华人民共和国监狱法》《中华人民共和国治安管理处罚法》《中华人民共和国人民武装警察法》《国务院办公厅关于认真做好城镇房屋拆迁工作维护社会稳定的紧急通知》《国务院办公厅关于控制城镇房屋拆迁规模严格拆迁管理的通知》《大型群众性活动安全管理条例》《全国人民代表大会常务委员会关于取缔邪教组织、防范和惩治邪教活动的决定》《国务院办公厅关于进一步加强政府网站管理工作的通知》《大中型水利水电工程建设征地补偿和移民安置条例》《中共中央办公厅、国务院办公厅关于切实做好当前减轻农民负担工作的通知》《关于创新群众工作方法解决信访突出问题的意见》等。

（4）灾害性危机法律规范。主要针对自然灾害引发的公共危机，内容非常广泛，其防治、应对方面的法律规范主要包括以下几个方面：①地质、地震灾害防治、减灾方面的法律法规，如《中华人民共和国防震减灾法》《破坏性地震应急条例》《地质灾害防治管理办法》《水土保持工作条例》等;②洪涝灾害方面的法律法规,如《中华人民共和国防洪法》《中华人民共和国防汛条例》等;③环境灾害方面的法律法规,如《中华人民共和国环境保护法》《中华人民共和国海洋环境保护法》《中华人民共和国水污染防治法》《中华人民共和国大气污染防治法》等。

（5）安全生产事故危机管理的法律规范。我国针对各种安全事故制定了大量应急法律规范,立法范围非常广泛,立法形式涉及法律、行政法规、地方性法规和规章。主要的事故防治法律包括:①交通运输安全方面的法律法规,如《中华人民共和国民用航空法》《中华人民共和国道路交通安全法》《中华人民共和国海上交通事故调查处理条例》《铁路行车事故处理规则》等;②核事故、放射性污染防治方面的法律法规,如《核电厂核事故应急管理条例》《核事故医学应急管理规定》等;③公共卫生事故、剧毒物品管理方面的法律法规,如《突发公共卫生事件应急条例》《中华人民共和国传染病防治法》《中华人民共和国传染病防治法实施办法》《危险化学品安全管理条例》等;④防治人为火灾事故方面的法律法规,如《中华人民共和国消防法》《仓库防火安全管理规则》等;⑤生产安全事故方面的法律法规,如《中华人民共和国安全生产法》《中华人民共和国矿山安全法》《国务院关于特大安全事故行政责任追究的规定》等。

（6）突发事件应对法。2003年12月22日,对外公布的中共中央修宪建议中提出了"紧急状态"的制宪问题,"紧急状态"概念被引入我国立法。"紧急状态"入宪,标志着我国应急管理进入对各种不确定因素所引起的危机事件的全面法律治理阶段。我国随即进入紧急状态法的立法论证阶段,后来,由于考虑到立法资源的配置必须着眼于当前最急迫的社会需求,而我国最迫切需要的是集中规范普通的应急管理,即解决当前局部的、不至于达到极端程度的突发事件,对我国国家和人民的利益造成严重损害的突出问题。经过周密的论证,我国第十届全国人民代表大会常务委员会第二十九次会议于2007年8月30日通过的《突发事件应对法》,使我国有了一部集中规范的应急管理基本法。

（7）其他有关危机管理的法律规范。这类法律规范内容较多,主要包括:①公民权利救济法律规范,即涉及公民、法人和其他组织的合法权益由于公共危机的行政应急措施受到损害之后的补救机制,包括行政复议、行政诉讼、国家赔偿和补偿方面的法律规范。②金融危机防治方面的法律规范,如《中华人民共和国中国人民银行法》《中华人民共和国商业银行法》《中华人民共和国银行业监督管理法》《中华人民共和国证券法》《中华人民共和国保险法》等法律都含有稳定金融、防范金融危机的条款,以及外汇电子数据备份与电子系统故障等方面的应急制度。[①]

三、公共危机管理法律体系的健全和完善

提高公共危机管理的法治化水平,就必须健全和完善公共危机管理法律体系,可以通过弥补立法空白领域,完善法制体系;调整法律结构,明晰法律适用范围;补充法律内容,细化处罚规定等途径和措施进一步健全和完善公共危机管理法律体系。

---

① 张永理. 公共危机管理[M]. 武汉:武汉大学出版社,2015:284-287.

（一）弥补立法空白领域，完善法制体系

（1）完善群体性事件处置法。尽管《突发事件应对法》对社会安全类事件在预防、处置方面做了不少规定，《公安机关处置群体性事件规定》也重点对群体性事件的处置做了规定，但群体性事件的特殊性依然没有体现，如何从源头上消除群体性事件的问题依然没有解决。

（2）完善反恐怖法。为了有效地防止和打击恐怖主义犯罪，中国需要有一部专门、系统的反恐怖法律，明确反恐怖职责，规范反恐怖活动的行动，调动各方力量，有力地打击恐怖主义犯罪。其内容应主要包括：明确规定恐怖犯罪的概念；确立反恐怖活动的基本原则；全面规定实体法方面的内容，把已有的和根据发展趋势可能出现的恐怖主义犯罪行为都一一列出；规定特殊的程序法内容；规定专门的反恐怖活动的执行机构与反恐怖活动的监督机构。

（3）完善紧急状态法。紧急状态法分散在《中华人民共和国宪法》《突发事件应对法》《中华人民共和国戒严法》《中华人民共和国专利法》等法律中。战争、严重动乱、重大灾难都会造成紧急状态，对这些不同的紧急状态的规定、预防预控、处置、善后等都有其各自的特征，需要进行系统的理论研究，并通过系统的立法加以规定。因此，需要一部专门的紧急状态法。另外，战时经济管制法、灾害保险法、灾害救助和补偿法等法律制度也需要进一步完善。

（二）调整法律结构，明晰法律适用范围

（1）完善《突发事件应对法》。我国目前尽管颁布了《突发事件应对法》，但从总体上讲，危机管理方面的立法状态仍然是分散的。《突发事件应对法》虽然带有基本法的性质，但该法对我国危机管理方面的法律规范还未做出全面的整合，没有涵盖所有类型的危机管理，尚未对许多跨部门的危机管理立法进行调整，缺少具体的整合措施，因此，该法尚不是真正意义上的危机管理的基本法，可以考虑将紧急状态法、反恐怖法、战争状态法等危机管理方面的基本内容整合到《突发事件应对法》中。

（2）进一步清理应对各种危机的法律法规，消除冲突的内容。由于我国危机管理方面的法律法规的种类与层次繁多，彼此独立，交叉重复，相互冲突，所以，目前需要清理现有的法律法规。完善上位法律，修改、废止、解释下位法律法规，尤其要废止那些与上位法律冲突的、体现部门本位的行政规章。

（三）补充法律内容，细化处罚规定

（1）明晰对私权利救济与保护的法律内容。建议在《突发事件应对法》中具体规定：公民的哪些私权利是可以被忽略的、被忽略到何种程度、可由哪些行政机关执行、执行的程序如何等；哪些是不可以被忽略的；当公民的私权利受到不必要的忽略时，应当通过哪些途径寻求补偿；等等。

（2）明晰应急行政权力的授予及规制。在对突发事件的应急处置中，授予了政府应

对的权力后，尚须对这些权力的行使规定具体程序。《突发事件应对法》第十二条、第四十九条对政府的相应权力进行了原则性规定，但究竟可以对哪些行政单位临时授予哪些紧急行政权力，并未做出细致的规定。因此，需要进一步明确规定执行部门、执行程序、监督部门等内容。

（3）明晰、加重处罚的规定。在对行政权力的制约及处罚方面，公共危机管理法律法规的规定依然停留在原则层面。如《突发事件应对法》第六十三条规定，各级政府部门"不履行法定职责的，由其上级行政机关或者监察机关责令改正；有下列情形之一的，根据情节对直接负责的主管人员和其他直接责任人员依法给予处分"。这种处罚规定没有明确指出何种机关、依照何种程序责令改正、给予何种处分等，缺乏可操作性，其结果是处罚不能有效执行。因此，要进一步明晰、加重对直接不法行为和行政执法部门失职的处罚。

（4）补充组织间横向协调与合作的规定。突发事件的应对通常需要多个部门、多个地方政府的快速反应，因此，需要通过立法对国家及其各部门、地方政府及其各部门、军队、地方自治团体等在危机预防、应急处置、灾后重建等阶段的职责做具体的规定。

（5）规范非政府组织参与公共危机管理的法律规定。我国的立法主要规定了政府如何在危机预防预控、应急处置、危机恢复等过程中的作用，对于如何调动其他社会组织，如何充分发挥公民自救，只有一些原则性的条款，欠缺对非政府组织力量参与危机管理的制度性安排。因此，需要在法律法规方面进一步完善非政府组织、普通公民、志愿者等参与公共危机管理的目标、途径和行为。

（6）设立重奖举报法条。奖励公众举报是各国应急立法的经验。《突发公共卫生事件应急条例》做了这方面的尝试。《突发公共卫生事件应急条例》第二十四条授予公众的隐患举报权、不作为举报权、滥用职权举报权，要求有关机关公布统一突发公共事件报告、举报电话，并对举报突发公共事件有功的单位和个人予以奖励。[①]

第二节 公共危机管理体制

公共危机管理体制有时也称为"领导体制"或"组织体制"，通常是指公共危机管理机构的组织形式，也就是综合性应急管理机构、各专项应急管理机构以及各地区、各部门的应急管理机构各自的法律地位、相互间的权力分配关系及其组织形式等。

一、公共危机管理体制的含义

公共危机管理体制与日常管理体制有其共性的一面：它们都是建立在一定机构设置的实体之上，以职能的区分和界定为基础进行的。尤其在现代社会中，公共危机事件越来越

---

① 王有强，董红. 完善我国举报制度的几点思考[J]. 经济与社会发展，2005（11）：124-126.

呈现出频繁性、强破坏性、高度不确定性以及应急性等特点，需要特别关注，特殊处理，这些都使公共危机的管理体制呈现出不同于一般管理体制的独特性，同时也对其在体制建构和管理方面提出了更高的要求。

公共危机管理体制主要是公共危机管理机构的设置与职责权限，是公共危机应对的制度化体系，是一个涉及公共危机管理组织目标、组织结构、职责分工、运行机制以及制度规范的有机整体。公共危机管理体制是一个由横向机构和纵向机构、政府机构与社会组织相结合的复杂系统，包括公共危机管理的领导指挥机构、专项应急指挥机构以及日常办事机构等不同层次。①体制的形成不仅需要成立一个实体机构，更要有对实体机构的责任界定和不同实体机构之间的关系规定。②公共危机管理体制是在应急指挥机构、救援和响应程序、领导责任及制度、专业救援队伍和专家咨询队伍等方面按照公共危机管理的职责和分工进行集成。

公共危机管理体制的含义有广义和狭义之分。广义的公共危机管理体制是指包括政府部门、非政府部门、企业甚至公民个人在内的各类主体在公共危机应对中所形成的关系模式。其中，政府部门在公共危机管理中处于核心地位。狭义的公共危机管理体制是指国家和政府机关在进行公共危机管理中所采用或形成的关于机构设置、权责划分及运行机制等各种制度的总和。政府公共危机管理体制是指政府为完成法定的应对公共危机的任务而建立起来的具有确定功能的危机管理组织结构和行政职能。完善公共危机管理体制有助于整合各类社会资源，为公共危机管理活动提供组织保证，是政府各部门间高效协调和有序运作的前提和基础。③在我国，已经初步形成统一指挥、专常兼备、反应灵敏、上下联动的中国特色公共危机管理体制。④

公共危机管理体制重点要解决三个问题：一是要明确指挥关系，建立一个规格高、有权威的危机管理指挥机构，合理划分各相关机构的职责，明确指挥机构和危机管理各相关机构的纵向关系，以及各危机管理机构之间的横向关系；二是要明确管理职能，科学设定一整套危机管理响应的程序，形成运转高效、反应迅速、规范有序的突发公共事件行动功能体系；三是要明确管理责任，按照权责对等原则，通过组织整合、资源整合、信息整合和行动整合原则和要求，形成政府危机管理的统一责任。⑤与此相对应，公共危机管理体制可具体化为领导体制、责任体制和监督体制。

二、公共危机管理的领导体制

领导体制问题是一个带有根本性的问题，是由公共危机管理的理念所决定的一整套机构及其运行规则，包括谁来领导、如何领导、领导什么等重要内容。指挥体制决定着整个公共危机管理的走向及其运作程序和管理效果。公共危机管理往往面对的是突发事件，情

---

① 钟开斌."一案三制"：中国应急管理体系建设的基本框架[J]. 南京社会科学，2009（11）：77-83.
② 陈安，上官艳秋，倪慧荟. 现代应急管理体制设计研究[J]. 中国行政管理，2008（8）：81-85.
③ 张永理. 公共危机管理[M]. 武汉：武汉大学出版社，2015：32.
④ 《"十四五"国家应急体系规划》，2022年2月14日.
⑤ 高小平. 建立综合化的政府公共危机管理体制[J]. 公共管理高层论坛，2006（2）：25-41.

况非常紧急,很难按照常规管理方式按部就班地实行管理。在紧急情况下,需要迅速做出决策,调动大量的人力、物力,需要指挥和调配不同部门、单位的资源。突发事件常常会涉及不同的部门、不同的行政区域,这就需要有一个高效的指挥体制来进行快速决策和调动资源,减少日常的协调环节和时间,以适应快速反应的需要。公共危机管理往往面对的是突发事件,情况非常紧急,很难按照常规管理方式按部就班地实行管理。分散的、部门化的管理模式很难适应紧急情况的需要。突发事件常常会涉及不同的部门、不同的行政区域,这就需要有一个高效的指挥体制来进行快速决策和调动资源,减少日常的协调环节和时间,以适应快速反应的需要。

集中统一的指挥体制要求以一定的行政区域为单位,凡在此地域范围内发生的公共危机事件都应该由当地政府统一管理。目前世界各国大都设立了统一领导应对突发事件的专门工作机构,负责突发事件防范处置的综合协调。其中主要在管理实践中,统一指挥体制有不同的形式,有的实行松散的委员会制,日常事务由专门的办公室负责;有的实行专设的公共危机管理机构作为处理公共突发事件的最高行政权力机关,概括起来就是两种应急管理体制模式:单部门型和综合协调型。通常来说,对于绝大多数突发事件引发的公共危机管理,并不需要建立特别的常设性的专门机构,可以寓危机管理于常规管理体制之中,在常规的管理中加入危机管理的内容。

在单部门型模式中,平时这一管理机构处于松散状态,只是例行性地对重大问题和常规运行情况进行了解和指导。例如,美国国家安全委员会是美国处理国家安全方面问题的最高指挥机构。它由总统、副总统、国务卿、国防部长、总统国家安全事务助理、联邦调查局局长、中央情报局局长等高官组成。美国国家安全委员会下设办公室作为具体的办事机构,当美国国家安全受到重大威胁时,这个委员会立即自动开始工作。在"9·11"事件发生后,美国政府的危机管理机构在第一时间开始运作。其中国家安全委员会作为"国家安全问题的最高决策咨询机构",从对事态的第一反应到反恐怖战略的制定,都发挥了"中枢神经"的作用。

在综合协调型模式中,实行行政首长负责制。根据授权,政府最高行政长官在公共危机发生时有权指挥各相关部门和力量统一行动,对公共危机管理全权负责。例如,日本的危机管理体制是以内阁首相为最高指挥官,由内阁官房(负责各省厅间的协调,相当于办公厅)来负责总体协调、联络,通过安全保障会议、阁僚会议、内阁会议、中央防灾会议等决策机构制定危机对策,由警察厅、防卫厅、海上保安厅、消防厅等各厅、部门根据具体情况予以配合的组织体系。在这一体系中,根据危机种类的不同,启动的危机管理部门也不尽相同。在 1999 年修改、2001 年开始实施的《内阁法》第四条中,补充了以下条款,即首相可以在内阁会议上,就有关内阁重要政策的基本方针及其他案件提出议案。这一修正案大大加强了首相在内阁会议中的发言权,保证了在发生危机时首相可以迅速制定出自上而下的对策,指挥政府应对危机。

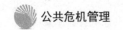

三、公共危机管理的责任体制

为了使统一指挥的公共危机管理体制能够高效运转,各级政府及其所属部门能够切实履行职责,负起责任,各守其位,各尽其职,协调一致,积极主动地开展工作,还需要建立一套责任机制。如果在危机中发生了重大问题,造成了严重损失,首先追究主要负责人的责任。对因违反决策程序给国家和人民群众利益造成重大损失的,必须追究部门主要领导和当事人的责任。对于在危机管理工作中不履行职责,行政不作为,或者不按照法定程序和规定采取措施应对、处置突发事件的,要对其进行批评教育,直至对其进行必要的行政或法律处理。对于在公共危机管理工作中做出突出贡献的先进集体和个人,要给予表彰和奖励。对于迟报、瞒报、漏报和谎报重要情况的,也要追究相关人员的责任,根据责任大小,给予有关责任人行政处分;构成犯罪的,要依法追究刑事责任。建立责任制的关键在于要赏罚分明、奖惩兑现,其前提是细化每一个岗位和人员的具体责任。因此,公共危机管理中要明确每一项工作中的政府责任,并把责任明确到每一个具体的工作机构和人员;根据对可能发生问题的预测,编制政府工作预案,并落实到相应的机构和人员;根据对实践中新发生问题的分析和判断,明确政府在其中应负的责任;根据在实践中群众反映的意见和要求,进一步明确与修正政府的各项责任。这一方面需要立法机关抓紧相关领域公共危机管理的立法,明确相关岗位和人员的法律责任;另一方面,各级政府也要加紧研究各种公共危机管理的预案,深入分析每个环节、每个步骤、每个岗位应承担的责任。这样可以为事后兑现奖惩、追究相关人员的责任提供可靠的依据,使每个受到表彰或受到处罚的人心悦诚服,没有异议。

四、公共危机管理的监督体制

责任制主要是事后发生作用,我们可以通过事后的奖惩工作达到促进新一轮工作的目的,但是,这样的结果是公共危机管理过程中出现的一些问题有可能得不到及时纠正和解决,不利于危机的预防和处置。另外,责任制也不会自动实现。这就需要建立公共危机管理的监督机制,以监督机制来促进公共危机管理工作的顺利开展,同时使责任制真正落到实处,发挥应有的作用。

监督工作包括领导的检查监督和专门从事检查监督的督查部门的检查监督两个部分。领导行为本身就包含决策和对决策执行情况的检查督促。在危机决策做出以后,各级主要领导在可能的情况下需要亲临一线深入现场,一方面起到检查督促的作用,另一方面如果发现决策与事实有偏差或者有新的情况出现,还可以及时拍板做出新的决策。领导亲自检查督促工作,还可以起到鼓舞士气、安定人心的作用。当前,我国公共危机管理中还可以通过上级政府派出专门的督导组、检查组对下级政府和部门进行监督检查,还可以通过人大和政协的走访、视察进行监督。纪检监察部门也可以而且应该参与监督工作。公共危机管理中还应该充分发挥新闻舆论监督和社会公众监督的作用。总之,要通过多种形式的监督使政府的公共危机管理职责真正落到实处。

第三节 公共危机管理机制

如果说体制是管理的实体性基础，那么机制就是这一系列机构和职能运行的路径和程序。根据危机管理的基本流程，公共危机管理体制运作的主要程序、原则和关系处理，以及根据危机状态所进行的实际调整过程看，公共危机管理机制主要包括决策机制、实施机制、参与机制、信息机制四个部分。[①]各级政府都需要事先制定一套科学合理、行之有效的管理运行机制，从而在危机来临时能够做到临危不乱，科学有序，也使从事危机管理的各机构、各部门在日常和非常态的危机管理的各个阶段和步骤中能够各司其职、协调有效地运转。

一、公共危机管理决策机制

公共危机管理决策机制是公共危机管理领导者、指挥者处置突发危机事件所要遵循的决策程序、基本原则和决策模式。

（一）公共危机管理决策的主体与模式

公共危机管理决策实际上发生于危机全过程。但无论它在何种环节，参加决策的人员一般都要包括整个组织、分支部门或整个事务、细节事务的主要责任人。参与决策人员可以是最高首长、应急主管人员、专家顾问、主要技术人员、公共关系人员、法律顾问等，决策事务的最后定夺可以采取投票式、协商式、独裁式。

公共危机管理决策的模式包括以下六种模式。

（1）理性决策模式。该决策模式主要有"最佳决策模式"和"满意决策模式"。最佳决策模式谋求制订所有可能方案，并从中选择损失最小、获利最大、安全性最高的方案。这种决策模式是真正的理性决策，但实际上却不太可能。满意决策模式实际上是一种有限理性的决策方式，只要求列出我们能够想到的可能方案，并从中选择我们认为"还行"、感觉"可以"的方案，与前者相比其现实性要强得多，也是实践中我们通常所采取的一种方式。

（2）组织过程决策模式。该决策模式认为决策是基于组织内标准作业程序的一种机械或半机械过程的产物。它要求严格按照事前规划的组织作业程序进行决策，决策的信息流或议程将在各组织部门间按顺序流转、过滤并最终定型。

（3）官僚政治决策模式。该决策模式强调三点：谁参与决策；决策参与者与面临的问题之间的利害关系；决策程序如何调整相互关系。它注重的是政治利益得失，是官僚政

[①] 蔺雪春，李希红，朱婧. 公共危机管理[M]. 成都：西南交通大学出版社，2018：28.

治环境下一种利益平衡式的决策方式。

（4）领导—非领导互动决策模式。该决策模式强调领导人员与非领导人员、整体环境、所追求目标间的相互关系，要求各要素间的充分协调妥协。

（5）精英团队决策模式。该决策模式强调组成决策集团的精英人士具有自己的信念体系、过滤系统和固定形象，以此来观察世界和做出判断。

（6）集体动力决策模式。该决策模式强调全体人员对决策的信心或某种主流意识，在这种决策模式中，易犯的错误之一是所谓"集体动力"或者"随大流思想"。①

前三种决策模式的重点在于体制上的分析，后三种决策模式则在于个人因素的分析。但危机决策是与常规决策相对应的非常规决策状态，危机具有的突发性、破坏性和无序性特点，使得危机决策需要根据实际环境变化不断地进行调整磨合。

（二）公共危机管理决策的运行机制

为保障危机决策的科学性和实施能力，政府公共部门还应建立相应的决策运行机制。

（1）应急会议制度。危机事件发生后，需要政府立即召开包括各有关部门参加的应急会议，进行决策指挥和资源部署，同时启动危机的应急预案。在当前危机事件多发期，要求各级政府建立健全应急会议制度，抢占处理危机的黄金时间，在第一时间部署解决措施，从而将危机的影响降至最低限度。

（2）信息公开制度。民众极易受不实消息的影响，引起社会恐慌情绪蔓延，导致社会动荡。谣言止于真相，只有在第一时间告知民众真相，及时澄清各种谣言和小道消息，才能化解民众的恐慌情绪，维持正常社会秩序。政府建立新闻发言人制度，通过及时发布网络信息，应对网络政治参与日益活跃的现状，争取引导网络舆论。

（3）专家顾问咨询制度。专家顾问团在危机事件中起着重要的智囊团作用。充分利用好专家顾问团的智力资源，综合运用头脑风暴、德尔菲法等多种决策方法，集思广益，增强政府决策的科学性和合理性。

（4）危机决策能力培训。危机决策能力培训主要集中在提高危机指挥和处理技巧的各种决策方法、抗压力与抗干扰、问题诊断与判断、联想和构想能力的培训上。

二、公共危机管理实施机制

公共危机管理实施机制是对前述组织领导体制、支持保障体制的一种实际应用，也是对危机决策机制及决策结果的执行运用和动态展现。简言之，就是危机管理的重点操作执行过程和重大因素、重要关系的一种安排。当然，实施是针对危机事件的阶段进程和具体特点进行的，这就意味着前述危机管理体制的实际应用及政策展现过程可能要做大量灵活的组合布局和临场调整。

---

① 蔺雪春，李希红，朱婧. 公共危机管理[M]. 成都：西南交通大学出版社，2018：29-30.

（一）公共危机管理的实施框架

在公共危机实际管理过程中，原有的组织领导体制、支持保障体制、决策机制就要转换成一个特别的危机管理小组来具体领导和负责实施。美国较为通行的危机管理实施模式主要有两种：事故控制体系（incident command system，ICS）和标准化紧急管理体系（standardized emergency management system，SEMS）。罗伯特·希斯在探查和评价这两种实施体系优缺点的基础上，提出了第三种实施模式：危机管理框架结构（crisis management shell structure，CMSS）。①

（1）事故控制体系（ICS）。ICS 主要是对事故现场实施管理，其操作流程主要包括五点：一是建立指挥站，为主要指挥人员安营扎寨。二是建立短期的物品、资源储存库。三是建立后勤部门，使之成为提供和调度物品资源的基地。四是为睡眠、休息及卫生部门建立营地。五是为直升机的起落、维护、加油设立场地。在统一指挥下，其职能可以分成四种：一是运作。具体执行部门要负责协调危机事件的紧急处理。二是计划与情报。计划与情报部门要负责收集、记录、分析有关危机、危机处理及可利用资源的信息。三是后勤。后勤部门负责为危机处理提供多种必要的设备、资源及相关服务，包括通信、医疗、食品、配送、设施、地面援助及交通等。四是财务和行政。财务和行政部门负责危机处理的财务及成本分析，提供上述三个部门没有提供的职能。

（2）标准化紧急管理体系（SEMS）。SEMS 由五个层次组成，每个部门都在必要时起作用：一是现场处理部，负责危机发生时的紧急决策及行动执行。二是当地政府，主要在其管辖权内做一些管理、协调及恢复性工作。三是执行区域，在受影响的当地政府之间管理和协调信息、资源，并充当沟通桥梁。四是区域，在执行区域之间管理和协调信息、资源，协助州内各部门协调运作。五是州，管理一些急缺资源。五个层次都能各自执行预测、管理、操作作业、信息收集、向外发布公告、后勤支持和行政管理任务，实际上是一个扩大了的 ICS。ICS 的优点是各层次间比较平等，都能够在统一指挥下独立运作，但它不太重视沟通，特别是与利益相关者的沟通。SEMS 有助于信息流动及各部门间的协调。但以上两种实施模式都是针对自然性的、规模小的危机事件，当事件升级且环境更加开放时，它们的效果就大大减弱了。

（3）危机管理框架结构（CMSS）。罗伯特·希斯提出了 CMSS 实施机制。该机制由四个部分、九个部门组成。各部门的职能是：危机管理者负责策略决策和控制危机形势；管理联络部负责满足危机管理者的需要以及危机管理者与其他部门、各部门间的持续信息沟通；信息整理部负责集中处理并报送危机信息；信息侦察兵负责从现场、媒体等各种渠道收集信息；公众与媒体部负责向危机外的公众以及应急部门外的人通报信息，组织媒体事宜；咨询形象管理部负责评估危机影响和危机管理造成的公众及相关利益集团对受危机威胁组织的看法，制订声明，并做出改善建议；主要咨询团体负责为危机管理者提供建议和方案；首席危机管理者或督导权威则监督危机管理者工作、接受其报告、提供局外式的统筹指导，使危机内外的人员保持协作；指挥协作部负责帮助危机管理者进行直接的协作

---

① 希斯. 危机管理[M]. 王成, 译. 北京：中信出版社, 2003：195.

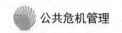

和指挥及战术控制；战术反应部实际上是执行现场应急操作的普通单元和专门单元。该框架将组织结构转化为某种简单灵活的危机反应形式，能够保证信息沟通，减少对抗与误解，降低形成不良形象的可能性，适合不同规模、不同情境的组织危机管理。①

（二）公共危机管理实施的原则与程序

公共危机管理实施的主要原则是：保证信息沟通的及时、畅通、有效和多渠道验证；保证现场指挥等各应急部门的安全和物资供应；将危机外公众与危机内事务暂时隔离开来，避免危机管理者受干扰；及时向外界提供进展情况，做好媒体与公众关系处理；灵活应变，根据环境形势的变化及时调整应急策略与实施进程。

公共危机管理的实施程序可以按参与主体分类和按时间顺序分类。

1. 按参与主体分类的实施程序

（1）内部对策程序。主要是设立专门机构；制订总体方案并通告全体人员；制定事件处理的基本方针和基本对策；及时向外界公布事实真相。

（2）受害者对策程序。主要是了解受害情况，实事求是地承担责任；冷静地听取被害者的意见，确认有关赔偿损失的要求；避免在事故现场与受害者发生争议；给受害者以安慰和同情；向受害者及其家属公布补偿标准及方法，并尽快实施。

（3）新闻界对策程序。主要是统一发言口径；成立临时记者接待机构，专人负责发布消息；主动向新闻界提供真实、准确的消息；在事件未完全明了之前，不轻易表示赞成或反对的意见；等等。

2. 按时间顺序分类的实施程序

（1）防范：对潜在危机做一些准备。平时的防范就是平常要维护好组织的形象，监测好潜在的风险。好的组织形象有助于有效地调动社会力量群防群控。有效的风险监测有助于做到富有针对性的事件预防。

（2）处理：调动资源进行处理。通过调动资源，危机小组开始工作，集众人智慧和社会资源，找出到底发生了什么事情，何时发生，是谁受到影响。随后采取行动，开始救援处置和主动沟通。因此，主要步骤可以概括为危机分析和解决危机。

（3）善后：危机结束后做总结，启动责任追究机制，重新恢复生产生活秩序。危机处理的后半程，甚至危机管理开始后就要注意信息收集与事件调查，及时做好各阶段各项目的总结，并启动责任追究机制，采取措施逐步恢复社会公共秩序。

三、公共危机管理参与机制

公共危机管理参与机制是对社会公众介入危机事件管理的主要作用、途径、关系的综合。社会公众是突发性危机事件直接威胁的对象，良好的公共危机管理需要社会公众以合法有效的形式，通过科学化、制度化的渠道和途径，有效参与到政府危机管理过程中。社

---

① 希斯. 危机管理[M]. 王成, 译. 北京: 中信出版社, 2003: 196-214.

会公众参与危机管理,不仅需要个体单独行动,更需要通过各种社会组织,包括非营利性志愿组织、营利性组织发挥集体力量。①

(一)公共危机管理的参与主体及角色

1. 公共危机管理主体之志愿者

志愿者或以组织形式出现,或以个体形式出现。他们介于政府部门与营利部门之间,具有公益性、民间性、非营利性、自治性和志愿性等特点。或者说,那些具有公益性的公共社团对危机状态往往具有较强的责任心、关注度。志愿者在公共危机管理中主要扮演以下角色。

(1)及时发现危机隐患,提供专业建议的危机预防者。志愿者中的专家、学者分布于不同的专业领域,并且对公共危机管理具有很强的兴趣和责任心,他们依据其原属组织性质和自身特长进行的危机预防和预警活动,往往从不同角度对政府危机管理做出有益补充,这在一定程度上避免了政府机构"当局者迷"的缺陷。

(2)危机应对和特定服务的直接提供者。在公共危机治理中,志愿者,尤其是志愿组织会成为政府公共服务的具体生产者,成为政府和公众之间关系沟通的媒介,能够在危机时期传递一些政府无法直接提供的特定公共服务。

(3)公共资源筹集与分配的监督者。公共资源的筹集与使用贯穿危机处理全过程,尽管公共资源的筹集必须以国家强制力为基础,但在资源征集与使用中必须有相应机构对政府行为做出监督,以避免政府机构滥用国家权力和产生资源贪污浪费现象。志愿者能够帮助政府快速扩展公共资源范围,监督资源使用。

(4)灾后重建工作的承担者。志愿者,尤其是志愿组织对受灾地域的情况往往比政府部门敏感,能够深入社会和社区文化之内,让人们能够轻松表达自己的真正需求,从而设计出更具针对性的问题解决之道,针对地域真实需要提出恢复和重建策略。

2. 公共危机管理主体之营利组织

企业等工商业营利组织往往是公共危机的受害者,有时也是危机的责任者,更是危机管理的重要资源提供者。营利组织在公共危机管理中主要扮演以下角色。

(1)社会责任承担者。危机尚未出现时,企业等要随时准备承担相应的社会责任,并将社会责任列入企业经营战略,全方位落实企业社会责任。公共危机发生之后,企业须设立专门机构或人员落实社会责任战略,履行公共问题上的社会责任。

(2)快速反应和贴近民心的危机救助者。以汶川震灾为例,全球领先的益普索市场咨询公司在震后最短时间内,对超过 70 个国内外知名企业或品牌在震后的企业声誉变化进行了抽样调查分析,结果发现,公众高度认同政府统一指挥的高效性,但也十分盼望企业和政府部门密切配合,快速做出反应并能采取长期持续的实际作为。有研究表明,绝大多数被访者认为企业与政府积极有效的配合最能赢得公众的赞扬与支持;而企业履行社会责任时所采取的实际行动,如捐赠、参与救援、重建工作等,以及快速反应和高效管理都

---

① 蔺雪春,李希红,朱婧. 公共危机管理[M]. 成都:西南交通大学出版社,2018:40.

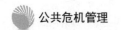

是得到公众加分的影响因素。

3. 公共危机管理主体之社会公众

政府单方面采取行动很难带领整个社会渡过危机，各项危机管理举措都有赖于社会公众的理解配合才能发挥应有效力。因此，社会公众也应成为公共危机管理的主体之一。社会公众在公共危机管理中主要扮演以下角色。

（1）公共危机防范者和预警信号发出者。民众处于社会、经济生产生活的最前沿，能够最直接地接触、感觉到各种敏感信息。通过大众性的危机预防，在危机爆发前及时消除产生危机的根源，可以节省大量社会资源。

（2）公共危机管理的直接参与者和信息反馈者。公共危机发生后，政府部门未到达现场之前，社会公众有组织的自救行为往往能减少危机带来的损失。同时，社会公众还是有关危机应急情况的目击者，能够将其信息如实反馈给应急指挥体系。

（3）政府实施公共危机管理的监督者。公共危机管理由于牵涉相关利益者众多，为避免争议出现和保证政府管理行为公平正义，社会公众的介入和参与十分必要。社会公众参与可以预防政府危机管理中的"道德风险"或"逆向选择"等问题。

（二）公共危机管理的参与渠道

（1）信息传送渠道。信息传送包括信息收集传递和信息对外发布两大方面：一方面，各参与主体都担负着危机信息收集、信息报告的重要责任与义务。另一方面，也是更重要的一面，单对政府部门而言，实行信息与决策公开，拓宽交流渠道，保证信息及时沟通共享，有利于在危急状态下号召共同对抗危机，引导个人选择正确行为，有利于最大效率地集中民智、珍惜民力，提高决策质量；有利于广泛动员群众，统一思想认识，促进危机决策的顺利实施。因此，越是在公共危机关头，对于涉及公共利益的各种信息与政策，政府都需要及时向社会公布。

（2）决策听证渠道。决策听证是公众参与决策、消弭潜在风险的有效途径。特别是对化解社会矛盾风险，实践证明，听证制度对于提高管理决策质量、推进决策民主化有很大作用。听证过程要尽力让各方利益主体一起平等表达利益、反映意愿，使决策实现合理的利益平衡，从而缓解危机状态，提前化解社会风险。

（3）民意表达渠道。民意表达渠道的畅通是化解潜在危机的重要条件。这些渠道包括政府开放日、群众接待日、座谈会、信访以及其他问政形式。有了顺畅的民意表达渠道，社会公众才会积极有序地表达社情民意，为解决公共危机提供足够有效的信息。因此，政府要加强长效机制建设，规范社会公众利益表达的程序、原则、方法和内容，明确管理责任，确保参与渠道畅通。

（4）网络平台。网络的普及为政府扩大社会公众参与危机管理带来新契机。网络民主可以充分实现人民危机管理参与的直接性、真实性、平等性，进一步推动公民参与的广泛发展。利用网络更可以强化社会监督效力，加大社会监督的广度和深度。通过互联网、移动终端平台的快捷交流方式，公民能够以最快的速度获知危机管理信息，学习危机应对指南，为政府部门危机信息收集和危机解决方案提供来源和参考。

综上所述，在公共危机应对的全过程，包括危机前、中、后各个适当环节，都应当允许并给予社会公众介入危机管理的机会，由其自主或由公共部门提供一定的安全保障，促进社会公众对危机管理献智献力。

四、公共危机信息管理机制

公共危机信息管理机制主要体现的是公共危机信息管理，是政府应对突发事件形成的危机信息管理程序、原则、因素关系处理方式。一般来看，公共危机信息管理机制包括信息本身，以及与信息本身有关的人力资源、基础设施、技术设备、资金投入等。①

（一）公共危机信息管理的功能

按照公共危机信息管理的内容和信息流向，公共危机信息管理的作用主要有以下几个方面。

1. 信息传递作用

（1）查询功能。信息技术和大众传媒的发展为信息传递创造了条件。一是社会公众可以通过公共危机信息管理系统查询相关危机事态与应对信息。二是危机管理者可以通过一定的信息追踪手段获知危机事态，跟踪危机进程。

（2）显示功能。公共危机信息管理系统可以消除时间、地点障碍。电子邮件、短消息等电信网络、互联网络信息传递方式可以实现不同时间、不同地点的信息传递与多终端显示。

2. 警示教育作用

（1）预警、报警功能。公共危机信息管理系统可以设置人工或自动的预警、报警装置，当信息数据达到一定的预警级别，系统可以通过人工方式或由系统自动向政府部门、社会公众发布警告，提醒其防范与应对。

（2）教育功能。有效的公共危机信息管理可以向社会公众宣传安全知识，培养健全的公民意识和危机意识，引导社会公众冷静从容面对危机。而且目前中国公民对危机重视不足，危机应对能力也普遍低下，不能适应各类危机应对需求。因此可以利用事件信息对社会公众心理的强烈冲击，使社会公众获得直接心理体验和安全知识，培养社会公众的危机反应能力和社会责任。

3. 决策支持作用

（1）环境扫描。环境扫描所收集的信息客观描述了危机现状，为决策者理性确定潜在危机、评估当前危机事态、了解自身可利用的资源状况提供了数据资料。

（2）知识整理。基于数据系统的智能，可以帮助决策者科学、快速进行危机信息和

---

① 蔺雪春，李希红，朱婧. 公共危机管理[M]. 成都：西南交通大学出版社，2018：44.

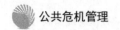

知识的整理。

（3）智能支持。公共危机信息管理利用信息技术，尤其是网络技术，能及时自动访问外部数据库以获取最新知识，利用内部和外部既有的危机知识和管理经验，制订危机管理计划和解决方案。

（4）群体决策支持。公共危机信息系统能够跨越地理位置所造成的障碍，集中不同地方的专家参与危机决策，支持吸收不同反馈意见，减少决策失误的可能性。

4. 舆论监督作用

将危机事件处置信息公之于众，建立畅通的信息渠道和公共讨论平台，引导正确的舆论导向，接受舆论监督，能够满足公众知情权，促进政府与民众之间的相互认同理解，缓解危机，也有利于事件的应急处置和善后工作，促进当事者对事件原因的重视，避免同类事件再次发生。

（二）公共危机信息管理的程序和方法

公共危机信息管理的程序和方法主要包括以下几个方面。

1. 信息收集

信息收集是指通过各种方式获取危机处理所需要的信息。信息收集是信息得以利用的第一步，也是关键的一步。信息收集工作的好坏直接关系整个公共危机信息管理工作的质量。

（1）信息收集原则。一是准确性，该原则要求收集的信息必须是真实对象或环境所产生的，必须保证信息来源是可靠的，必须保证收集的信息能够反映真实的状况、特点、趋势。二是全面性，该原则要求所收集到的信息要广泛、全面、完整。三是时效性，信息的利用价值取决于信息是否能及时地提供，保障在第一时间做出反应。

（2）信息收集方法。一是调查法，包括普查、抽样调查、典型调查等。二是观察法，包括对人的行为的观察、对客观事物（事务）的观察。通过深入现场、参加应急工作、实地采样、进行现场观察并准确记录（包括测绘、录音、录像、拍照、笔录等）调研情况。三是采访法，通过媒体手段访问相关人员，获得一手资料。四是实验方法，通过实验过程获取其他手段难以获得的信息或结论。五是文献检索，就是从浩繁的文献（书籍、报纸、杂志等）当中检索出所需的信息，文献检索分为手工检索和计算机检索。六是网络信息收集，主要是通过计算机网络发布、传递和存储的各种信息，整个过程要经过网络信息搜索、整合、保存和服务四个步骤。

2. 信息储存

（1）信息储存的原则。一是安全性，保障储存手段与工具设备、地域地点的安全。二是持久性，要保障储存时间较长，符合国家有关档案资料的管理时限规定。

（2）信息储存的方法。主要是通过电子方式、纸质方式储存。

3. 信息分析

（1）信息分析的原则。主要是保证科学性、关联性、聚合性、应用性。科学性，是要符合危机事件和危机管理的内在规律。关联性，是要关注各类信息的区别联系。聚合性，是要注意同类同质信息的汇总。应用性，是要提炼出有价值、方便阅读、便利使用的信息。

（2）信息分析的主要步骤。首先是信息加工。主要是对收集来的信息进行归类、提炼、删除等去伪存真、去粗取精、由表及里、由此及彼的加工过程。这一过程将使信息增值。只有在对信息进行适当处理的基础上，才能产生新的、用以指导决策的有效信息或知识。其次是信息处理。主要是为一定目的对信息资料进行的变换，将其变成可以认知、利用的政策文字、数字、表格、图形等。最后是信息整合。主要是将各种分散的一手或二手信息资料整理成各种具有共同主题的知识内容，以便发布传递，或供危机管理部门决策使用。

（3）信息分析的方法。包括定性分析、定量分析、聚类分析、趋势分析、关联分析、差异分析等。需要配合计算机软件和数据库进行。

4. 信息传递

信息传递也即发布过程，一是可以发布给政府部门，提供危机决策参考；二是可以发布给社会公众，让其知情。

（1）信息传递的原则。信息传递要保证快速、稳妥、权威、公开。

（2）信息传递的方法。经危机管理者批准，可以采用法律许可的各种形式，包括电视、电话、广播、网络、报纸、杂志、公告、简报、移动平台，以及其他各种人力传播形式。

5. 信息再开发利用

信息再开发利用主要是根据危机管理的需要，对已存储或已传递过来的信息进行再挖掘、再加工、再提升。应当掌握的基本原则是使信息具有资源价值，而且要实现信息资源的保值和增值。

6. 信息反馈

危机信息的反馈贯穿危机管理的全过程，是判断危机是否缓解、解决的重要措施，信息的反馈可以有效地影响社会环境客体及社会环境主体，进行政策修正、追踪决策，以保证应急政策得以全面、高效落实。

本章小结

公共危机管理体系是指政府建立的系统地应对公共危机的有效预防预警、减缓、准备、响应及恢复机制和运行体系的总和，包括公共危机管理法制、公共危机管理体制、公共危机管理机制三个层次。公共危机管理法制是相关法律规范和原则的综合，内容丰富，

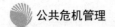

层次多样，但仍需进一步健全和完善。公共危机管理体制是相关组织的机构设置和职责权限的系统性规定，具体包括领导体制、责任体制和监督体制。公共危机管理机制是相关机构和职能运行的路径程序，分为决策机制、实施机制、参与机制、信息机制四个部分。

课后名词解释

公共危机管理法制　公共危机管理体制　综合协调型模式　理性决策模式　ICS　SEMS

思考题

1. 公共危机管理法律包括哪几个特征？
2. 公共危机管理法制的基本原则有哪些？
3. 灾害性危机法律规范包括哪些内容？
4. 如何健全和完善公共危机管理法律体系？
5. 公共危机管理的领导体制有哪些类型？
6. 公共危机管理的参与渠道有哪些？

第四章 公共危机预案与保障

本章学习目标

公共危机管理的预案是应急管理的首要环节，是现行"一案三制"综合应急管理体系的主要组成部分，是应对各类突发事件必不可少的应急管理手段。通过本章学习，应当了解应急预案、危机预警、应急保障的基本概念和主要内容，熟悉当前我国的应急预案体系、公共危机管理的预警体系和应急保障体系的构成要素。重点掌握应急预案编制流程、公共危机管理的预警体系构成、应急队伍保障和应急物资保障的内容。

随着我国应急管理工作进入了新的阶段，应急预案与危机预警工作也面临新的任务要求。一方面，机构调整、各部门分工调整形成应急改革新动力。针对全过程专门的管理，各级地方政府必然要结合机构调整后各部门分工调整的现状，结合长期以来各级、各部门应急管理工作的得失，以及各地的特点和实际来重新调整和修订应急预案。另一方面，风险管理体系和流程系统性与专业性要求更高。新组建的各级应急管理部门独立行使应急管理职能职责，实现了全过程专门的管理，使得建立系统性、专业性的风险管理体系和流程成为可能，这必将极大地提升公共安全风险管控能力。此外，对事前监测与预防和事后恢复与重建形成新认识。全过程专门的管理意味着要将应急管理工作由重处置向前后两端延伸，在重视事发后应急处置的前提下，更加重视事前的监测与预防和事后的恢复与重建。

第一节 公共危机预案

公共危机预案是应急管理的首要环节，是现行"一案三制"综合应急管理体系的主要组成部分，是应对各类突发事件必不可少的应急管理手段。当前我国已经形成了数量庞大、类别多元、覆盖全面的应急预案体系。

一、应急预案的概念与内容

（一）应急预案的概念

应急预案，英文为"emergency response plan"，是指针对可能发生的事故，为最大限度减少事故损害而预先制订的应急准备工作方案。[①]

[①] 参见国家市场监督管理总局、国家标准化管理委员会 2020 年颁布的《生产经营单位生产安全事故应急预案编制导则》（GBT 29639—2020）。

《突发事件应急预案管理办法》指出，应急预案是各级人民政府及其部门、基层组织、企事业单位和社会组织等为依法、迅速、科学、有序应对突发事件，最大程度减少突发事件及其造成的损害而预先制订的方案。

应急预案被认为是世界各国在应急管理中普遍运用的政策工具。[1]与应急预案紧密相关的概念还有应急响应（emergency response）、应急演练（emergency exercise）等。其中，应急响应是指针对事故险情或事故，依据应急预案采取的应急行动。应急演练是指针对可能发生的事故情境，依据应急预案模拟开展的应急活动。

在应急预案编制过程中，关于应急预案评审（emergency response plan review）的内容也是应急预案体系不可缺少的部分，指对新编制或修订的应急预案内容的适用性所开展的分析评估及审定过程。

（二）应急预案的内容

应急预案的主要内容围绕生产经营单位和各级人民政府的预案有关职责展开，《中华人民共和国安全生产法》[2]共有9条10处"预案"有关的表述，分别对生产经营单位和各级人民政府的预案有关职责进行了界定。

1. 对生产经营单位职责的界定

（1）生产经营单位的主要负责人对本单位安全生产工作负有下列职责：组织制定并实施本单位的生产安全事故应急救援预案。

（2）生产经营单位的安全生产管理机构以及安全生产管理人员履行下列职责：组织或者参与拟订本单位安全生产规章制度、操作规程和生产安全事故应急救援预案。

（3）生产经营单位对重大危险源应当登记建档，进行定期检测、评估、监控，并制定应急预案，告知从业人员和相关人员在紧急情况下应当采取的应急措施……报有关地方人民政府应急管理部门和有关部门备案。

2. 对各级人民政府职责的界定

（1）县级以上地方各级人民政府应当组织有关部门制定本行政区域内生产安全事故应急救援预案，建立应急救援体系。

（2）乡镇人民政府和街道办事处，以及开发区、工业园区、港区、风景区等应当制定相应的生产安全事故应急救援预案，协助人民政府有关部门或者按照授权依法履行生产安全事故应急救援工作职责。

二、应急预案体系

在2003年"SARS"之后，我国开始推行以"一案三制"（应急预案、应急体制、应

---

[1] 张海波. 中国应急预案体系：结构与功能[J]. 公共管理学报，2013, 10 (2)：1-13.
[2] 指现行的《中华人民共和国安全生产法》，由中华人民共和国第十三届全国人民代表大会常务委员会第二十九次会议于2021年6月10日通过，自2021年9月1日起施行。

急机制、应急法制)为核心的综合应急管理体系,应急预案开始广泛应用于各类突发事件的应急管理。2019 年,应急管理部组建以来,应急预案编制修订工作进展更为迅速。我国已经形成了数量庞大、类别多元、覆盖全面的应急预案体系。

(一)全国突发公共事件应急预案体系

全国突发公共事件应急预案体系包括六个类别:国家突发公共事件总体应急预案、突发公共事件专项应急预案、突发公共事件部门应急预案、突发公共事件地方应急预案、企事业单位根据有关法律法规制定的应急预案以及大型会展和文化体育等重大活动的主办或承办单位制定的应急预案。

(1)国家突发公共事件总体应急预案是全国应急预案体系的总纲,是国务院应对特别重大突发公共事件的规范性文件,旨在提高政府保障公共安全和处置突发公共事件的能力,最大限度地预防和减少突发公共事件及其造成的损害,保障公众的生命财产安全,维护国家安全和社会稳定,促进经济社会全面、协调、可持续发展。突发公共事件总体应急预案适用于涉及跨省级行政区划的,或超出事发地省级人民政府处置能力的特别重大突发公共事件应对工作,指导全国的突发公共事件应对工作。

(2)突发公共事件专项应急预案,主要是国务院及其有关部门为应对某一类型或某几种类型突发公共事件而制定的应急预案。具体包括国家自然灾害救助应急预案、国家安全生产事故灾难应急预案、国家防汛抗旱应急预案、国家地震应急预案、国家突发地质灾害应急预案、国家处置铁路行车事故应急预案、国家处置民用航空器飞行事故应急预案、国家海上搜救应急预案、国家城市轨道交通运营突发事件应急预案等。

(3)突发公共事件部门应急预案,是国务院有关部门根据总体应急预案、专项应急预案和部门职责为应对突发公共事件制定的预案。例如,2022 年年底,教育部会同国家有关部门按照国家"乙类乙管"的政策要求,制定了学校疫情防控的总体方案,颁布了学校疫情防控操作指南,并发布了校园疫情应对的多项预案,统筹细化各项措施和要求,为 2023 年春季开学做好政策准备。

(4)突发公共事件地方应急预案具体包括:省级人民政府的突发公共事件总体应急预案、专项应急预案和部门应急预案;各市(地)、县(市)人民政府及其基层政权组织的突发公共事件应急预案。上述应急预案在省级人民政府的领导下,按照分类管理、分级负责的原则,由地方人民政府及其有关部门分别制定。

(5)企事业单位应急预案也即生产经营单位应急预案,是生产经营单位根据有关法律法规、规章和相关标准,结合本单位组织管理体系、生产规模和可能发生的事故特点编制的应急预案体系。其主要目标是服务于自救互救和先期处置。该类预案主要包括综合应急预案、专项应急预案和现场处置方案三类。①综合应急预案,是本单位应对生产安全事故的总体工作程序、措施和应急预案体系的总纲。专项应急预案,是指生产经营单位为应对某一种或者多种类型生产安全事故,或者针对重要生产设施、重大危险源、重大活动防

---

① 参见 2019 年 7 月 11 日应急管理部令第 2 号《应急管理部关于修改〈生产安全事故应急预案管理办法〉的决定》。

止生产安全事故而制定的专项性工作方案。现场处置方案,是指生产经营单位根据不同生产安全事故类型,针对具体场所、装置或者设施所制定的应急处置措施。大型企业集团可根据相关标准规范和实际工作需要,建立本集团应急预案体系。安全风险单一、危险性小的生产经营单位,可结合实际简化应急预案要素和内容。①

（6）重大活动预案是专项应急预案的一种。重大活动主办或承办机构应当结合实际情况组织编制重大活动保障应急预案,侧重明确组织指挥体系、主要任务、安全风险及防范措施、应急联动、监测预警、信息报告、应急处置、人员疏散撤离组织和路线等内容。②该类预案由本级人民政府或其部门审批。

（二）地方政府应急预案体系

各级地方政府应急预案是遵照国家总体预案和法律法规,结合地方应急管理工作的实际情况制定的,是国家应急预案体系不可缺少的组成部分,在应急管理工作中发挥着重要的作用。适应地方特点和实际是地方政府应急预案的核心和价值所在、地方政府应急管理工作的基础支撑,更是决定应急管理工作是否有效的核心因素。

从层级上看,地方政府应急预案体系分为省、市、县和街道/乡镇四级,具体包括：省级人民政府的突发公共事件总体应急预案、专项应急预案和部门应急预案；各市（地）、县（市）人民政府及其基层政权组织的突发公共事件应急预案。上述应急预案在省级人民政府的领导下,按照分类管理、分级负责的原则,由地方人民政府及其有关部门分别制定。从类别上看,突发公共事件地方应急预案一般包括总体应急预案、专项应急预案、部门应急预案和大型活动应急预案四类。

随着应急管理实践的发展,我国的各类应急预案将根据实际情况变化不断补充、完善。

三、应急预案任务

"十三五"规划期间,我国应急管理体系不断健全。通过改革完善应急管理体制,组建应急管理部,强化了应急工作的综合管理、全过程管理和力量资源的优化管理,增强了应急管理工作的系统性、整体性、协同性,初步形成了统一指挥、专常兼备、反应灵敏、上下联动的中国特色应急管理体制。其中,一项重要的工作就是推动制定、修订了一批应急管理法律法规和应急预案。

"十四五"规划以来,应急预案还要强化下面三个方面的工作。

（1）完善应急预案管理机制。修订突发事件应急预案管理办法,完善突发事件分类与分级标准,规范预警等级和应急响应分级。加强应急预案的统一规划、衔接协调和分级分类管理,完善应急预案定期评估和动态修订机制。强化应急预案的刚性约束,根据突发事件类别和级别明确各方职责任务,强化上下级、同级别、军队与地方、政府与企业、相

---

① 参见国务院办公厅 2024 年 2 月 7 日印发的《突发事件应急预案管理办法》。
② 同上。

邻地区等相关应急预案之间的有效衔接。建设应急预案数字化管理平台，加强应急预案配套支撑性文件的编制和管理。

（2）加快应急预案制定、修订。制定突发事件应急预案编制指南，加强应急预案制定、修订过程中的风险评估、情境构建和应急资源调查。修订国家突发事件总体应急预案，组织指导专项、部门、地方应急预案修订，做好重要目标、重大危险源、重大活动、重大基础设施安全保障应急预案编制工作。有针对性地编制巨灾应对预案，开展应急能力评估。

（3）加强应急预案演练评估。制定突发事件应急预案评估管理办法和应急演练管理办法，完善应急预案及演练的评估程序和标准。对照应急预案加强队伍力量、装备物资、保障措施等检查评估，确保应急响应启动后应急预案规定任务措施能够迅速执行到位。加强应急预案宣传培训，制订落实应急演练计划，组织开展实战化的应急演练，鼓励形式多样、节约高效的常态化应急演练，重点加强针对重大灾害事故的应急演练，根据应急演练情况及时修订完善应急预案。

四、应急预案编制流程

（一）应急预案编制的总体过程

根据现行的法律法规，我国应急预案编制有着统一的过程安排。应急管理部负责全国应急预案的综合协调管理工作。国务院其他负有安全生产监督管理职责的部门在各自职责范围内，负责相关行业、领域应急预案的管理工作。

县级以上地方各级人民政府应急管理部门负责本行政区域内应急预案的综合协调管理工作。县级以上地方各级人民政府其他负有安全生产监督管理职责的部门，按照各自的职责负责有关行业、领域应急预案的管理工作。

生产经营单位应急预案编制程序包括成立应急预案编制工作组、资料收集、风险评估、应急资源调查、应急预案编制、桌面推演、应急预案评审和批准实施八个步骤。

（二）应急预案编制的具体过程

1. 成立应急预案编制工作组

结合本单位的职能和分工，成立以单位有关负责人为组长，单位相关部门人员（如生产、技术、设备、安全、行政、人事、财务人员）参加的应急预案编制工作组，明确工作职责和任务分工，制订工作计划，组织开展应急预案编制工作。应急预案编制工作组中应邀请相关救援队伍以及周边相关企业、单位或社区代表参加。

2. 资料收集

（1）适用的法律法规、部门规章、地方性法规和政府规章、技术标准及规范性文件。

（2）企业周边的地质、地形、环境情况及气象、水文、交通资料。

（3）企业现场的功能区划分、建（构）筑物平面布置及安全距离资料。

（4）企业的工艺流程、工艺参数、作业条件、设备装置及风险评估资料。

（5）本企业的历史事故与隐患、国内外同行业的事故资料。

（6）属地政府及周边企业、单位应急预案。

3. 风险评估

开展生产安全事故风险评估，撰写评估报告。

（1）辨识生产经营单位存在的危险有害因素，确定可能发生的生产安全事故类别。

（2）分析各种事故类别发生的可能性、危害后果和影响范围。

（3）评估确定相应事故类别的风险等级。

4. 应急资源调查

撰写应急资源调查报告。

（1）本单位可调用的应急队伍、装备、物资、场所。

（2）针对生产过程及存在的风险可采取的监测、监控、报警手段。

（3）上级单位、当地政府及周边企业可提供的应急资源。

（4）可协调使用的医疗、消防、专业抢险救援机构及其他社会化应急救援力量。

5. 应急预案编制

（1）依据事故风险评估及应急资源调查结果，结合本单位组织管理体系、生产规模及处置特点，合理确立本单位的应急预案体系。

（2）结合组织管理体系及部门业务职能划分，科学设定本单位的应急组织机构及职责分工。

（3）依据事故可能的危害程度和区域范围，结合应急处置权限及能力，清晰界定本单位的响应分级标准，制定相应层级的应急处置措施。

（4）按照有关规定和要求，确定事故信息报告、响应分级与启动、指挥权移交、警戒疏散方面的内容，落实与相关部门和单位应急预案的衔接。

6. 桌面推演

按照应急预案明确的职责分工和应急响应程序，结合有关经验教训，相关部门及其人员可采取桌面推演的形式，模拟生产安全事故应对过程，逐步分析讨论并形成记录，检验应急预案的可行性，并进一步完善应急预案。桌面推演的相关要求参见《生产安全事故应急演练基本规范》（AQ/T 9007—2019）。

7. 应急预案评审

应急预案评审内容主要包括风险评估和应急资源调查的全面性、应急预案体系设计的针对性、应急组织体系的合理性、应急响应程序和措施的科学性、应急保障措施的可行性、应急预案的衔接性。

应急预案的评审程序如下：

（1）评审准备。成立应急预案评审工作组，送达应急预案、编制说明、风险评估、应急资源调查报告及其他有关资料。

（2）组织评审。评审采取会议审查形式，表决形成评审意见。

（3）修改完善。按照评审意见对应急预案进行修订和完善。评审表决不通过的，重新组织专家评审。

8. 批准实施

通过评审的应急预案，由生产经营单位主要负责人签发实施。

（三）应急预案编制的修订

在地方政府应急预案的修订过程中，特别是在专项应急预案、部门应急预案和大型活动应急预案中，不仅应涉及应急处置方案，还应把风险识别和管理方案具体化、口袋化，形成指南，让应急管理相关工作人员的脑海中始终装着应急管理工作流程和当地风险源地图。

应急预案修订至少要考虑以下四个因素。

1. 地方的特点和实际

各级地方政府应急预案是结合地方应急管理工作实际情况制定的，是国家应急预案体系不可缺少的组成部分，在应急管理工作中发挥着重要的作用。

适应地方特点和实际是地方政府应急预案的核心和价值所在、地方政府应急管理工作的基础支撑，更是决定应急管理工作是否有效的核心因素。应急预案所要考虑的地方特色和实际，需综合考虑地方所固有的、客观存在的特殊性。

地方政府在修订应急预案过程中，还应充分考虑当前社会主要矛盾变化的新特点，具体来说，就是考虑当地区别于其他地区的发展程度、自然条件、地理环境（尤其是特殊的灾害环境）、经济水平、社会发展模式、风土人情、民族习惯等情况。

2. 地方和国内外应急管理工作的实践及经验

在地方政府修订应急预案时，考虑结合地方和国内外应急管理工作的实践及经验，就是加强应急预案的针对性、专业性、科学性，以应急预案为抓手实现机构改革后应急管理工作的全过程管理，传统靠老经验、老办法、老思路的管理模式，很难适应当前及未来应急管理工作的需求。

3. 当地风险评估、应急管理经验及最新研究成果

为了全过程地把好安全关，各级地方政府在修订应急预案之前，必须进行全区域、全周期的综合风险排查，做好风险评估工作。

目前，学术界关于地方政府应急管理机制的研究还不多，而且主要集中在技术层面上的研究。关于政府间应急管理联动、区域应急管理资源配置、应急防灾减灾机制、健全完善应急工作制度和方法等系统的研究成果较少，更多的是以应急管理从业人员的经验、做法和思路等方式保存和传承下来。

在应急预案修订过程中十分有必要通过访谈、调研、经验分享等方式，多方采纳和吸取这些有丰富实践经验人员的宝贵经验与成果。

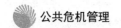

4. 当前行之有效的各项应急管理工作机制和流程

最关键的内容是对工作机制和流程的整合和再造。地方政府应急预案的修订，应该借助机构改革的时机，以风险防控和预警整改为导向，关注的重点内容由重视处置向事前和事后两端延伸。

在整合了消防、水利、安监和民政等部门之后，新的应急管理部门在主导修订应急预案时，应结合机构改革前应急管理工作的经验和缺陷，既应高度重视突发公共事件的应急处置，更应高度重视事前的预警、防控和事后的恢复、整改。

在对工作机制和流程的整合再造过程中，把重视预防和整改的理念贯彻到应急预案修订中，在今后的应急管理工作中，实现演练和监管的全覆盖，并根据实际需要及时地进行应急预案的再次评估和修订。

第二节 公共危机管理的预警

一、公共危机管理的预警体系

"预警"一词有两种基本含义：一是指事先觉察可能发生某种情况的感觉；二是指事先发出警报。事实上，后一个定义也包含着前一个界定。"预"和"警"的主体可以相同，但是两者的对象可能不同。"警"的对象可以是主体自身，自我警醒，也可以是主体外部的对象。公共危机预警体系则是以党委政府多元主体为主导的，针对各级企事业单位、社区及公众开展的预警活动。

从应急管理本身来看，应急管理工作是以党委和政府部门为主导的多元主体通过对突发事件产生的原因或条件、发展的过程及后果的科学分析，有效地整合社会各方面的资源，而进行的一系列有计划、有组织、有针对性的管理活动。其主要目的是达到事前积极预防、事中有效处理、事后迅速恢复。

公共危机预警体系是我国应急管理体系的重要组成部分。《突发事件应对法》和《国家突发公共事件总体应急预案》都将预测、预警作为重要制度内容进行了表述。在其正文中分别有18处和13处"预警"的直接表述。

二、公共危机管理的预警体制与机制

公共危机预警体系既是当前应急管理体系的重要制度内容，也是应急管理体系运行的重要机制环节。可以说，创新公共危机预警体制与机制是创新社会治理体制建设中的重要环节，也是我国国家治理体系和治理能力现代化的重要体现。

从体制层面看，公共危机预警制度是国家制度的重要组成部分。现有的法律法规针对突发事件预警从预警范围、预警级别、预警机制、警报与预警期及分级报告等方面做了规定。

第四章 公共危机预案与保障

阅读材料 4-1

《中华人民共和国突发事件应对法》预警体系相关表述①

第二章 预防与应急准备

第十八条 应急预案应当根据本法和其他有关法律、法规的规定，针对突发事件的性质、特点和可能造成的社会危害，具体规定突发事件应急管理工作的组织指挥体系与职责和突发事件的预防与预警机制、处置程序、应急保障措施以及事后恢复与重建措施等内容。

第三章 监测与预警

第四十二条 国家建立健全突发事件预警制度。

可以预警的自然灾害、事故灾难和公共卫生事件的预警级别，按照突发事件发生的紧急程度、发展势态和可能造成的危害程度分为一级、二级、三级和四级，分别用红色、橙色、黄色和蓝色标示，一级为最高级别。

预警级别的划分标准由国务院或者国务院确定的部门制定。

第四十三条 可以预警的自然灾害、事故灾难或者公共卫生事件即将发生或者发生的可能性增大时，县级以上地方各级人民政府应当根据有关法律、行政法规和国务院规定的权限和程序，发布相应级别的警报，决定并宣布有关地区进入预警期，同时向上一级人民政府报告，必要时可以越级上报，并向当地驻军和可能受到危害的毗邻或者相关地区的人民政府通报。

从机制层面看，公共危机预警机制则是指政府等有关部门能灵敏、准确地昭示风险前兆，并能及时提供警示的机构、制度、网络、举措等，防止或控制突发事件爆发和扩散的一套预警运行内在的有机构成。公共危机预警机制是公共危机管理过程的重要组成部分，有研究指出，该机制主要由预警信息搜集子系统、预警信息分析和评估子系统、危机预测子系统、危机预警指标子系统、危机警报子系统、危机预控对策子系统六个子系统构成。

《国家突发公共事件总体应急预案》将预测和预警视为应急预案的重要运行机制。具体表述如下。

1. 预测与预警

各地区、各部门要针对各种可能发生的突发公共事件，完善预测与预警机制，建立预测与预警系统，开展风险分析，做到早发现、早报告、早处置。

2. 预警级别和发布

根据预测分析结果，对可能发生和可以预警的突发公共事件进行预警。预警级别依据突发公共事件可能造成的危害程度、紧急程度和发展势态，一般划分为四级：Ⅰ级（特别严重）、Ⅱ级（严重）、Ⅲ级（较重）和Ⅳ级（一般），依次用红色、橙色、黄色和蓝色表示。

预警信息包括突发公共事件的类别、预警级别、起始时间、可能影响范围、警示事

---

① 中华人民共和国突发事件应对法[EB/OL].（2021-04-14）. https://www.mca.gov.cn/zt/n203/n1593/c16620049999-79988005/content.html.

项、应采取的措施和发布机关等。

预警信息的发布、调整和解除可通过广播、电视、报刊、通信、信息网络、警报器、宣传车或组织人员逐户通知等方式进行，对老、幼、病、残、孕等特殊人群，以及学校等特殊场所和警报盲区应当采取有针对性的公告方式。

基于上述表述可以梳理出如下机制环节：开展风险分析，核定预警定级，确定预警信息，发布、调整和解除预警信息，等等。

三、公共危机管理的预警职能与行为

公共危机预警体系同时也是应急管理系统重要部门的核心职能。2018 年 4 月新组建的应急管理部整合了 11 个部门 13 项职能，在安全生产、防灾减灾救灾、应急救援等方面发挥着重要作用。监测预警工作是应急管理部组建后重点抓的四项重大任务之一。这四项任务[①]具体如下。

（1）坚决打好防范化解重大风险攻坚战。牢牢抓住责任制这个"牛鼻子"，盯紧抓牢事故易发多发的行业领域，强化风险管控措施，加强灾害监测预警，加强会商研判，密切监测，及时发布预警信息，强化各项防范措施落实。

（2）加快建设灾害事故防范救援能力体系。突出建设国家综合性消防救援队伍，提升国家航空应急救援能力，支持专业和社会救援力量的建设发展，推动应急管理信息化跨越式发展。

（3）全面建设应急管理法律制度体系。加快应急管理法律法规修订工作，推进应急预案和标准体系建设，改进安全生产监管执法方式。

（4）大力提升应急管理基层基础能力。加强基础理论研究，推进先进技术研发应用，实施基层应急能力提升计划，推进应急管理国际交流合作。

其中，关于防范化解重大风险的相关表述主要落脚在监测预警工作上。应急管理系统各部门都有监测预警的任务要求，综合风险监测预警工作职能主要由风险监测和综合减灾部门承担。

从行为层面看，公共危机预警是指党委和政府部门在搜集各种危机征兆信息，识别、判断危机爆发的可能性，判断其约束性条件、未来发展趋势和演变规律的基础上，预先向有关部门或社会公众发出预警或警报信号的危机管理活动，以便政府和公众在思想上、组织上和物质上做好准备，防止或消除危机可能导致的不利后果。

> **阅读材料 4-2**
>
> **应急管理部的主要职责[②]**
>
> （1）组织编制国家应急总体预案和规划，指导各地区各部门应对突发事件工作，推

---

① 新闻办就应急管理部组建以来改革和运行情况举行发布会[N/OL]．（2019-01-22）．https://www.gov.cn/xinwen/ 2019-01/22/content_5360135.htm．
② 中华人民共和国应急管理部 https://www.mem.gov.cn/jg/

动应急预案体系建设和预案演练。

（2）建立灾情报告系统并统一发布灾情，统筹应急力量建设和物资储备，并在救灾时统一调度，组织灾害救助体系建设，指导安全生产类、自然灾害类应急救援，承担国家应对特别重大灾害指挥部工作。

（3）指导火灾、水旱灾害、地质灾害等防治。

（4）负责安全生产综合监督管理和工矿商贸行业安全生产监督管理等。

（5）公安消防部队、武警森林部队转制后，与安全生产等应急救援队伍一并作为综合性常备应急骨干力量，由应急管理部管理，实行专门管理和政策保障，采取符合其自身特点的职务职级序列和管理办法，提高职业荣誉感，保持有生力量和战斗力。

（6）应急管理部要处理好防灾和救灾的关系，明确与相关部门和地方各自职责分工，建立协调配合机制。

四、公共危机管理的预警体系构成

（一）公共危机管理监测预警主体

应急管理监测预警是党委和政府的重要社会治理职能，应急管理政府部门及自然资源、气象部门、公安司法等相关职能部门责无旁贷是开展应急管理监测预警工作的主体。扎实、高效开展综合风险监测预警工作，还要组织动员相关科研机构、技术服务部门、社会团体和广大群众积极参与常态化的风险监测工作。

在自然灾害预警领域，应急管理监测预警主体及预警信息分别是：气象局的气象灾害预警信息，水利部的汛情、旱情预警信息，地震局的地震趋势预测信息，国土资源部的地质灾害预警信息，海洋局的海洋灾害预警信息，林业局的森林火灾和林业生物灾害信息，农业部的草原火灾和生物灾害预警信息，以及测绘地理信息局的地理信息数据，等等。这些预警信息需要及时向各级减灾委办公室通报；减灾委办公室根据有关部门提供的灾害预警预报信息，结合预警地区的自然条件、人口和社会经济情况，进行分析评估，及时启动救灾预警响应，向有关部门和相关省（区、市）通报。

在地质灾害气象风险预警服务方面，各级自然资源、气象部门共同推动预警信息进村入户到人，发挥防灾减灾作用。气象部门要将地质灾害防灾责任人和群测群防员列入气象灾害预警信息发布对象，在第一时间为上述人员提供雨量实况监测、降雨预报预警信息，为其进行预警信息传播和组织村民紧急转移避险提供支撑。

地方各级自然资源、气象部门要在当地党委和政府的领导下，进一步强化地质灾害气象风险预警工作的组织管理，明确双方的分管领导、联系部门和联系人，共同组建地质灾害气象风险预警工作组和专家组，建立常态化的联席会议和业务会商制度，定期进行业务技术交流，共同研究解决工作中的困难和问题。

此外，地方各级自然资源、气象部门要联合开展地质灾害防范科普宣传，提高民众防灾避灾意识和自救能力。要充分挖掘和宣传各地在开展地质灾害气象风险预警工作中的好经验、好做法和典型案例，为地质灾害气象风险预警工作的开展营造良好氛围。

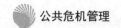

(二)应急管理风险监测能力

在我国,应急管理风险监测有着特殊的背景。我国幅员辽阔、区域自然禀赋差异较大,是一个自然灾害频发的国家。在经济社会领域,我国的社会风险与公共危机大多与现有治理结构的不完善密切相关。随着我国经济由高速增长阶段转向高质量发展阶段,我国发展面临的外部环境也发生了很大变化;同时,在利益格局调整和社会结构发生深刻变化的过程中,由于利益关系的多样性和价值取向的多元化,以及新旧体制转型时期所带来的震荡与摩擦,不可避免地引发一些新的社会矛盾。此外,在信息开放、透明的时代背景下,由于传统因素与非传统因素、境内因素与境外因素、"虚拟社会"与现实社会的互动性日趋凸显,影响国家安全和社会稳定的不确定性因素明显增多,突发事件呈现上升化趋势、群体化趋势、组织化趋势,甚至极端化趋势。"可能潜藏着一种社会冲突和社会矛盾的可能性,对社会的稳定和安全构成了某种潜在的威胁"[①],这些不确定性因素诱发的社会矛盾,在局部地区有可能因处理不当而演变成对抗性冲突。

如何有效识别自然灾害、事故灾难、公共卫生事件和社会安全事件的风险因子和风险水平,是科学开展公共危机预警的先决条件。围绕我国多时间尺度(日、周、月、年)综合风险、重大活动及重点区域灾害风险,以及重大灾害过程风险监测需求,有效开展应急管理风险识别,建立灾害、事故、危机及社会风险等风险监测能力,包括建设监测预报预警体系、动员预防预警行动、收集研判预警信息、定向发布预警信息、搭建预警支持系统等。

以突发地质灾害应急预警工作为例。我国《国家突发地质灾害应急预案》有以下规定。

(1) 在监测预报预警体系建设方面,各级人民政府要加快建立以预防为主的地质灾害监测、预报、预警体系建设,开展地质灾害调查,编制地质灾害防治规划,建设地质灾害群测群防网络和专业监测网络,形成覆盖全国的地质灾害监测网络。国务院国土资源、水利、气象、地震部门要密切合作,逐步建成与全国防汛监测网络、气象监测网络、地震监测网络互联,连接国务院有关部门、省(区、市)、市(地、州)、县(市)的地质灾害信息系统,及时传送地质灾害险情灾情、汛情和气象信息。

(2) 在信息收集与分析方面,负责地质灾害监测的单位,要广泛收集整理与突发地质灾害预防预警有关的数据资料和相关信息,进行地质灾害中、短期趋势预测,建立地质灾害监测、预报、预警等资料数据库,实现各部门间的共享。

(3) 在预防预警行动方面,县级以上地方人民政府国土资源主管部门会同本级地质灾害应急防治指挥部成员单位,要编制年度地质灾害防治方案;地方各级人民政府国土资源主管部门要充分发挥地质灾害群测群防和专业监测网络的作用,进行定期和不定期的地质灾害险情巡查;地方各级人民政府要根据当地已查出的地质灾害危险点、隐患点,落实发放"防灾明白卡",提高群众的防灾意识和能力;地方各级人民政府国土资源主管部门和气象主管机构要加强合作,联合开展地质灾害气象预报预警工作,建立地质灾害预报预警制度。

---

① 李培林. 社会冲突与阶级意识:当代中国社会矛盾问题研究[J]. 社会,2005(1):7-27.

此外，还要求县级人民政府国土资源主管部门建立地质灾害速报制度，明确速报时限要求和速报的内容要求。

（三）公共危机预警机制流程

公共危机预警机制流程一般按照预防预警信息研判、预防预警工作准备、发布预警信息、搭建预警支持系统、启动应急响应等阶段。

以地震监测为例，该领域的公共危机预警机制主要是开展地震监测报告，分为地震监测预报、震情速报、灾情报告三个环节，其后启动应急响应。

（1）在地震监测预报环节，中国地震局负责收集和管理全国各类地震观测数据，提出地震重点监视防御区和年度防震减灾工作意见。各级地震工作主管部门和机构加强震情跟踪监测、预测预报和群测群防工作，及时对地震预测意见和可能与地震有关的异常现象进行综合分析研判。省级人民政府根据预报的震情决策发布临震预报，组织预报区加强应急防范措施。

（2）在震情速报环节，地震发生后，中国地震局快速完成地震发生时间、地点、震级、震源深度等速报参数的测定，报国务院，同时通报有关部门，并及时续报有关情况。

（3）在灾情报告环节，地震灾害发生后，灾区所在县级以上地方人民政府及时将震情、灾情等信息报上级人民政府，必要时可越级上报。发生特别重大、重大地震灾害，民政部、中国地震局等部门迅速组织开展现场灾情收集、分析研判工作，报国务院，并及时续报有关情况。公安、安全生产监管、交通、铁道、水利、建设、教育、卫生等有关部门及时将收集了解的情况报国务院。

在上述公共危机预警机制流程后，各有关地方和部门根据灾情和抗灾救灾需要，启动搜救人员、开展医疗救治和卫生防疫、安置受灾群众、抢修基础设施、加强现场监测、防御次生灾害、维护社会治安、开展社会动员、加强涉外事务管理、发布信息、开展灾害调查与评估以及结束应急等应急响应手段。

> **阅读材料 4-3**
>
> ### 国家防汛抗旱应急预案规定预警机制
>
> **1. 预防预警信息（气象水文海洋信息）**
>
> （1）各级自然资源（海洋）、水利、气象部门应加强对当地灾害性天气的监测和预报预警，并将结果及时报送有关防汛抗旱指挥机构。
>
> （2）各级自然资源（海洋）、水利、气象部门应当组织对重大灾害性天气的联合监测、会商和预报，尽可能延长预见期，对重大气象、水文灾害作出评估，按规定及时发布预警信息并报送本级人民政府和防汛抗旱指挥机构。
>
> （3）当预报即将发生严重水旱灾害和风暴潮灾害时，当地防汛抗旱指挥机构应提早通知有关区域做好相关准备。当江河发生洪水时，水利部门应加密测验时段，及时上报测验结果，为防汛抗旱指挥机构适时指挥决策提供依据。

2. 预防准备工作

（1）思想准备。加强宣传，增强全民预防水旱灾害和自我保护的意识，做好防大汛抗大旱的思想准备。

（2）组织准备。建立健全防汛抗旱组织指挥机构，落实防汛抗旱责任人、防汛抗旱队伍和山洪易发重点区域的监测网络及预警措施，加强防汛抗旱应急抢险救援专业队伍建设。

（3）工程准备。按时完成水毁工程修复和水源工程建设任务，对存在病险的堤防、水库、涵闸、泵站等各类防洪排涝工程设施及时除险加固；对跨汛期施工的涉水工程，要落实安全度汛责任和方案措施。

（4）预案准备。修订完善江河湖库和城市防洪排涝预案、台风风暴潮防御预案、洪水预报方案、防洪排涝工程调度规程、堤防决口和水库垮坝应急方案、堰塞湖应急处置预案、蓄滞洪区安全转移预案、山丘区防御山洪灾害预案和抗旱预案、城市抗旱预案等各类应急预案和方案。研究制订防御超标准洪水的应急方案，主动应对大洪水。针对江河堤防险工险段，要制订工程抢险方案。大江大河干流重要河段堤防决口抢险方案由流域管理机构组织审批。

（5）物资准备。按照分级负责的原则，储备必需的防汛抗旱抢险救援救灾物资。在防汛重点部位应储备一定数量的抢险物资，以应急需。

（6）通信准备。充分利用公众通信网，确保防汛通信专网、蓄滞洪区的预警反馈系统完好和畅通。健全水文、气象测报站网，确保雨情、水情、工情、灾情信息和指挥调度指令及时传递。

（7）防汛抗旱检查。实行以查组织、查工程、查预案、查物资、查通信为主要内容的分级检查制度，发现薄弱环节要明确责任、限时整改。

（8）防汛日常管理工作。加强防汛日常管理工作，对在江河、湖泊、水库、滩涂、人工水道、蓄滞洪区内建设的非防洪建设项目应当编制洪水影响评价报告，并经有审批权的水利部门审批，对未经审批并严重影响防洪的项目，依法强行拆除。

（四）风险监测预警科学技术

综合风险监测预警工作必须以扎实、高效和科学的监测信息系统、预警技术方法、灾害评估手段和持续的技术研发创新投入为基础。同时，还要在风险监测预警领域建设和积累相关数据库、产品库和服务库。

在加强地质灾害气象风险预警能力建设方面，各级自然资源、气象部门要积极推进地质灾害气象预警技术科研攻关合作，发展基于自动化监测设备、物联网和大数据挖掘的地质灾害智能监测预警技术。一是各级气象部门要加强智能网格预报产品的应用，提高强降雨发生与发展时间、影响区域和强度的精细化预报能力。二是积极发挥卫星、雷达在地质灾害气象风险监测预警服务中的作用。双方共同建立健全地质灾害气象风险短时临近预警业务。三是强化规范标准建设。自然资源部、中国气象局所属专业技术支撑单位要进一步完善地质灾害气象风险预警业务规范，共同研究制定《暴雨诱发的地质灾害气象风险预警等级》国家标准,指导各地健全联合会商、联合制作、联合发布的机制和流程。

《国家自然灾害救助应急预案》规定,要建立健全环境与灾害监测预报卫星星座、环境卫星、气象卫星、海洋卫星、资源卫星、航空遥感等对地监测系统,发展地面应用系统和航空平台系统,建立基于遥感、地理信息系统、模拟仿真、计算机网络等技术的"天地空"一体化的灾害监测预警、分析评估和应急决策支持系统。开展地方空间技术减灾应用示范和培训工作。

此外,风险监测结果如何快速、精准、高效地进行传播,也需要对应急信息传播过程进行科学研究和有效管理。按照现有法规的表述,预警信息发布可以使用广播、电视、报刊、通信、信息网络、警报器、宣传车或组织人员逐户通知及公告等方式开展。

在自然灾害领域,要开展国家应急广播相关技术、标准研究,建立国家应急广播体系,提供灾情预警预报和减灾救灾信息的全面立体覆盖。加快国家突发公共事件预警信息发布系统建设,及时向公众发布自然灾害预警。

阅读材料4-4

应急管理部风险监测和综合减灾司征集综合风险监测预警研究课题的要点[①]

(1)灾害综合风险监测产品体系建设及业务支撑。在系统梳理国内外风险监测、评估、预警信息产品的基础上,紧密围绕应急管理工作需求,面向我国多时间尺度(日、周、月、年)综合风险、重大活动及重点区域灾害风险,以及重大灾害过程风险监测需求,建立灾害综合风险监测信息产品体系,编制综合风险监测报告和图件模板,形成可操作的工作规范。整理产品制作所需数据,确定工作流程,定期或不定期开展产品制作,通过应急管理业务系统及时提供决策支撑。

(2)综合风险监测预警方法模型研究。梳理国内外短、中、长期(日、周、月、年)自然灾害综合风险监测、风险评估和重大灾害预警系统建设现状,提出我国综合风险监测预警系统建设建议。收集国内外自然灾害综合风险评估和重大灾害快速评估方法模型,开展模型适用性分析,收集整理模型运行所需数据,研发可供风险监测评估和灾害预警业务使用的综合风险评估模型,实现数据和模型成果可接入应急管理部业务系统使用,为应急管理提供可靠支撑。

(3)重大灾害评估方法模型研究。收集国内外重大灾害快速评估方法模型,研发可供我国应急救援使用的重大灾害快速评估及情境推演方法模型,整理加工与方法模型配套的数据,并选择台风、洪涝或森林火灾等新发灾害,开展灾害快速评估及情境推演实战演练,模型和数据及时接入应急管理部业务系统使用,为应急管理提供可靠支撑。

(4)综合风险监测新技术应用。研究大数据、智能AI(人工智能)等新技术在综合监测预警中的应用,创新综合监测预警产品,积累一套全国数据,根据需要提供数据、产

---

① 应急管理部风险监测和综合减灾司关于征集研究课题承担单位的公告[EB/OL].(2020-02-12). https://www.mem.gov.cn/gk/zfxxgkpt/fdzdgknr/202012/t20201207_374218.shtml.

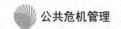

品和模型等支撑服务,并及时接入应急管理部业务系统使用。

(5)国际灾害信息产品服务支撑。面向未来一年国际重大灾害事故信息自主化获取、规范化入库和阶段性专题总结分析评估需求,定期编制国际灾害事故信息报告,在系统梳理有关国家应急管理工作现状和历史重、特大灾害案例基础上,针对实时重大灾害发生特征和应对情况编写总结评估报告,形成一套重大灾害事故核定数据,接入应急管理部业务系统使用。

第三节 公共危机管理的应急保障

公共危机管理的应急保障是应急管理体系的重要组成部分。目前,我国已经初步形成比较完备的应急保障体系。同时,我国应急管理体制改革还处于深化过程中,应急救援力量不足,特别是国家综合性消防救援队伍力量短缺问题突出,应急管理专业人才培养滞后,专业队伍、社会力量建设有待加强,应急物资、应急通信、指挥平台、装备配备、紧急运输、远程投送等保障仍有待完善。

一、应急保障含义

从过程角度看,应急保障是指各种应急资源配置、储备和维护的全过程;从内容角度看,应急保障是指应急管理体系运转中人力、物力、财力、设施、信息、技术等各类资源的总和。应急物资、应急通信、指挥平台、装备配备、紧急运输、远程投送等都是应急保障的重要内容,广义而言,应急预案也被认为是应急保障体系的重要构成部分[①]。

应急保障资源要素一般包括以下几个方面。

(1)人力保障资源,包括专职应急管理人员、相关应急专家、专职应急队伍和辅助应急人员、社会应急组织、企事业单位、志愿者队伍、社区、国际组织以及军队与武警等。

(2)资金保障资源,包括政府专项应急资金、捐献资金和商业保险。

(3)物资保障资源,按用途可分为防护救助、交通运输、食品供应、生活用品、医疗卫生、动力照明、通信广播、工具设备以及工程材料等。

(4)设施保障资源,包括避难设施、交通设施、医疗设施、专用工程机械等。

(5)技术保障资源,包括应急管理专项研究、技术开发、应用建设、技术维护以及专家队伍。

(6)信息保障资源,包括事态信息、环境信息、资源信息和应急管理知识等。

(7)特殊保障资源,专指那些稀有的资源、不可消耗的资源等。

---

① 参见2021年12月30日《国务院关于印发"十四五"国家应急体系规划的通知》(国发〔2021〕36号)。

二、应急队伍保障

我国应急救援力量体系构成多元,中国特色应急救援力量体系以国家综合性消防救援队伍为主力、专业救援队伍为协同、军队应急力量为突击、社会力量为辅助。通常而言,应急救援队伍是指专业应急救援队伍、社会应急救援力量和乡镇(街道)综合性应急救援队伍。

(一)国家综合性消防救援队伍

为应对灾害事故多发频发这一基本国情,2018年10月,中共中央办公厅、国务院办公厅印发《组建国家综合性消防救援队伍框架方案》,就推进公安消防部队和武警森林部队转制,组建国家综合性消防救援队伍,建设中国特色应急救援主力军和国家队做出部署。

国家综合性消防救援队伍由应急管理部管理,是由公安消防部队、武警森林部队退出现役,成建制划归应急管理部后组建成立的。对于推进国家治理体系和治理能力现代化,提高国家应急管理水平和防灾减灾救灾能力,保障人民幸福安康,实现国家长治久安,具有重要意义。

组建国家综合性消防救援队伍共有以下六个方面的主要任务。

(1)建立统一高效的领导指挥体系。省、市、县级分别设消防救援总队、支队、大队,城市和乡镇根据需要按标准设立消防救援站;森林消防总队以下单位保持原建制。根据需要组建承担跨区域应急救援任务的专业机动力量。国家综合性消防救援队伍由应急管理部管理,实行统一领导、分级指挥。

(2)建立专门的衔级职级序列。国家综合性消防救援队伍人员,分为管理指挥干部、专业技术干部、消防员三类进行管理;制定消防救援衔条例,实行衔级和职级合并设置。

(3)建立规范顺畅的人员招录、使用和退出管理机制。根据消防救援职业特点,实行专门的人员招录、使用和退出管理办法,保持消防救援人员相对年轻和流动顺畅,并坚持在实战中培养指挥员,确保队伍活力和战斗力。

(4)建立严格的队伍管理办法。坚持把支部建在队站上,继续实行党委统一的集体领导下的首长分工负责制和政治委员、政治机关制,坚持从严管理,严格规范执勤、训练、工作、生活秩序,保持队伍严明的纪律作风。

(5)建立尊崇消防救援职业的荣誉体系。设置专门的"中国消防救援队"队旗、队徽、队训、队服,建立符合职业特点的表彰奖励制度,消防救援人员继续享受国家和社会给予的各项优待,以政治上的特殊关怀激励广大消防救援人员许党报国、献身使命。

(6)建立符合消防救援职业特点的保障机制。按照消防救援工作中央与地方财政事权和支出责任划分意见,调整完善财政保障机制;保持转制后消防救援人员现有待遇水平,实行与其职务职级序列相衔接、符合其职业特点的工资待遇政策;整合消防、安全生产等科研资源,研发消防救援新战法、新技术、新装备;组建专门的消防救援学院。

(二)专业应急救援队伍

专业应急救援队伍是国家综合性常备应急骨干力量的重要组成部分。组建一定规模的专业应急救援队伍、大型工程抢险队伍和跨区域机动救援队伍是当前我国应急管理能力的重要任务。

专业应急救援队伍包括县级及以上人民政府及有关部门组建的生产安全事故救援、森林火灾扑救、地震和地质灾害救援、抗洪抢险及相关行业(领域)等专业应急救援队伍、地面航空应急救援队伍和应急救援专家队伍,其他相关企事业单位组建的专(兼)职应急救援队伍。

目前我国在矿山、危险化学品、隧道施工、油气管道、水上等专业领域,建设了覆盖较全的国家安全生产专业应急救援队伍,在城市燃气、地铁、金属冶炼、电力抢修等领域也构建了一定数量的专业救援队伍;配备了大功率潜水泵、大口径钻机、高喷消防车、水上消防船、无人机等先进救援装备,是应对重、特大生产安全事故的主力军。

(三)社会应急救援力量

社会应急救援力量是指在各级民政部门登记注册和红十字会、工青妇等群团组织下属的主要开展应急救援活动,并在县以上各级应急管理部门进行信息登记的社会组织。实际上,按照现有的社会组织备案制的有关规定,也有相当数量的社会救援力量仅仅在乡镇(街道)进行了备案,并未获得社会组织法人地位。乡镇人民政府(街道办事处)组建的综合性应急救援队伍,也成为新时期综合性应急救援队伍建设的重要实践。

我国应急管理体制改革还处于深化过程中,一些地方改革还处于磨合期,亟待构建优化协同高效的格局。防汛抗旱、抗震救灾、森林草原防灭火、综合减灾等工作机制还需进一步完善,安全生产综合监管和行业监管职责需要进一步理顺。应急救援力量不足,特别是国家综合性消防救援队伍力量短缺问题突出,应急管理专业人才培养滞后,专业队伍、社会力量建设有待加强。

当前,专业应急救援队伍组建、管理、指挥调度等工作,主要由应急管理部门主导。应急管理部门会同有关部门建立完善各类应急救援力量联调联战工作机制,将本行政区域内专业应急救援队伍纳入统一指挥调度体系,提升专业应急救援队伍与综合性消防救援队伍、民兵、社会救援队伍等救援力量协同作战能力。定期组织专业应急救援队伍与其他救援力量开展培训交流、联防联训、比武竞赛、联合演练、达标考核等活动。指导协调专业应急救援队伍为没有救援队伍的高危企业提供预案编修、应急处置展示等有偿服务。

三、应急物资保障

我国《突发事件应对法》第三十二条规定:"国家建立健全应急物资储备保障制度,完善重要应急物资的监管、生产、储备、调拨和紧急配送体系。设区的市级以上人民政府和突发事件易发、多发地区的县级人民政府应当建立应急救援物资、生活必需品和应急处置装备的储备制度。县级以上地方各级人民政府应当根据本地区的实际情况，与有关企业签订协议，保障应急救援物资、生活必需品和应急处置装备的生产、供给。"

（一）应急物资的概念

应急物资是指在突发事件应急救援和处置过程中所用到的各类物资的总称。除少数专用应急物资外，大多数应急物资都是日常生产生活中常用的物资，例如，救灾用的帐篷、衣被、食品、饮用水、药品和医疗器械等。但由于在突发事件应急救援和处置时，对相关物资的需求急迫、需求量大、性能要求高等，因此需要建立应急物资储备和调用制度，保障应急物资的及时可靠供应。

（二）应急物资的分类

应急物资的种类很多，为了便于应急物资的管理和使用，根据不同的目的存在多种多样的分类方法。根据应急物资的主要用途和管理主体的不同，可分为国家战略物资、生活必需品、救灾物资、专用应急物资与装备等几大类。

（1）国家战略物资，是指与国计民生和国防安全有重大关系的生活资料、生产资料和武器装备，包括重要原材料、燃料、设备、粮食、军械物资等，由国家专门部门负责管理。国家战略物资储备的定位是"服务国防建设、应对突发事件、参与宏观调控、维护国家安全"，因此在发生重、特大突发事件时，也可根据需要请求调用国家战略物资储备。

（2）生活必需品，是指维持人的生命和保障人的基本生理需求的日常生活用品，主要包括粮油、蔬菜、肉类、蛋品、奶制品、食糖、食盐、饮用水和卫生清洁用品等，一般都是通过商品市场供应，但政府通过监测、调节等手段保障其供应和价格的基本稳定。

（3）救灾物资，是指用于救助受灾紧急转移安置人口，满足其基本生存需要的物资，主要包括帐篷、棉被、棉衣裤、睡袋、应急包、折叠床、移动厕所、救生衣、净水机、手电筒、蜡烛、方便食品、矿泉水、药品等。一般要求在灾害发生24小时内提供基本救助，确保受灾群众有饭吃、有衣穿、有临时住所、有洁净水喝、有病能得到及时医治。因此，各级政府都建立了一定数量的救灾物资储备库。

（4）专用应急物资与装备，是指由各级相关部门和机构根据各自职能储备的专用应急物资和装备，主要包括地震、洪涝干旱、地质灾害、火灾、矿山事故、危化品事故、溢油事故、环境污染、公共卫生、社会安全等突发事件应急救援与处置专用的物资与装备。这类物资与装备的专业性很强，一般都是由专业部门储备与管理。

对于专用应急物资与装备，按照其主要功能又可分为三大类：一是生命救援与生活救助类，主要涵盖突发事件处置中各类人员安全、搜救、救助、医疗等有关的物资；二是工程抢险与专业处置类，主要涵盖突发事件处置中交通、电力、通信等基础设施恢复，以及污染清理、防汛抗旱和其他专业处置所需的各类物资；三是现场管理与保障类，主要涵盖突发事件发生后为维持应急处置现场正常运行所需的物资。在每一大类之下，又可以进一步根据完成功能的应急任务或作业方式等细分为不同的中类和小类，以方便应急物资与装备的生产、储备、选择和使用。

(三) 应急物资的储备

应急物资储备主要包括实物储备、商业储备、生产能力储备、合同（协议）储备等不同形式。

（1）实物储备，是指以实物形式储存在仓库中，当突发事件发生后随时可调用的物资储备。实物储备是突发事件，尤其是大规模突发事件初期应对的主要物资来源。实物储备对于拯救生命、控制灾情具有重要意义。但是如果过多依靠实物储备，则有可能会造成大量资产的长期闲置甚至浪费。

（2）商业储备，是指负责相关物资生产、流通的企业保持一定数量的物资库存，平时用于商业周转，突发事件发生时可供紧急调用。对于政府委托企业代储的商品，事先与企业签订代储协议，明确必须保留的最小库存并适当给予补贴。商业储备也是实物储备，但可以避免物资的长期闲置和过期报废。

（3）生产能力储备，是指政府委托某些物资的生产企业储备一定的富余生产能力，以便在发生突发事件时迅速生产、转产应急物资。生产能力储备主要适用于不易长期储存、生产周期较短，或者储存需要占用较多空间的物资。这种储备对大规模突发事件的长期救灾可以起到非常重要的作用。对于生产能力储备企业，政府相关部门一般事先签订储备协议并适当给予补贴。

（4）合同（协议）储备，是指政府相关部门与应急资源所有者签订合同，保证在突发事件发生后按照合同约定，能够优先租用、调用相关物资和装备。商业储备、生产能力储备一般也可以看作合同（协议）储备。一些工程机械、运输车辆等，如建筑企业的铲车、挖掘机、大货车等，也可以采取事先签订租用合同（协议）的方式进行储备。相邻地区的政府或者企业之间，为了实现资源共享、减少储备成本，也可以签订资源共享协议，实现紧急情况下应急物资的相互调用。

(四) 应急物资的保障

从应急物资需求的突发性和时效性出发，一旦发生突发事件就必须迅速调用所需的应急物资，才能保障突发事件的有效应对。由于重、特大突发事件发生的不确定性和应急物资储备的高成本，仅靠地方政府的能力进行应急物资储备，往往难以完全满足应急物资的峰值需求，因而需要各级政府、企业和社会力量合理分担应急物资储备保障责任。与此同时，需要加强应急物资的综合管理与协调，实现各级各类应急物资的信息共享、快速调用与协同保障。

突发事件发生后，应急指挥部或应急物资保障组将根据突发事件的灾情性质、严重程度、影响范围和损失程度等，对受灾区域所需应急物资进行调查了解和评估分析，同时通过应急物资储备管理系统查询所需应急物资的品种、规格、储备量和分布情况，制订应急物资调配工作方案。随后通过储备调运、紧急采购、紧急征用或社会捐助等筹措应急物资，组织应急物资紧急配送与分发，直至应急物资被使用或消耗，其效用和价值得到实现。

本章小结

应急预案是指针对可能发生的事故，为最大程度减少事故损害而预先制订的应急准备工作方案。当前我国已经形成数量庞大、类别多元、覆盖全面的应急预案体系。应急预案编制的具体过程需要遵循一定的流程。公共危机预警体系则是党委政府多元主体为主导的，针对各级企事业单位、社区及公众开展的预警活动。公共危机预警机制流程包括预防预警信息研判、预防预警工作准备、发布预警信息、搭建预警支持系统、启动应急响应等阶段。应急保障是指应急管理体系运转中人力、物力、财力、设施、信息、技术等各类资源的总和。应急物资、应急通信、指挥平台、装备配备、紧急运输、远程投送等都是应急保障的重要内容。

课后名词解释

应急预案　突发公共事件地方应急预案　地方政府应急预案体系　公共危机预警机制　应急保障　应急物资

思考题

1. 各级人民政府的应急预案职责有哪些？
2. 突发公共事件地方应急预案具体包括哪些内容？
3. 简述应急预案编制的主要流程。
4. 应急管理部组建后重点抓好的四项重大任务是什么？
5. 举例说明公共危机预警机制流程有哪些环节。
6. 应急救援力量体系由什么构成？
7. 国家综合性消防救援队伍的主要任务是什么？
8. 请说明应急物资的分类。
9. 应急物资储备有哪些形式？

第五章 公共危机响应与处置

📖 本章学习目标

公共危机发生后的响应与处置活动是公共危机管理过程的关键环节,直接决定了公共危机管理的实践成效。通过学习公共危机响应与处置的功能、原则、主要内容与工作流程,可以更好地把握公共危机管理实践的核心工作,深化对公共危机管理流程的认知。通过本章学习也能够更为准确地把握公共危机响应与处置中的关键任务,规避实践误区。

公共危机发生前的风险治理、预案预警以及各种应急准备工作固然重要,然而并非所有的危机都能够通过事前的预测和防范而得到有效的控制。在某些情况下,公共危机事件的发生难以避免,此时如何进行有效的应急响应与处置工作,成为公共危机管理中的关键环节。公共危机响应与处置工作的核心在于危机决策,决策方案的科学性与否将直接影响危机响应与处置工作的成效,而这也成为后续恢复与重建工作的重要参考。有鉴于此,本章将具体介绍公共危机响应与现场处置以及贯穿其中的公共危机决策的主要内容与基本原理。

第一节 公共危机的响应

一、公共危机响应的含义与功能

(一)公共危机响应的含义

公共危机响应也可称为"危机回应"或"应急响应",使用中更广泛地简称为"危机响应"。我国于 2006 年 1 月发布实施的《国家突发公共事件总体应急预案》中明确指出,"对于先期处置未能有效控制事态的特别重大突发公共事件,要及时启动相关预案,由国务院相关应急指挥机构或国务院工作组统一指挥或指导有关地区、部门开展处置工作"。而美国 2008 年 1 月发布的《国家应急响应框架》中则指出,响应是指"立即采取行动以挽救生命、保护财产与环境、满足人的基本需要,还包括实施应急预案及支持短期恢复的活动"。

学界关于危机响应的含义也进行了许多讨论。例如,我国学者张成福使用了"危机回应"的概念,认为所谓的危机回应"就是在危机发生后,对危机性质做出迅速判断,对危机形势做出正确分析,采取一系列有效措施,尽快控制事态发展,减少危机造成的损失,从而尽快进入危机恢复重建阶段"[1]。王宏伟认为，响应是指采取行动以挽救生命、减少损失，例如激活应急预案、启动应急系统、提供应急医疗援助、组织疏散与搜救等[2]。而"危机响应就是管理者采取行动以应对威胁的活动"，他认为危机响应行动的关键是要"快""准""狠"，即要迅速而又有力度地采取相应措施[3]。唐钧则更强调应急响应中预案的作用，他指出"应急响应是指获得危机预警后，相关责任主体根据突发公共危机事件的性质、特点和危害程度，立即启动相应等级的预案，组织有关部门，召集应急救援队伍和社会力量，调动属地应急物资和设备，采取专业应急处置措施，开展紧急救援工作，必要时开展区域之间的联动和部门之间的合作，寻求利用最优势的应急资源来应对危机"[4]。

结合上述学者观点，我们认为危机响应是指公共危机事件真实发生之后，由政府部门等相关责任主体迅速采取响应措施，启动应急预案，开展救援工作，降低并逐步消除公共危机事件的不良影响的各类行动的总称。

根据《突发事件应对法》和《国家突发公共事件总体应急预案》，我国将突发公共事件分成四个等级，并规定了相应等级的响应措施。具体来说，我国按照突发公共事件发生的紧急程度、发展势态和可能造成的危害程度，将其分为一级、二级、三级和四级，分别用红色、橙色、黄色和蓝色标示，一级为最高级别。在此基础上，法律政策对不同等级的突发事件或公共危机所需要采取的相应等级的响应措施进行了明确规定，如表5-1所示。

表5-1 我国四级危机响应机制

颜　　色	预　警　级　别	影响范围与最高响应主体
红色	特别重大（一级）	规模极大，后果极其严重，最高响应主体为国务院
橙色	重大（二级）	规模大，后果特别严重，最高响应主体为省级政府
黄色	较重（三级）	后果严重，影响范围大，最高响应主体为市级政府
蓝色	一般（四级）	影响范围局限在基层，最高响应主体为县级政府

当红色一级响应时，需要动用全省的力量甚至请求中央政府增援和协助方可控制，最高则由国务院统一领导，协调应急响应工作；当橙色二级响应时，发生在一市之内或是波及两个市以上，需要动用省级有关部门的力量进行控制；当黄色三级响应时，发生在一个县之内或是波及两个县以上，超出县级政府应对能力，需要动用市政府有关部门的力量方可控制；当蓝色四级响应时，基本上可被县级政府所控制。

（二）公共危机响应的功能

公共危机响应的功能是指响应活动预期的目标和作用[5]，主要包括应急评估、影响处置、安全保护和资源调度等方面。

---

[1] 张成福，唐钧，谢一帆. 公共危机管理：理论与实务[M]. 北京：中国人民大学出版社，2009：214.
[2] 王宏伟. 公共危机与应急管理：原理与案例[M]. 北京：中国人民大学出版社，2015：4.
[3] 王宏伟. 公共危机管理[M]. 北京：中国人民大学出版社，2019：165.
[4] 唐钧. 公共危机管理[M]. 北京：中国人民大学出版社，2019：80.
[5] 同③168.

1. 应急评估

应急评估是指在对可能存在的威胁进行探查的基础上,预测其潜在影响,决定如何进行响应①。这种评估功能具体包括灾情探查与分类、致灾因子监测、损失评估和人口监测与评估四项内容。

(1)灾情探查与分类。由自然致灾因子造成的自然灾害类事件,如洪涝、地震、森林火灾等灾情,由地方政府相关机构进行探查分类;事故灾难类事件,如化工厂爆炸等,由工厂相关人员进行探查和分类。

(2)致灾因子监测。政府相关监测部门应持续对致灾因子以及致灾因子的未来状态进行监测与预测。根据致灾因子种类使用不同的监测技术,如气象部门实时监测气象变化,并定期常态化公布。

(3)损失评估。首先确定危机事件影响区域的范围,其次评估该范围内人员、建筑物、交通工具、设备、设施等的损失,以及燃气、电力、水等的供应状态。政府机构依据这一信息判断该地区受灾严重程度,与此同时,确定进行损失评估所需要的工作人员和装备等。

(4)人口监测与评估。主要是确定受灾人口规模和评估人员受灾程度。危机事件影响区域内的人数随时间而变化,人口监测与评估便显得极为重要。例如洪涝灾害发生后,政府会根据受灾区域人口监测与评估结果估计受灾程度,采取对应措施,分配足够的资源进行救援。

2. 影响处置

影响处置是指对危险源的影响进行处置②。政府管理部门需要及时处理危机事件所造成的破坏与影响,以避免危机事件扩大升级。不同危险源影响的持续性与结果不同,如地震持续时间较短,但会迅速产生极大影响,冷空气、台风过境则具有较长的持续性影响等特征。

3. 安全保护

危机响应要及时采取保护性措施,最大限度地避免人员伤亡,为社会公众建立起安全保护屏障。例如在危机发生时,要及时组织人员避险,并向可能受到影响的公众发出预警信息,确保信息简洁,传播渠道通畅;要积极开展搜救工作,保障受灾人员的基本生活需要;等等。

4. 资源调度

资源调度是指政府管理部门动员、调度各类资源,形成合力来对危机做出响应。其活动包括:通知与动员相关的机构,配备有关应急装备设施,沟通、分析或规划,内部指挥与控制,公共信息发布,财务保障、后勤,外部协调,等等③。资源动员与调度的主要流

---

① 林德尔,普拉特,佩里. 公共危机与应急管理概论[M]. 王宏伟,译. 北京:中国人民大学出版社,2016:201.
② 王宏伟. 公共危机与应急管理:原理与案例[M]. 北京:中国人民大学出版社,2015:108.
③ 张成福,唐钧,谢一帆. 公共危机管理:理论与实务[M]. 北京:中国人民大学出版社,2009:114.

程包括：接收信息，启动预案，建立现场指挥部，制订现场响应计划，通报现场处置计划，对危机现场进行管理，总结，响应人员撤离现场，进行调查与评估。

二、公共危机响应的主要内容

在危机事件发生后，危机管理机构需要积极迅速地响应危机来挽救公众生命安全和减少财产损失。危机响应的内容纷繁复杂，针对受灾人群而言，主要是搜救与救助受灾人群，组织危机事件影响地域内民众疏散与撤离，防范次生灾害发生，并开展对受灾人群的心理干预以减轻危机事件对民众的心理影响。此外，由于社会各界会有大量的资源捐赠用于危机响应活动，在该过程中也会有大量的志愿者参与，危机响应的内容还包括捐赠管理和志愿者管理等。

（一）搜救

搜救工作应秉持以人为本原则，积极救援受灾人群。在搜救过程中，救援人员一般通过以下方式实施搜救：一是物理搜救。抵达现场的搜救人员通过大声呼喊、仔细搜查受灾区域等物理手段发现受困人员，及时救援。二是搜救犬搜救。专业救援人员带领搜救犬通过气味识别等方式搜索受困人群，发现受困人员时结合自身的专业救援能力与经验，迅速开展救援工作。三是高科技设备搜救。它是指救援人员利用专业救援设备展开搜救工作，探测危机影响区域范围内有无生命迹象。在实践中主要使用的救援设备主要包括光学生命探测仪、热红外生命探测仪和声波生命探测仪三类。

（二）医疗救助

在危机事件发生后，在条件允许的情况下，应迅速对伤员进行检查，并遵循科学原则和程序，在专业救助人员未到达前实施急救。此时需注意几点：一是尽快转移伤员，使其脱离险区；二是先复苏后固定，先止血后包扎，先救治后运送；三是急救与呼救并重，搬离与医护一致。①

危机管理者应及时派遣医疗救护团队赶赴现场，开展专业医疗救助。根据我国《灾害事故医疗救援工作管理办法》第十九条，依据受灾人员的伤病情况，按轻、中、重、死亡分类，分别以"红、黄、蓝、黑"伤病卡进行标识，置于伤病员的左胸部或其他明显部位，以便于医疗救护人员辨认并采取相应的急救措施。在现场医疗救护过程中，要本着先救命后治伤、先治重伤后治轻伤的原则，还要将伤员的血型、伤情、急救处置、注意事项等逐一填写到伤员情况单中，放置于伤员衣袋内。

（三）疏散与撤离现场

为了最大限度地保证公众安全，需将受灾区域内的人群撤离危机现场，以免次生灾害对受灾人群造成再次伤害。政府管理部门需要在征集专家意见和听取上级管理部门意见

---

① 唐钧. 公共危机管理[M]. 北京：中国人民大学出版社，2019：83.

后，做出合理疏散人群的决策。在疏散过程中，管理部门需要通过各种媒介（电视、广播、网络等）通知疏散人群，此时务必要将疏散时间、地点、需携带物品名称等具体情况告知，妥善安排交通工具，做到有序、快速撤离危机事件地域范围，并尽可能减少疏散与撤离过程中各种次生危害的发生。

（四）避难

安排受灾人群撤离现场后，他们往哪里去成为新的问题，这就需要搭建避难所。避难所的选择要根据危机事件影响程度的大小来决定，是短期避难，还是长期避难。若为短期临时避难，则需要妥善安置民众住宿帐篷、足够的水和食物等基础物资，保障民众基本生活需要；若先前居住地因各种原因无法返回生活或者无法确定归期时，则应考虑解决修建新的住所等长期性问题。

（五）防范次生灾害

在灾害链中最早发生且起主导作用的灾害是原生灾害，而由原生灾害所诱导出来的灾害则是次生灾害[①]。危机管理机构需要特别注意防范次生灾害的发生，避免给受灾公众造成二次或多次伤害。例如，地震过后搭建的简易帐篷材料可能防火性能较差，稍有不慎可能引发火灾。另外，在洪灾发生后往往容易导致传染病的滋生蔓延，对公共卫生防疫工作造成了较大压力，此时相关工作人员为了防止传染病的发生需要做好饮用水、食品等卫生监测工作，保障受灾人群的健康安全。

（六）心理干预

受灾人群不仅身体上可能遭受危机事件的创伤，在心理上也可能承受很大压力，甚至患上"创伤后应激障碍"（PTSD）。心理问题对人造成的影响巨大且深远，PTSD 患者大多都是因为受到灾难冲击或者目睹亲人死亡而产生了严重的心理障碍。当危机事件发生后，需要由专业的心理医生来为有需要的受灾人群进行心理疏导，使其尽快从灾难状态中走出来。例如 2008 年汶川地震期间，卫生部专门发布了《心理危机干预方案》和《紧急心理卫生干预指导原则》，用来指导针对受灾人群的心理干预工作。

在救灾过程中，救援工作人员自身也面临着巨大的心理压力。例如，经过长时间高强度的工作，救援工作人员可能出现精神不振等异常行为，也可能因目睹惨烈的灾害状况而产生各种心态波动，救援工作人员的心理状况不容忽视。危机管理机构应及时关注救援人员的心理或精神状况，定期开展各种减压活动，以缓解救援人员的心理压力。

---

① 张成福，唐钧，谢一帆，等. 公共危机管理：理论与实务[M]. 北京：中国人民大学出版社，2009：122.

（七）捐赠管理

在危机事件发生后，社会各界往往会积极向受灾公众捐款捐物。通过捐赠可以在较短时间内帮助受灾人群解决物资短缺问题，保障受灾公众的基本生活需要，而且在一定程度上能够减轻政府的财政压力。然而在捐赠过程中也可能出现各种问题，例如捐献物资种类单一、必要种类物资数量短缺、捐献渠道不畅、无法辨别真伪等。在危机事件中，受灾公众在接受捐赠前，应清楚罗列所需物资名称与数量，详细说明捐赠需求，同时确定正规捐赠途径，并与捐赠者进行充分的交流沟通，保证信息的充分和准确。另外，危机所在地的政府部门可以与各类社会组织合作，利用社会组织在捐赠中的独特优势，进行更为有效的捐赠管理。

（八）志愿者管理

在危机事件发生后，很多人除了捐款捐物，还会自发来到危机灾害现场作为志愿者参与救援行动。根据美国红十字会的定义，志愿者就是那些在实现某一任务的过程中贡献出自己的时间与服务的社会成员，他们关注的不是获得报酬或奖励，而是希望自己的行动有益于社会，从而获得成就感[①]。志愿者在危机响应过程中的许多领域均能够发挥重要作用，例如搜救受灾人群、维持现场秩序、整理捐赠物品、分发生活物资等。但是，志愿者的参与在某些情况下也可能给危机响应行动带来负面影响。例如，如果志愿者数量众多但人员素质参差不齐的话，在很大程度上会增加管理成本。而且很多志愿者本身可能缺乏应急救援的专业知识与训练，在很多情况下反而成为需要被救助的对象。因此，在志愿者投入救援前，需要了解志愿者的救援能力水平，并进行针对性的岗前培训，以使志愿者在危机响应过程中能够发挥应有的积极作用。

三、公共危机响应的基本原则

一旦发生危机事件后，危机管理机构要尽快管控危机，防止其进一步扩散并尽可能降低其所造成的损失与破坏。危机事件不是一成不变的，危机管理机构应根据危机事件的演变特征，随时调整响应措施。在此过程中，危机响应行动应遵循以下基本原则。

（一）以人为本原则

春秋时代的政治家管仲在《管子·卷九》"霸言"篇中说："夫霸王之所始也，以人为本。本治则国固，本乱则国危。"白居易也曾言："人者，邦之本。"从中皆可看出以人为本的重要性。在危机响应过程中，政府管理机构应坚持以人为本原则，"先救人，后救物"，要把挽救受灾人群的生命和保障他们基本生存的条件放在首要位置上。

---

① 张成福，唐钧，谢一帆，等. 公共危机管理：理论与实务[M]. 北京：中国人民大学出版社，2009：237.

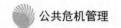

（二）迅速高效原则

迅速高效可以说是危机响应的"生命"。该原则要求危机响应要快速及时、效率为先，以最快的速度到达现场并开展相应的工作。首先，要迅速响应危机，在某些情况下需要克服各种恶劣环境，如大风大雨等恶劣气候、道路崎岖甚至堵塞的交通条件等，及时到达危机现场。其次，要高效应对危机，在最短的时间内控制危机事态，将危机事件造成的损害降到最低。最后，要在短时间内并行处理多种救援任务，从整体上提升危机响应效率。例如，航空救援会装备各类机载任务设备，可以同步执行侦察灾情、运送救援人员和物资、撤退民众或伤员、吊运大型救援设备等任务，迅速高效地响应危机①。

（三）专业处置原则

危机响应需要遵循专业处置原则，从专业操作规范、专业负责机构、专业技术保障三个方面来增强危机响应的专业性。首先，政府要制定、颁布有关危机响应的法律法规、应急预案、国家标准等专业操作规范，规定危机响应的专业措施和处置方案。其次，政府部门要成立专门的机构来负责协调管理危机事件。最后，危机响应专业处置需要有与危机事件相适应的专业技术、设施和设备。除了培训专业人员，还必须根据专业处置的不同性质和特点，提高危机响应的专业技术，配备精良的应急救援设施，增加专业器材的数量和种类，从而提升应对危机事件的技术能力②。而且为了增强危机响应措施的科学性和专业性，危机管理机构应邀请相关领域的专家、学者广泛参与危机响应过程，以更好地把握危机事态的发展，及时做出科学决策。

（四）属地管理原则

属地管理是指在我国"条条"与"块块"相结合的政府系统中，强调"条""块"配合，并且由危机事件所在地的地方政府在危机管理中发挥主导作用，积极响应危机③。在危机响应实践中，主要是以属地管理为主，实行"谁主管谁负责"的原则。但是，危机事态总是不断演化，需要随时监测危机发展的影响范围和造成损害后果的严重程度。如果危机事件规模扩散，影响超出了原归属地范围，需要及时上报上级政府，甚至要由中央政府统筹全局，及时调集充足资源，派遣工作组来指导危机响应工作。

（五）全面考量原则

为了对危机事件做出有效响应，政府管理部门需要全方位考量各方面因素，做好充分准备。具体而言，主要包括以下三个方面：首先，要全面掌握危机信息。在危机事件发生初期情况尚不明朗时，需要尽可能掌握多方面信息，从收集到的信息中抽丝剥茧加以判断，帮助危机管理机构准确识别危机。其次，要全面协调各方关系。《国家突发公共事件

---

① 张成福，唐钧，谢一帆. 公共危机管理[M]. 北京：中国人民大学出版社，2019：80.
② 同①81.
③ 张永理，李程伟. 公共危机管理[M]. 武汉：武汉大学出版社，2010：41.

总体应急预案》中规定，应急响应活动涉及国务院多个相关部门共同参与处置突发公共事件，由该类突发公共事件的业务主管部门牵头，其他部门予以协助。由此可见，危机响应活动会涉及多方参与主体，因而需要多方参与主体的协同合作。最后，要全面整合各类资源。人力、物力、财力等资源是危机响应中不可或缺的重要保障。在危机事件发生后，政府管理部门要尽快从多个渠道筹集资源，并对各类资源进行全面整合与统一调配，以发挥资源的最大效用，有效支撑危机响应行动的展开。

四、公共危机响应的基本流程

在危机事件发生后，公共危机管理机构首先需要识别危机，明确危机种类后迅速响应危机，并及时与各级危机管理机构、受灾人群进行信息沟通，及时反馈危机事件处置进展，直至危机事件结束。需要注意的是，危机响应流程中的各个环节在实践中可能不会完全按照时间顺序依次进行，而是会根据危机演化的实际情况进行适时调整。

（一）识别危机

识别危机是进行危机响应的前提条件。只有正确识别危机，确认危机事件种类，才能开展后续危机响应的行动。不同的危机事件需要不同的识别方法，有些危机事件可能需要多种方法综合使用以进行识别。

现代科学技术的进步有助于识别潜在的危机种类。例如，可以利用工业物联网技术对污染源进行全面监测，可以通过天气探测卫星预测气象信息，及时获知气象变化，等等。此外，武警、军人、消防员、医生、车辆乘务检查人员等可以在日常工作中履行常态化的危机监测职能，从而及时识别各类危机并进行反馈。

（二）回应危机

（1）接警与先期处置。工作人员一经接听"110""119""120"等报警电话，要详细询问危机事件情况，在得知危机事件发生时间、地点等有关情况后，需要根据危机事件严重程度，及时向相关上级部门汇报。相关管理部门知悉危机事件后，需要尽快组织专业人员初步判断危机事件等级，同时尽快派遣相关人员赶赴危机事件现场进行先期处置。当危机事件超出自身管辖范围时，还需要及时将危机事件情况报告给上级领导机构。

（2）启动应急预案。在确定危机事件等级后，属地政府应立即启动相应级别的应急预案，及时派遣救援队伍和专家赶赴现场进行救援，同时调集救援物资、设备等各类资源投入危机响应实践中。而且随着危机事件的发展演化，政府部门也需要适时调整应急预案的级别。

（3）现场指挥与协调。危机管理部门在危机现场要负责管理与协调危机救援的各方面活动。危机管理部门要制订合理的响应计划，发布救援命令，妥善分配救援人员与物资。救援人员要积极进行人员搜救，及时救治伤员。专家要发挥参谋决策、指导救援的作用，针对特殊的危机事件要提出自己的专业建议与意见。需指出的是，在危机响应过程中

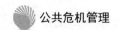

最高层次的领导一般不应始终处于"前线",而应纵观全局进行协调管理①。

（4）及时救援。救援人员应各司其职,相互合作配合,积极响应危机事件。具体来说,警察、消防、医护人员等需要配合进行搜救与救治工作；民间专业救援队伍和志愿者也需要奔赴救援现场,参与搜救工作；军队力量也需要积极参与重大灾害事故的救援工作。

（5）扩大应急。一旦发现危机事件进一步恶化时,危机管理机构应及时扩大应急响应的范围或力度,尽快上报上级政府请求支援,增加救援人员数量,加大资源的投入力度,防止危机事件恶化失控。

（三）信息传递与危机沟通

信息传递与危机沟通是指"应急响应过程中政府部门、组织、媒体、公众等多方之间信息传递与沟通交流的过程,是确保信息上传下达和响应联动协调的重要环节,也是危机处置内部与外部建立信任和合作的桥梁"②。信息沟通不畅会造成危机演变状况的传递迟滞,进而给救援工作带来障碍。危机管理机构应该与各类社会主体进行充分沟通,及时准确地传递信息。

首先,危机管理机构应将危机事件演变情况和响应情况及时上报上级部门,使上级部门知悉危机最新情况以便做出相应部署。其次,危机管理机构应向危机事件影响地域内的人们发布危机事件信息,及时提醒人们做好应急准备。最后,危机管理机构应建立新闻发言人制度,及时召开新闻发布会,将危机事件处置的最新情况向社会进行公布,以正确引导社会舆论走向,避免谣言的产生与传播。

（四）结束危机响应

当危机事件的威胁和危害得到有效控制或消除后,危机管理机构应当停止各项危机响应措施,结束应急救援行动。在危机响应行动结束后,危机管理相关部门需要对危机事件发生的原因与影响以及危机事件过程中各方责任主体进行调查,并对危机响应的执行情况进行总结评估,以更好地吸取经验教训,提升政府部门的危机响应能力。

第二节　公共危机现场处置

一、公共危机现场处置的含义与功能

公共危机现场处置是危机管理的核心环节,是针对危机发展态势在危机现场所制订与实施的一系列应对方案与举措。在公共危机发生以后,政府相关部门负责人应当根据危机的属性、特征和破坏程度,整合各方面的资源,调整已有的应急预案,有序开展应急救援

---

① 张成福,唐钧,谢一帆,等. 公共危机管理：理论与实务[M]. 北京：中国人民大学出版社,2019：118.
② 唐钧. 公共危机管理[M]. 北京：中国人民大学出版社,2019：85.

工作，尽可能减少对社会造成的损失与破坏，同时防范潜在危机的爆发[1]。具体来说，公共危机现场处置是指在公共危机发生时，经过前期处置和响应后，依据公共危机的性质和严重程度，调配各领域人员与所需物资，做出应急决策，在危机现场开展的各项控制工作。另外，依据危机现场的形势与救援状况，也需要及时调整应急预案，保证危机事件得到有效控制。

公共危机现场处置是危机响应与恢复的中枢纽带。公共危机现场处置的成效将直接影响危机发展态势与影响后果，进而可能改变后续的恢复与重建工作。作为危机响应与处置的核心内容，公共危机现场处置具备两个方面的功能：一方面，控制危机发展态势，缓和社会矛盾。公共危机所造成的危害不仅具有破坏性，还会产生一定程度的扩散效应，如果不及时采取有效措施，极易引发更大的危机。因此，当公共危机发生后，必须立即采取措施，以最快的速度控制并解决危机，要最大限度降低危机对于公众生命安全和财产的损害[2]。同时，应该对各种诱因或潜在影响因素进行监测，防止危机进一步演变或升级扩散。另一方面，稳定秩序，动员多主体参与。信息沟通渠道的畅通是防范现场混乱、社会恐慌等问题的重要因素。在公共危机现场处置中，应及时向社会公众公布危机响应进度与处置情况，同时借助权威媒体等渠道输出真实信息。政府及时、准确公布现场相关信息，能有效地减少公众疑虑并遏制小道消息的产生，同时也能安抚人心，有利于公众配合政府的危机响应工作，也有助于危机处置和救援工作的顺利开展[3]。此外，公共危机现场处置是将危机应急预案付诸实施的有效举措，危机应急预案的完备性与契合性需要经由现场处置工作得以确认。而在公共危机现场处置过程中，对于已有预案的针对性调整也能够进一步补充危机应急知识体系，提升危机管理能力和预测水平。

二、公共危机现场指挥部

"现场指挥是应急决策与处置组织体系中最为重要的部分，它是应急决策与处置的纽带，也是整个应急管理的核心环节"，而所谓现场指挥部是指"在应急决策与处置过程中，由相关部门组织的、临时性地应对突发公共事件的决策、指挥与处置机构"[4]。现场指挥部是危机现场的最高决策机构。由于公共危机的发生和发展具有不确定性，因此需要授予现场指挥部充分的权力来调配现场的人力、物力等各类资源，使其能够灵活调整应急预案，并针对危机发展态势制订合理有效的处置方案与对策，保证危机决策的有效实施，发挥资源的最大功效。

一般而言，大多数公共危机事件的响应和处置都需要设置现场指挥部。依据公共危机现场情形的不同，常规性危机事件会设置较为简单的现场指挥部，指导并制订危机处置策略与行动方案，主要发挥统筹全局的作用。而针对非常规或严重危机事件的现场指挥部，

---

[1] 张永理，李程伟. 公共危机管理[M]. 武汉：武汉大学出版社，2010：140.
[2] 同[1]141.
[3] 同[1]141.
[4] 同[1]148.

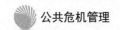

通常要由特定危机管理部门及专家组成现场指挥小组，并配备相应的技术与通信设施，其工作内容包括精准高效确定危险源、制订并实施现场处置方案与策略、稳定现场秩序、控制危机的扩散等。

（一）现场指挥部的构成要素

对于现场指挥部而言，其基本的构成要素包括以下四个部分。

（1）场所。现场指挥部要根据突发事件的性质、种类、危害程度以及现实情形合理选址，原则上应设置在灾害事故现场周边适当的位置[1]。现场指挥部位置的选取要保证交通与通信畅通，可以及时获取危机相关信息，确保决策得以迅速制定与执行。现场指挥部周围要部署一定的警力，设置专门的位置标识并提醒人员留意，防止现场出现混乱或人员冲突等情况。要保证现场指挥部的正常秩序，禁止不相关人员的出入。

（2）通信与媒体设备。信息是现场指挥部分析判断的基础，只有及时获取真实且充分的信息，才可以制定出精准有效的处置措施。与此同时，危机事件发生、发展的不确定性要求必须确保通信的畅通，以便及时联系救援队伍与其他部门人员，防止出现人员失联、物资匮乏等情况。公共危机现场指挥部应配置集无线通信集群、卫星、微波、短波等专用通信网络，利用可视化技术与3S技术（地理信息技术）等确保及时获取空间地理位置等信息[2]。此外，诸如"动中通"移动通信指挥车[3]等高端装备在应对危机现场基础通信设施失灵、消息迟误等问题上也可以发挥关键作用。

（3）人员。在公共危机事件发生后，针对先期处置和响应的情况，需要选调具备专业知识与能力的管理人员与专家队伍前往现场开展相应的处置工作。人员的有效调配是现场指挥部开展决策、指挥与处置等工作的核心要素。除救援领导与决策指挥部门外，事故处理专家也应该参与其中，前往现场分析危机现状并提供专业意见。此外，媒体工作人员也应该前往现场，及时沟通危机处置情况，保证信息的及时透明公开，防止产生不必要的社会恐慌与混乱。

（4）交通设施与物资储备。现场指挥部是相关部门领导与专家分析危机现状、制定处置策略与对策的场所。一方面，到达现场的交通应该确保畅通无阻，通行工具与安全设施及装备应该配置完整，确保相关人员能够及时到达现场开展处置工作。另一方面，基本生活物资也应该储备充足，这是现场指挥部得以有效运转的基础性要素。

（二）现场指挥部的职能

（1）控制危机状况。现场指挥部要根据危机事件的进展、危机应急预案的实施状况以及上级管理部门的指示，组织相关人员与现场负责部门进行沟通对话，分析判断危机事态发展状况，制订相应的处置方案与对策，遏制危机事件升级，力争将损失降低到最

---

[1] 张永理，李程伟. 公共危机管理[M]. 武汉：武汉大学出版社，2010：148.
[2] 沙勇忠，孔令国，张华，等. 基于地理信息协作的危机管理：中国的研究进展[J]. 情报资料工作，2008，165（6）：31-36.
[3] 孟晖，宋俊海. 卫星通信在应急通信中的应用及发展[J]. 科技导报，2018，36（6）：40-46.

低程度。

（2）疏通现场，稳定秩序。现场指挥部要实施属地管理，组织联络有关部门保证交通出行的畅通；要妥善安置遇难人员，做好疏散与安抚工作，稳定危机现场人员情绪；还要充分开展沟通对话，及时了解危机现场的困境与需求并予以解决。

（3）沟通联络其他部门，确保物资供应的充足、迅速。现场指挥部要组织联络有关职能部门及工作人员，开展相应的调查评估工作；要与相关部门负责人员进行沟通，及时运输所需物资，保证危机现场人员基本的生活需要。

（4）及时掌握并报告危机处置状况，制订合理的处置方案并报本级或上级危机管理机构批准或同意。现场指挥部作为特殊事件处置部门，针对危机情形所做出的决策应该及时报告相应危机管理机构。如此，一方面可以确保决策得以快速执行，及时控制危机发展态势；另一方面，如果事态进一步扩大，面临难以处置的困境，也可以及时向上级政府提出请求，由上级危机管理机构针对危机状况制定后续处置对策，避免盲目决策造成危机处置不当或失效等问题。

阅读材料

雅安地震中的现场指挥部[①]

2013年4月20日8:02，四川省雅安市芦山县发生7.0级地震。地震发生后，四川省立刻启动一级应急程序，军区部队紧急出动2000人赶往芦山县。在芦山县城，指挥部的实体是一顶顶帐篷。最大的一项占地几十平方米，外挂两块牌子，分别是四川省"4·20"芦山7.0级强烈地震抗震救灾指挥部（简称"省总指挥部"），以及四川省军区抗震救灾指挥部。芦山指挥部的级别很高，由四川省委书记王东明担任指挥长，省长魏宏任指挥部副指挥长。参与救灾的主要官员每晚带着他们在震区各处收集的信息，在指挥部帐篷内集结，当晚的会议除了信息汇总，还会对第二天的工作做安排。除省级之外，市、县两级也迅速成立了抗震救灾指挥部。三级之间每日都有向上级联动和汇报的要求。一些中央部委的相关指挥部就设在"省总指挥部"的旁边，如中国地震局芦山7.0级地震现场指挥部。和行政指挥系统并行的还有军队指挥系统。担任军队"指挥中枢"的成都军区抗震救灾前线指挥部，设在距芦山县城约1km处。

三、公共危机现场处置的流程、策略、原则与任务

在危机事件发生以及危机应急预案启动后，迅速前往现场制定危机处置对策，抢救并妥善安置受困人员，以及保障现场秩序的稳定，是公共危机现场处置的重要任务。针对危机现场的不同情况，现场指挥部需要遵循一定的流程，采取相应的处置策略或方法，从而控制危机发展态势，减少不必要的损失。

---

① 张宏平. 四川省抗击"4·20"芦山7.0级强烈地震七日记[N]. 四川日报，2013-04-27.

（一）公共危机现场处置的流程

为科学、高效地应对公共危机，公共危机现场处置大致应遵循以下流程。

（1）分析形势，实施处置与救援方案。根据我国《突发事件应对法》以及其他相关法律法规的规定，在应急准备阶段，各级政府应制定突发事件的总体应急预案以及专项预案[①]。现场处置是针对危机现场情形实施与调整危机应急预案的关键步骤。通过分析现有的危机状况，在已有处置经验基础上，对预案进行相应调整与分工，协调各相关部门共同开展现场处置工作。

（2）配置人员物资，实施处置工作。在危机事件发生以后，需要大量的救援人员前往现场开展疏散、救助等工作，这是危机现场处置的基本特征。现场处置部门需要针对现场不同区域的情形，合理配置专业人员开展工作。其中涉及的人员主要包括专业的抢险救援系统人员、专业医疗救护人员、工程抢险人员、训练有素的志愿者等[②]。另外，物资短缺是公共危机事件发生后普遍面临的问题，危机现场所配备的物资往往只能满足短时间和小规模的援助，因此需要及时沟通相关部门与人员，持续调配所需的关键性物资。同时，各种通信基础设施、医疗设备等也应该配置齐全，以确保危机现场各种突发状况能够得到有效控制。

（3）抢修受损设施，迅速控制危险源。根据我国《突发事件应对法》第四十九条，"自然灾害、事故灾难或者公共卫生事件发生后，履行统一领导职责的人民政府可以采取下列一项或者多项应急处置措施"，其中突出强调的重点内容是针对确定或潜在的危险源应该及时进行控制与处置，在标注危险区域的同时封锁相关危险场所，禁止人员的流动，并实行相应的交通管制及其他管理措施。另外，对于交通与通信等基础性设施，需要迅速开展抢修工作，还要选定合适区域作为应急避难与防控场所，与此同时开展针对性的医疗救助等工作。

（4）信息沟通与对话。危机现场的处置情况应该及时上报上级有关部门，同时与权威媒体进行对话，输出危机处置信息，方便上级部门了解具体的救援对策并给予一定的指导。此外，针对受灾人员，与其进行沟通对话，可以了解真实的危机状况，缓和人员情绪，也有助于确定后续的处置和恢复重建等工作内容。

（5）控制恶意扰乱社会秩序等行为。现场指挥部需要对肆意散播有关危机的不实消息、抢夺物资或不遵守基本的处置秩序的人员进行一定的管控，以保证危机现场秩序的稳定。

（二）公共危机现场处置的策略

危机现场处置需要针对具体的情况采取相应的处置策略。合适的处置策略选择有助于帮助危机管理人员更好地确定处置思路，减少额外损失，控制危机发展态势，最终化解危

---

① 张永理，李程伟. 公共危机管理[M]. 武汉：武汉大学出版社，2010：149.
② 同①150.

机。具体而言，危机现场处置的基本策略可以分为以下四种类型①。

（1）危机中止策略。危机中止策略一般用于危机刚刚发生，其负面影响尚未扩散或者还不严重时。在这个时候，应及时发现危机产生的根源和扩散的途径，采取积极有效的措施阻断其后续扩散，中止其危害。

（2）危机隔离策略。危机的发生往往具有"涟漪效应"，如果不加以控制，危害影响的范围将不断扩大。危机隔离策略旨在将危机的负面影响隔离在最小的范围内，避免造成更大的人员伤亡和财产损失。在现实中，危机隔离策略主要包括以下两种类型。

①危害隔离。危害隔离是指对危害源采取物理隔离的方法，使危机所造成的财产损失尽可能控制在一定范围内。例如，当火灾发生之后，应采取果断措施切断火源，以避免火势蔓延。

②人员隔离。为了防止危机进一步扩散从而危害现场人员的生命安全，在确定危险源及潜在影响因素后，应及时划定危险区域，开展人员的疏散与撤离工作，使其远离危机现场，在安全区域内继续开展正常的活动。

（3）危机消除策略。危机消除策略旨在通过各种方式消除危机所造成的各种负面影响，这种负面影响既包括物质财产上的损失，如生产场地遭受破坏等，也包括受灾人员精神上的伤害。

（4）危机利用策略。危机事件所带来的并非只是负面的威胁和损害，在一定程度上也提供了一种进行改变的可能性。只要危机管理者处理得当、诚实负责，往往也能将坏事变为好事。在现实中，危机管理者可以充分利用危机带来的机会促成相关领域的改革创新。

需指出的是，上述四种危机处置策略并非相互分离的。在危机现场处置的过程中，危机管理人员需要针对危机的属性和特征综合使用上述四种策略，并根据实际情况确定四种策略使用的优先顺序。针对同一个危机事件，也可能存在同时使用两种以上策略的情况，单一的策略使用则相对较少。一般来说，在危机处置的前期通常使用危机中止策略与危机隔离策略，危机消除策略和危机利用策略则主要在危机处置的中后期使用②。

（三）公共危机现场处置的原则

（1）以人为本原则。保障人员的生命安全是公共危机现场处置与救援的第一要务。相对于危机现场所发生的财产、物品等损害而言，应该将人员的生命安全放在首位，在第一时间救援并妥善安置受困人员，为他们提供避难场所，提供所需的物资和生活用品，保障他们的正常生活需要。与此同时，现场救援人员自身的人身安全也是需要关注的重点。在危机处置进程中，应及时确认救援人员的具体位置与安全状况，为他们安排适当的休息时间，保证救援处置工作的有序进行。

（2）快速高效原则。公共危机事件的突发性与紧迫性要求迅速确定处置救援方案，

---

① 肖鹏军. 公共危机管理导论[M]. 北京：中国人民大学出版社，2006：109-110.
② 张永理，李程伟. 公共危机管理[M]. 武汉：武汉大学出版社，2010：152.

调配人员物资,有序开展处置工作。公共危机事件爆发的突然性使得难以在短时间内迅速掌握危险源与危险区域,为了避免衍生、次生灾害的发生,现场的危机处置救援工作必须快速高效。

(3)统一指挥原则。公共危机的突发性与紧迫性特征要求多部门的协同配合,共同制订与实施科学有效的处置对策与方案。与此同时,危机现场情况也具有不确定性与联动性,因此需要综合多部门的资源开展危机处置工作。面对突发的公共危机事件,必须设置专门的综合管理机构,对危机现场处置工作进行统一指挥与领导,保证资源的合理调配和人员的统一调度,防止出现部门间职能交叉、分工混乱等问题。在我国,统一指挥的关键是要在各级党委的领导下,发挥政府的主导作用,调动全社会的力量,形成危机响应的合力[1]。

(4)科学分析原则。针对公共危机状况所制定的处置策略以及处置过程中对危机应急预案的调整,都需要经过专业人员的分析与预测,从而确定有效的处置方案与对策。在危机现场处置过程中,应该尊重科学,充分利用先进科技成果与技术,发挥专家、学者的作用,积极采纳其所提出的专业性建议。专业知识与技术的支持能够帮助危机管理人员准确把握危机信息,及时确认危险源并遏制危机进一步扩散的可能。

(四)公共危机现场处置的任务

在危机响应过程中,现场处置工作的主要任务包括以下四个方面。

(1)人员救助。危机现场处置的首要任务是救助受伤人员,选定合适区域作为避难与临时居住场所,提供必要的生活物资,同时安排医疗人员开展相应的治疗救助工作。与此同时,针对受灾人员,在可能的情况下需要进行相应的心理干预与精神治疗,减轻突发危机对其精神所造成的潜在伤害。

(2)抢修交通与通信设施。交通与通信设施是保障与外界联系、确保物资及时供应、救援人员和医护人员准时到位的基础前提。在危机现场处置工作中,应该在开展人员救援的同时,及时抢修相应的交通路线,从而保证各类物资与医疗设备能够及时到位,援助人员也可以迅速开展救援工作。此外,通信设施的畅通有助于及时对外传递危机现场的处置信息,便于危机管理部门及时做出决策,也有助于社会公众全面了解危机信息,避免出现不必要的恐慌与不安。

(3)物资运输。核查、运输受灾人员所需的生活与医疗等物资,是危机现场处置的另一项重要任务。危机现场资源的有限性和危机事态发展的不确定性使得现场处置人员很难完全把握现场情况,因此需要危机现场处置人员针对危机救援情况,及时核查相应的物资需求缺口并进行补充,以保证危机处置工作的有序推进。

(4)财产抢救。财产抢救主要是针对受灾公众的个人资产、企事业单位资产、金融机构资产等进行抢救,以减轻财物损失[2]。对于危机现场的受灾人员而言,自身的财产损

---

[1] 张永理,李程伟.公共危机管理[M].武汉:武汉大学出版社,2010:141.
[2] 蔺雪春,李希红,朱婧.公共危机管理[M].2版.成都:西南交通大学出版社,2018:96.

失是他们关心的重要问题,这些财产可能是其全部的积蓄或者后续生存发展的基本保障。此外,对于现场处置工作而言,财产抢救工作也可以缓解危机现场物资资源的短缺,从而保障现场处置工作的高效推进。

四、公共危机现场处置的注意事项

(一)信息畅通与否问题

通信设施是危机处置现场与外界进行沟通联系的基础条件,同时也是调配各种资源的主要依据。对于危机现场处置人员而言,如果现场情况难以掌握,必须及时将相应的情况向上级危机管理部门进行反馈,防止危机进一步扩散。而对于上级危机管理部门而言,只有了解危机现场信息以后,才可以调配相应的人力与物资,安排相关部门前往现场进行救援和处置工作。同时,危机现场不同部门之间有效的信息沟通也是非常必要的。危机现场情况复杂多变,一线救援人员与后台指挥人员及志愿者之间必须及时进行信息沟通,确定有效的处置方案与对策[①]。此外,危机现场信息的传递与公开问题也应该予以关注。一方面,危机现场指挥人员应该依据现场处置情况的变化及时调整应对方案以及各种资源的分配;另一方面,危机管理部门在获取到真实充分的危机现场信息后,需要及时向社会公众进行发布,将危机处置的详细信息公开呈现在公众的面前,从而避免引起不必要的恐慌与混乱。

(二)人员合理分工问题

公共危机具有突发性与紧迫性等特征,针对危机现场的复杂情况,迫切需要多个部门之间的协调与配合。在危机现场处置过程中,不同部门与人员之间应该严格按照现场指挥部所制订的方案开展救援处置工作,合理分工与合作,以保证处置工作的高效率。现场指挥部必须在综合分析危机现场具体情况的基础上,统一指挥各部门人员的活动,协调分配所需资源,最终达到协力控制危机的目的。

(三)人员素质与能力问题

政府管理或决策者的政治素质、专业能力以及敢于负责的勇气和魄力,在危机处置过程中往往能够起到决定性的作用[②]。公共危机的突发性要求现场指挥人员必须具备敏捷的反应与判断能力,在听取整合各方意见的基础上迅速确定危险源,并制订科学有效的处置方案。在各方意见不一致的情况下,需要危机处置指挥人员依据自身的经验及相关知识,综合分析后做出判断,最大可能地减少危机所造成的损失。

---

① 汪菁. 我国公共危机管理存在的问题、原因及解决对策[J]. 科学决策,2013,186(1):78-93.
② 吴春华. 政府公共危机处置的阶段划分与管理对策[J]. 北京行政学院学报,2005(1):12-15.

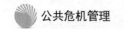

（四）指挥平台设置问题

危机响应与处置指挥平台是政府危机管理体制中的指挥系统，是负责控制危机局面、遏制事态恶化、指挥抢险救灾、协调物资保障和保证正常秩序的领导决策及其技术保障体系[1]，在调整已有预案、确定处置方案、稳定现场人员情绪等方面发挥着关键作用。现场指挥部作为危机现场的主要指挥平台，必须调配高效完备的数据分析、通信等基础设施，保证指挥人员能够顺利开展分析与决策工作，控制危机的发展态势。指挥平台的设置也需要考虑现场危机的属性和特征，选定适合的场所并配备专业的管理人员与设备工具。

（五）危机应急预案选择与应用问题

危机应急预案是在预测分析危机性质与特征的基础上由专业人员制订的危机处置方案和对策。在危机事件爆发时，应该快速启动危机应急预案并进行前期的处置应对工作。然而，危机应急预案的制订是在先前处置经验的基础上做出的预测性应对方案，它可能无法完全契合危机现场的实际情况。因此在危机现场处置的过程中，需要依据危机的实际状况对先前预案进行相应的调整，而不能盲目遵循既定预案的内容，忽视危机本身的属性与特征。危机应急预案选择与调整的过程，也是考验危机现场指挥人员素质和能力的重要一环。

第三节 公共危机决策

一、公共危机决策的含义与特征

（一）公共危机决策的含义

决策即做出决定，是指从能够实现特定目标的多种方案、方法和手段中做出合理的选择或决定。相应地，公共危机决策就是在公共危机状态下，危机管理部门在极为有限的时间、信息、资源、人力等约束条件下做出非常规的危机应对措施，以控制、降低或消除公共危机的行动[2]。公共危机决策是贯穿公共危机管理全过程的重要活动。

（二）公共危机决策的特征

公共危机决策是一种典型的非常规决策类型，通常具有以下几个方面的特征。

1. 决策目标的动态权变性

危机态势决定着危机决策的目标，危机状况发生变化的话，危机决策的目标也需要发生相应的变化。一般而言，危机事前决策的主要目标是以预防为主，目的是通过有效的防

---

[1] 罗永朝. 从 SARS 事件看政府危机管理[J]. 中国减灾, 2004（1）：41-42.
[2] 张永理, 李程伟. 公共危机管理[M]. 武汉：武汉大学出版社, 2010：50.

控监督措施尽可能把危机事件消灭在萌芽状态。公共危机事件一旦真实发生,危机决策的目标就转变为如何采取有效措施应对危机,努力减少或者避免危机造成的负面影响和损失。由于情况紧急,危机决策往往需要权威决策者个人做出即时判断或选择,在现实中,权威决策者需要根据危机事态的演变情况适时调整目标并据此决定行动方案。在危机情境中的权威决策者需要在决策过程中做到因时而定、因地而宜、因事而论,使决策目标及方案对策能够有效应对危机发展。

2. 决策环境的复杂多变性

决策环境一般可分为组织外部环境、组织内部环境以及决策者的心理环境三部分。组织外部环境通常是指存在于组织边界之外并对组织产生直接或间接影响的因素(如政治、经济、人口、生态等因素)。与常规决策面临的组织外部环境相比,危机决策的组织外部环境具有高度的不确定性特征。这种不确定性主要表现为危机状态的不确定性、主观认知的不确定性以及危害后果的不确定性。就此而言,危机决策面临各种模糊性、随机性和未知性因素,要求决策者充分运用已有的经验和知识做出判断。组织内部环境主要是指组织内部的构成要素(如组织人员、设施、物资等因素)。危机具有的突发性和不确定性等特征也会导致组织内部环境的复杂多变。如何全面准确地掌握各种内部环境信息是制订有效的危机应对方案的重要基础。此外,危机的突发性和不确定性也会对决策者的心理造成高度的紧张和压力,可能造成决策者心理状况的多变,这在很大程度上也会影响危机决策结果。

3. 决策信息的高度不对称性

危机决策信息具有高度的不对称性特征,这种不对称性主要表现在信息不完备、信息不及时以及信息不准确三个方面。

(1)信息不完备。危机的形成以及危机态势的发展具有很大的未知性和不确定性,危机的相关信息也会随着危机态势的发展而不断演变,因此决策者往往难以掌握完备的危机信息。另外,人们对复杂危机发生演化机理认识上的有限性,也是导致决策者对危机信息获取不完备的重要原因。在现实中,决策者在做出危机决策之前,要对各类信息进行价值和时效性分析,以尽可能掌握更多的关键信息。

(2)信息不及时。信息不及时主要是指信息采集和传递的不及时,以及因信息加工处理的拖延而导致决策时间的滞后。通常情况下,危机信息从危机现场传递给决策者时要经过一些中间环节,各个环节的时耗导致决策者对重要决策信息的掌握可能出现时滞。另外,危机信息的整合、加工与处理也要花费许多时间,这在一定程度上也占用了决策者做出决策判断的时间。在现实中,危机决策者需要通过各种方法来尽可能降低信息上的时滞问题。

(3)信息不准确。一般而言,危机决策过程可以视为一个信息由输入到输出的过程。在这个过程中要经过发现问题、确定目标、选择评价标准、拟订方案、评估方案以及最后的方案选择等步骤。在各种因素的影响下,信息传递和反馈过程中可能会出现信息失真问题,从而影响决策的质量。因此,在危机决策过程中应尽量减少和规范信息传递的各

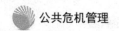

个中间环节,尽可能确保危机信息的真实准确。

4. 决策流程的非程序化

决策程序是对决策规律的概括和总结。按决策程序的性质,可将决策分为程序化决策与非程序化决策①。程序化决策是指所解决的问题结构良好,可以按照相对固定的流程、程序和方法进行的决策。非程序化决策也称为非结构化决策,它所要解决的问题结构不良,无法套用常规的流程和方法来进行。危机决策即典型的非程序化决策,一般没有固定的决策模式或流程可以遵循或套用。在进行危机决策时一般应尽量简化决策流程,抓住关键步骤和关键环节,尽快做出判断②。

二、公共危机决策的解释模式

目前关于政府公共危机决策的解释主要有"认知—心理""官僚—组织""议程—政治"三种理论视角,融合了心理学、组织理论、政治学、管理学和行为科学等多个学科领域的不同观点与方法,共同构成了公共危机决策领域研究的主要解释模式。

"认知—心理"视角与公共危机决策中的认知模式和个人压力模式紧密相关,侧重于研究人的认知过程,认为认知和心理因素直接影响决策者对问题的认知与界定,进而影响公共危机决策的速度与质量。该解释视角与认知心理学的产生和发展紧密相关,在本质上是对理性决策模式的一种修正。"认知—心理"视角认为,各种认知因素和心理因素会影响决策者的信息处理能力,而信息超载、不确定性、模糊性和复杂性等因素容易导致危机认知上的错误,尤其是在监测和分析高度复杂的自然环境和社会环境时更是如此。其结果是,危机决策者往往可能出现各种认知和分析上的偏差,进而导致决策迟缓或失误,而这又可能进一步导致危机的升级和扩大,造成更为严重的损失③。

"官僚—组织"视角与公共危机决策的组织过程模式、控制论模式以及官僚政治模式密切相关,主要分析决策组织内部的运作与政治过程对危机决策的影响。该视角试图解释不同"官僚—组织"机构之间的合作与冲突对危机决策的具体影响。"官僚—组织"视角指出了影响公共危机决策,特别是导致决策失效的各种常见病理,包括决策者的趋利避害、驻足观望、固守己见、反应不足或过度、拖延、各自为政以及相互之间不协调和信息不能共享等因素。"官僚—组织"视角提倡一种制度化的公共危机决策模式,强调危机管理部门拥有并遵守良好的决策机制、决策原则和决策程序的重要性。

"议程—政治"视角侧重于分析社会情境与行动者的互动过程,认为公共危机决策议程是相关行动者在特定的社会情境下进行建构的结果,因而具有鲜明的政治属性。该视角试图描述和解释如下三个问题:公共危机决策者的信息是怎样选择、处理和提供的,也即所谓的问题感知与界定的过程;政策议程是如何被设定的;议程设定的过程和结果对决策者和公众有何影响。"议程—政治"研究视角在本质上是要研究影响政府议程设定的因

---

① 冯之浚. 软科学纲要[M]. 北京:生活·读书·新知三联出版社,2003:382.
② 郭瑞鹏,孔昭君. 危机决策的特点、方法及对策研究 [J]. 科技管理研究,2005(8):151-153.
③ STAW B, ROSS J. Understanding Behavior in Escalation Situations [J]. Science, 1989(246): 216-220.

素，解释公共问题能否进入政府部门的政策议程。在公共危机情境中，影响政府议程设定的因素错综复杂，不同的因素组合可能会导致公共危机决策的差异。

三、公共危机决策的基本流程

公共危机决策是政府管理部门为了解决危机，通过系统分析危机情境，并在此基础上制订、实施与评估危机问题解决方案的过程。通常而言，公共危机决策的一般流程包括识别问题、探讨解决问题的方案、选择方案、实施方案与评估情境等几个主要环节。

（一）识别问题

识别问题的过程也即界定与分析问题的过程。在该过程中，危机决策者主要思考如下问题：面临的危机问题是否为全新的？危机问题是否被清晰、准确地描述？准备如何处理危机问题？如果不作为将会发生什么？危机问题可否以其他方式描述？可以获得哪些有关危机问题的数据？信息是否准确？危机问题解决是否有先例可循？在危机管理过程中，危机问题的突发性和紧迫性要求决策者迅速识别问题并做出判断。因此，在现实中，公共危机决策者可能没有时间对上述所有问题进行充分考虑，而是会根据实际情况做出权衡选择。

（二）探讨解决问题的方案

该阶段主要是制订解决危机问题的备选方案，并对各种方案的可能效果进行评估。在制订问题备选方案时，可以采取以下技术方法：第一，头脑风暴法。需要建立一个宽松、自由的环境，鼓励参与者尽情地发挥，表述各种创造性的思想并记录下来。在该过程结束后，开始评估各种想法并制订备选方案。第二，调查法。针对危机问题及各种备选方案向社会公众进行广泛咨询，借助公众智慧制订备选方案。第三，小组讨论法。由直接参与决策的人员组成一个小组，讨论制订各种备选方案。

在解决危机问题的各种备选方案确定后，危机决策者需要对各个方案进行评估。方案评估中的关键点包括以下几个方面：第一，识别约束因素，即找到妨碍问题解决的因素，如政治因素（法律限制）、经济因素（成本或资金限制）、社会因素（特殊利益群体的限制）、技术因素（有限的设备与技术）、人力资源限制、时间限制等。第二，确定方案的适当性，确保方案与解决危机问题的条件相符。第三，确定方案实施的价值，即要确保方案实施具有足够的政治社会等方面的价值。第四，效用评估，即评估备选方案是否可以顺利实现目标。第五，效率评估，即评估备选方案的成本与收益之比。第六，确定负面影响，即评估特定方案实施之后可能造成的不良后果。

（三）选择方案

在制订出各种解决危机问题的备选方案并进行评估之后，需要按照成效最大化、危机影响最小化的原则，在各种备选方案中选择最终方案。在此过程中，危机决策者需要考虑

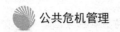

政治因素、安全因素、资金因素、环境因素、伦理道德等因素来做出选择,还要考虑公共危机决策的紧迫性与时效性等特征来做出综合判断。

(四)实施方案

在实施方案的过程中,危机决策者需要考虑以下五个方面的主要内容:第一,制定行动预案。预案要规定谁用什么资源、在什么时间、做什么、达到什么目标等内容。第二,确定目标。目标应当建立在对危机紧急情况进行充分分析的基础上,作用是监督方案实施过程,确定实施步骤的优先次序。第三,确定所需资源,包括人员、信息及装备等。此外,还要明确所需资源的获得渠道、分配方式与内容。第四,形成文字性计划并分发给相关各方。第五,根据方案有序实施计划。

(五)评估情境

评估情境主要包括以下两个方面的工作:第一,对整个危机问题解决的进程进行监督。监督过程主要关注以下问题:危机情境是否发生变化?是否需要更多资源?是否需要一个新的解决方案?总体来看,这是一个动态监督危机决策结果的过程,对于及时矫正决策中的各种问题非常重要。第二,评估危机决策的结果。在评估中主要关注的问题包括:危机决策是否起到了预期作用?危机决策及行动方案是否有效利用了现有的沟通渠道并产生了良好的反馈?反馈是否足以反映不断变化的危机环境及条件?危机关键信息是否及时传递给了操作、管理及相关政策部门?[①]这些问题的解决对于公共危机决策的有效性而言同样非常重要。

四、公共危机决策的支持系统

公共危机决策的支持系统是指由各种能够对政府决策机构或危机决策过程本身提供支撑或保障的资源所构成的系统。对于公共危机决策这类非程序性决策而言,有效的决策支持系统的构建与应用能够帮助决策者克服危机决策过程中的各种不利因素,提升决策的效率与质量。在现实中,由于公共危机决策的特殊性和复杂性,它往往需要多重支持系统的保障。下文将主要介绍其中四种重要的子系统类型,分别是公共危机信息支持子系统、公共危机预案支持子系统、案例支持子系统、智库支持子系统。

(一)公共危机信息支持子系统

没有充分、准确的信息将无法进行有效的决策。在公共危机状态下,由于危机事件的突发性、紧迫性和复杂性等特征,在短时间内可以获取到的准确信息十分有限。尽管如此,通过各种方式尽可能地获得较多的信息仍成为做出正确决策的重要前提。公共危机信息支持子系统的构建就是为了给危机决策者提供及时、全面和准确的信息资源。危机管理机构应当不断完善信息系统的建设,建立健全信息网络,保持信息来源渠道的畅通,以便

---

① 王宏伟. 公共危机管理概论[M]. 北京:中国人民大学出版社,2016:124.

为危机决策提供高质量的信息保障。

具体来说，公共危机信息支持子系统的构建与运作需要注意以下几个方面：首先，要加强信息收集能力。信息机构需要积极主动地运用各种方法并通过各种渠道对危机信息进行广泛收集。其次，要规范信息报告制度。对于哪些信息应报告和公开、通过什么渠道报告、报告到什么机构、信息报告的时限等问题都应以制度的形式做出明确规定并严格落实。最后，完善信息机构的管理体制。要明确并不断优化信息处理相关部门的职能及其协作关系，防止部门分割或职能模糊等问题对信息处理效率的妨碍。此外，在信息技术迅猛发展和组织信息化程度不断加深的情况下，要充分利用现代科技力量增进信息的收集、储存、提取、分析和交流，以不断提升危机决策的科学化水平。

（二）公共危机预案支持子系统

危机预案是决策者根据特定危机事件处理的既有经验，针对未来可能发生的类似危机事件，预先制订的应对或处置方案。危机预案具有针对性、体系性、科学性、灵活性、可操作性等特点。当出现了诱发危机的苗头，或者危机已经爆发时，需要迅速启动相应的预案，以最快的速度控制危机的蔓延，并将危机可能造成的损失降至最低。而公共危机预案支持子系统即是由事先制定的各种危机预案及其配套机制共同构成的辅助系统，它可以帮助危机决策者针对实际面临的危机问题迅速找到相契合的预案。在该系统的支持下，危机决策者不需要在危机状态下从零开始设计处置方案，只需要结合危机问题与决策目标在预案库中匹配相应的预案，或在现有预案的基础上进行相应调整，从而极大地提高了决策的效率。

建立和利用公共危机预案支持子系统是实现危机决策科学化的一个有效途径，其优势主要体现在三个方面：首先，能够缩短危机决策的时间。决策者通过对危机问题特征的准确识别，可以快速找到与之相契合或相似的预案，从而极大地缩短危机解决方案的设计时间。其次，能够增强危机决策的科学性。预案是危机事件发生前预先制定的，包含了过去成功应对危机的知识和经验，并且有充分的时间进行优化和调整。因此在预案基础上的危机决策往往能够产生更为有效的危机处置效果。最后，能够减轻决策者的心理压力。有了预案中的成熟应对思路，可以极大地减轻危机决策者的心理压力，避免压力过大而造成的决策失误。

当然，公共危机预案支持子系统在应用过程中也可能存在预案数量有限、预案与危机问题不匹配、决策者过于依赖预案而导致的思维僵化等缺点。因此，政府管理部门一方面要对公共危机预案支持子系统进行不断的充实与优化；另一方面，在预案的使用过程中也需要注意因时而异、因地制宜，要针对实际发生的危机问题对既有预案进行权衡与调整。

（三）案例支持子系统

要建立危机管理案例库——案例支持子系统，以发挥先前危机应对的实践案例对当前危机决策的借鉴和辅助作用。案例支持子系统数据库中会存储各种类型的危机案例，它们是对过去真实发生过的各种危机的情境、解决方案、实施结果与评价的完整而真实的描

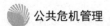

述，其中以环境特征和状态指标描述为主。在各种危机案例中，既有成功应对危机的经验，也有失败应对危机的教训。这些都有助于决策者在新的危机情境下，对危机信息做出更为合理的判断，进而制定出更加有效的危机决策。

在建立案例库时，要充分考虑案例的典型性、多样性和跨学科性，为复杂危机情境中的危机决策提供更多参考。此外，还要加强对案例库的日常维护和管理，案例库中的案例要进行定期添加和更新，以确保案例支持的效果。

（四）智库支持子系统

公共危机的复杂性要求危机决策主体必须借助专家、学者的力量，充分发挥智库的咨询作用，以提高决策的科学化与专业化水平。由此，智库支持子系统在公共危机决策过程中扮演了重要角色。智库一般是指由一些具有专门知识的专家、学者按照一定的目标或方式组成的专门输出智力成果、辅助政府决策的机构。智库在危机决策中的主要功能包括以下几个方面：第一，收集信息，进行科学预测，充当危机决策者的"望远镜"。第二，拟订方案，进行综合分析和评价，充当危机决策者的"外脑"。第三，跟踪检查，提供信息反馈，充当危机决策者的"耳目"。第四，培训、储备和交流危机管理人才，充当危机决策人才的"蓄水池"。

智库支持子系统要想在危机情境下充分发挥作用，就必须在平时做好各项研究工作，模拟危机情境，厘清对策思路，在危机事件发生前做好危机预测、预警等准备工作。政府危机管理部门也应积极构建危机管理专家库，聘请相关专家智囊入库，并定期开展咨询活动，以此提高危机决策质量①。

本章小结

公共危机响应与处置是公共危机事件发生后，政府管理部门针对危机事件进行应对和现场处置的各种实践活动。从公共危机响应与处置的基本流程看，危机响应主要包括识别危机、回应危机、信息传递与危机沟通、结束危机响应等环节；危机处置则涉及分析形势和实施处置与救援方案、配置人员物质与实施处置工作、抢修受损设施与控制危险源、信息沟通与对话、控制恶意扰乱社会秩序等工作。公共危机决策是公共危机响应与处置的核心，也是贯穿公共危机管理全过程的重要工作。

课后名词解释

危机响应　属地管理原则　危机现场处置　现场指挥部　公共危机决策　智库支持子系统

---

① 张成福，李程伟. 公共危机管理：理论与实务[M]. 北京：中国人民大学出版社，2009：357.

 思考题

1. 简述公共危机响应的主要内容及原则。
2. 当危机事件发生时,相关部门如何进行危机响应?
3. 试述危机现场处置的功能和工作流程。
4. 现场指挥部应注意危机响应中的哪些问题?请结合实际情况谈谈看法。
5. 思考公共危机决策与常规决策的差异。
6. 当前我国公共危机决策中存在哪些突出问题?如何改进和完善?

第六章 公共危机救助与恢复

本章学习目标

危机救助和恢复伴随公共危机管理的全过程，是消除危机不良影响、防范潜在危机发生的关键环节。对危机救助和危机恢复的概念、类型、相关法律法规、内容体系以及管理流程的学习，能够更好地掌握公共危机管理的理论知识和实践工作，并为后续危机动员与沟通、危机调查与评估等学习奠定基础。

危机救助一般开始于危机响应阶段，重点面向受灾群众提供物质和服务帮助，保证其维持最低生活水平。在公共危机事态得到基本控制之后，危机管理就由响应阶段过渡到恢复阶段。危机恢复不仅要恢复受灾基础设施，实现社会生产生活秩序的复原，而且要以恢复重建为契机提升社会抵御风险的水平。危机救助在恢复阶段继续帮助灾民解决生活困境，同时也为危机恢复提供物质支持，共同为实现地区的灾后恢复发展而服务。

第一节 公共危机救助

在南宋时期，我国出现了第一部论述救荒的著作，即南宋名臣董煟撰写的《救荒活民书》，该书阐述了各种灾荒救助的措施和实践经验，总结了历代救荒赈灾政策的利弊得失。古往今来，"救助"理念不断继承发展，现今已成为公共危机管理中不可缺失的重要内容。

一、公共危机救助的概念和特征

（一）公共危机救助的概念

危机救助自我国古代以来就得到了政府的重视，尤其体现在灾害年间政府颁布的救济灾荒的法令、政策与制度上，即"荒政"。中国古代最早记载"荒政"的是先秦时期《周礼》中的"荒政十二策"："以荒政十有二聚万民（防止百姓离散）：一曰散利（发放救济物资），二曰薄征（减少赋税），三曰缓刑（用刑要轻缓），四曰弛力（放宽力役），五曰舍禁（取消山泽的禁令），六曰去几（停收关市之税），七曰眚礼（省去吉礼的礼数），八曰杀哀（省去凶礼的礼数），九曰蕃乐（收藏乐器，停止演奏），十曰多婚，十有一曰索鬼神（向鬼神祈祷），十有二曰除盗贼。"这是我国历史上首次提出的较为系统的救灾政策，从礼仪祭祀和政治经济行为等多方面阐述了救济灾荒的手段，为中华民族治理自然灾害等公共危机留下了一笔极为珍贵的文化遗产。时至今日，危机救助已被广泛运用于各类公共危机事件的应对处置工作中。

因与灾害危机、救灾救助相关联的概念繁多且存在交叉使用的现象，至今学术界对危机救助的定义尚未形成统一表述，但将危机救助所涉及的运作时期、救助主体、救助对象、救助内容、救助目标等要素①分解开来，不难发现和厘清其概念的内涵和外延。第一，危机救助的适用时期是社会发展的非常态期，即突发事件导致社会秩序和功能被破坏的时期，具体而言，危机救助开始于公共危机管理的危机中阶段，结束于危机后阶段。第二，危机救助的主体是多元化的，政府是主导者，各类企业、组织和个体志愿者等社会力量是协同者。第三，危机救助的对象是因自然灾害、事故灾难、公共卫生事件和社会安全事件等受到负面影响的受灾人群。第四，危机救助的内容可分为物质救助和心理救助，保障灾民生理和心理的安全与健康。第五，危机救助的目标是保障灾民的基本生活需求，并为进一步的危机恢复提供资源支持。所以，公共危机救助是指在危机已经发生或发生后的环境中，国家和社会对受到公共危机负面影响的受灾群体给予物质和精神援助，保障其基本生活需求的救助活动。

（二）公共危机救助的特征

（1）临时保障性。相比于社会运作常态期为公民提供更好生活水平的社会保险及社会福利等，危机救助适用于社会运作的非常态期，以临时救助为主，其首要目标是尽可能地降低危机导致的人员伤亡和经济损失，为受灾群体提供基本生活水平保障。

（2）社会公益性。区别于公民需要缴纳一定费用才能享受保障待遇的社会保险制度，以及一些国家收取廉价费用的社会福利制度，在危机救助中国家和社会对于受灾群体的援助是无条件的、非营利的，危机救助的对象在接受外界帮助时，是无须付出资金成本和承担风险的。②这种公益性也是危机救助的鲜明特点。

（3）救助多样性。一是救助内容多、覆盖面广，从物质和精神两大方面为受灾群体提供生活保障。二是救助参与主体多，政府是危机救助义务的最主要承担者，但也不乏慈善机构、国际组织、私人单位和个人向受灾群体伸出援助之手。三是救助方式的多样性，主要有货币救助、实物救助与服务救助三类。

（4）救助科学性。危机救助要遵守科学救助的原则，既要掌握灾害的科学规律，又要在科学应急和科学施救的规律指导下开展工作。同时，还要符合国家应急体系的要求和法律法规的设定，在能力范围内开展有效救助。

（5）救助时效性。危机的发生和发展过程始终处于不断的变化之中，往往会伴随次生和衍生灾害的发生，其突发性和不确定性决定了救助行动的时效性。一方面，遭受巨大财产安全损失的灾民急需救助以满足基本生活需要，避免发生过多人员伤亡。另一方面，及时的危机救助能够安抚群众情绪，消除社会恐慌，避免引发舆论危机。

---

① 陶鹏. 突发事件社会救助概念辨析与制度检视[J]. 学海, 2020（3）：80-86.
② 朱泉膺, 涂梦莹. 公共危机事件救助中的政府角色[J]. 重庆社会科学, 2010（3）：57-61.

二、我国公共危机救助的法律法规

公共危机救助要依据相关的法律法规来开展。我国公共危机救助法律法规的构成包括法律、行政法规及部门规章、地方性法规及地方政府规章等。在实际应用过程中,可将危机救助的法律法规分为两类:一是普遍适用型,是指能够直接指导所有的危机救助工作开展的法律法规;二是专项应对型,是指针对不同类别突发事件及其所引发的公共危机进行救助的法律法规,能够成为危机救助的直接法律依据。[①]需要注意的是,在危机管理过程中,危机救助往往与应急响应同步开始且并行运作,因此部分法律法规并未将危机救助从应急管理中分离开来,而是为危机救助和应急管理提供综合性指导与规范。

(一)普遍适用型

我国制定的第一部规范应对各类突发事件的法律是《突发事件应对法》。该法的制定目的是预防和减少突发事件的发生,控制、减轻和消除突发事件引起的严重社会危害,规范突发事件应对活动,保护人民生命财产安全,维护国家安全、公共安全、环境安全和社会秩序。其中,全面且明确地对突发事件的预防与应急准备、监测与预警、应急处置与救援、事后恢复与重建等应对活动做出了详细规定,为公共危机救助活动的开展提供了指导思路和具体法律依据。

《国家突发公共事件总体应急预案》针对涉及跨省级行政区划的,或超出事发地省级人民政府处置能力的特别重大突发公共事件应对工作做出了规定,明确了各类突发公共事件的分类分级和预案框架体系,规定了应对重大突发公共事件的组织体系、运行机制和监督管理等内容。

《中华人民共和国公益事业捐赠法》《中华人民共和国慈善法》《救灾捐赠管理办法》等均为救助灾害、扶贫济困的捐赠活动做出了规定,明确了危机救助中捐赠主体和客体的适用范围,为危机救助中全社会的物质和服务参与行为提供了法律规范。

(二)专项应对型

1. 自然灾害类

《自然灾害救助条例》旨在规范自然灾害救助工作,保障受灾人员的基本生活。其中对救助准备、应急救助、灾后救助、救助款物管理等内容做出了详细规定,为应对自然灾害而进行的救助工作提供了行为办法和直接法律依据。《国家自然灾害救助应急预案》旨在建立健全应对突发重大自然灾害紧急救助体系和运行机制,规范紧急救助行为,提高紧急救助能力,迅速、有序、高效地实施紧急救助,最大限度地减少人民群众的生命和财产损失,维护灾区社会稳定。其中对组织指挥体系、灾害预警响应、信息报告和发布、国家应急响应、灾后救助与恢复重建、保障措施等进行了规范和完善。

---

① 唐钧. 紧急救助 [M]. 北京:中国人民大学出版社,2009:29.

2. 事故灾难类

《中华人民共和国安全生产法》旨在加强安全生产工作，防止和减少生产安全事故，保障人民群众的生命财产安全，促进经济社会持续健康发展，其中第五章针对生产安全事故的应急救援与调查处理做出了详细规定。《生产安全事故应急条例》明确了生产安全事故中救援程序、救援措施、后勤保障、调用征用财产等行为准则，为事故类危机救助提供了法律依据。

3. 公共卫生事件类

《突发公共卫生事件应急条例》旨在有效预防、及时控制和消除突发公共卫生事件的危害，保障公众的身体健康与生命安全，维护正常的社会秩序。该条例对预防与应急准备、报告与信息发布、应急处理等做出了规定，为公共卫生事件类的危机救助如何提供卫生服务、保护受灾群体健康权益提供了标准化依据。

4. 社会安全事件类

因社会安全事件涉及领域广、内容多，与之相关的法律法规多专注于某一特定领域，如《中华人民共和国集会游行示威法》《中华人民共和国枪支管理法》等，较少对危机救助做出专门规定。因此，社会安全事件中的危机救助可参照普遍适用型法律法规运作。

三、公共危机救灾捐赠

（一）公共危机救灾捐赠的概念和特点

1. 公共危机救灾捐赠的概念

救灾捐赠具备救灾和捐赠的双重内涵。[①]一方面，救灾捐赠隶属于慈善捐赠的范畴，是公益慈善事业的重要组成部分，具备公益性、慈善性和人道主义特征。具体表现为公共危机发生之后，个体或组织等捐赠主体出于扶贫济困等利他主义动机，自愿、无偿地捐款、捐物和捐赠服务以救助和帮扶受灾群体，捐赠行为是不追求经济利益的公益行为。另一方面，救灾捐赠不同于日常化和持续性的慈善捐赠，其目的是救灾，针对特定受灾范围内的群体进行救助，具有救急的特点。因此，救灾捐赠是指为了有效应对危机和促进危机恢复重建而自愿、无偿地捐款、捐物和捐赠服务的行为。

作为一项组织性较强的公共危机救助活动，救灾捐赠涉及应急管理、民政、交通、卫生、宣传等多个政府部门，是由募捐、接收、使用、监督等多个环节构成的系统工程[②]，其往往没有长期具体的计划，需要有效的组织和管理方式才能为危机救助提供及时和充足的物质保障。2018年机构改革后，救灾捐赠工作职责由民政部门划转至应急管理部门，救灾捐赠工作步入新的发展阶段。

[①] 徐媛媛，武晗晗. 我国救灾捐赠的政策变迁及其内在逻辑：基于间断—均衡的框架分析[J]. 中国矿业大学学报（社会科学版），2022，24（2）：75-89.
[②] 同①.

2. 公共危机救灾捐赠的特点

（1）时效性。由于公共危机本身的突发性和破坏性，受灾地区会在短时间内遭受巨大的物质财产损失，在常规状态下的社会秩序无法运行，此时进行危机救助面临大量的物资需求，因此需要在短时间内快速启动救灾捐赠程序，将社会捐赠的资金和物资及时应用到灾区救助当中。另外，部分捐赠物资本身也具有时效性，如食品、季节性衣物、医疗物资等要及时发放，避免过期。

（2）针对性。救灾捐赠应视受灾地区的具体情况对物资的募捐和分发有所侧重。一是针对受灾严重程度不同的地区和群众进行物资数量上的合理分配；二是根据受灾地区急需资源的不同进行物资类别上的合理分配；三是考虑受灾地区的人口构成、风俗习惯等综合性因素，尽量满足灾区群众的多元化需求。救灾捐赠要在符合公平公正的基础上避免一味地均等化，防范因物资发放不合理而产生矛盾和纠纷。

（3）规范性。救灾捐赠应对组织募捐的主体资格，捐赠的接收主体资格，捐赠款物的使用、发放，以及监督管理等方面进行制度规范、完善和细化。在公共危机发生后，自发性志愿者和各类受动员的社会力量可能会主动前往灾区捐款捐物和开展各种救援活动，若缺少规范管理则会导致救援道路拥堵，救援现场混乱，不利于救助活动的正常开展。另外，规范化管理有利于鉴别诈捐和虚捐行为，避免救援物资出现良莠不齐的现象。

（4）协调性。救灾捐赠涉及主体多，包括政府部门、企业、社会组织和个人等；捐赠款物用途多，包括恢复通信、交通等基础设施，解决受灾群众食物、饮水、医疗等生活保障问题；定向捐赠要求多，如大量捐赠物资过分集中于某一受灾地区或某一人群等。救灾捐赠要综合考量各方需求和整体利益，有着极高的协调性要求。

（二）公共危机救灾捐赠的体系构成

1. 公共危机救灾捐赠的利益相关者

（1）劝募人。根据《救灾捐赠管理办法》（民政部令第35号）的规定，"救灾募捐主体是指在县级以上人民政府民政部门登记的具有救灾宗旨的公募基金会"。根据《基金会管理条例》（国务院令第400号）的规定，基金会是指"利用自然人、法人或者其他组织捐赠的财产，以从事公益事业为目的，按照本条例的规定成立的非营利性法人"，其中，面向公众募捐的基金会称为公募基金会。

在公共危机发生后，由于我国是一个政府主导型的社会，因此政府在动员和组织捐赠方面发挥了无可替代的主导作用，因而我国开展救灾募捐的主体除具有救灾宗旨的公募基金会之外，实际上也包括政府有关部门。

（2）捐赠人。根据《救灾捐赠管理办法》第二条的规定，"在发生自然灾害时，救灾募捐主体开展募捐活动，以及自然人、法人或者其他组织向救灾捐赠受赠人捐赠财产，用于支援灾区、帮助灾民的，适用本办法"。因此，我国救灾捐赠中的捐赠人是指自然人、法人和其他组织。

（3）受赠人。根据《救灾捐赠管理办法》第三条的规定，救灾捐赠受赠人包括：县级以上人民政府民政部门及其委托的社会捐助接收机构；经县级以上人民政府民政部门认定的具有救灾宗旨的公益性民间组织；法律、行政法规规定的其他组织。

（4）受益人。救灾捐赠的受益人是指遭受危机损坏，并直接受益于救灾捐赠的自然人、法人和组织。

2. 公共危机救灾捐赠的环节

（1）募捐。根据《救灾捐赠管理办法》相关规定，募捐活动的组织和管理主要由政府负责，国务院民政部门负责管理全国性救灾捐赠工作，县级以上地方人民政府民政部门负责管理本行政区域内的救灾捐赠工作，同级人民政府辖区内的各系统、各部门、各单位在本系统、本部门、本单位内组织实施。以救灾为宗旨的公募基金会可以在民政部门的安排下依法开展救灾募捐活动，但在发生自然灾害时所募集的资金不得用于增加原始基金。另外，自发组织的义演、义赛、义卖等大型救灾捐赠和募捐活动，举办单位应当在活动结束后30日内，报当地政府民政部门备案。

（2）接收。县级以上人民政府民政部门负责接收救灾捐赠款物，可以根据工作需要指定社会捐助接收机构、具有救灾宗旨的公益性民间组织组织实施。乡镇人民政府、城市街道办事处受县级人民政府委托，可以组织代收本行政区域内村民、居民及驻在单位的救灾捐赠款物。救灾捐赠受赠人应当向社会公布其名称、地址、联系人、联系电话、银行账号等，在接收捐赠款物后，应当向捐赠人出具相关接收捐赠凭证。

（3）管理与使用。在救灾捐赠款物的管理方面，受赠人应当对救灾捐赠款指定账户，专项管理，对救灾捐赠物资建立分类登记表册。在救灾捐赠款物的使用方面，在尊重捐赠人意愿的基础上①，县级以上人民政府民政部门根据灾情和灾区的实际需求，统筹平衡和统一调拨分配救灾捐赠款物，并报上一级人民政府民政部门统计。具有救灾宗旨的公益性民间组织应当按照当地政府提供的灾区需求，提出分配、使用救灾捐赠款物方案，报同级人民政府民政部门备案。

救灾捐赠款物的使用范围主要包括以下几个方面：解决灾民衣、食、住、医等生活困难；紧急抢救、转移和安置灾民；灾民倒塌房屋的恢复重建；捐赠人指定的与救灾直接相关的用途；经同级人民政府批准的其他直接用于救灾方面的必要开支。

阅读材料 6-1②

美国"9·11"事件后募集了大量善款，由于捐赠数额特别巨大，红十字会决定保留一部分，以备未来之需。当时的美国红十字会首席执行官希莉博士宣布：留存2亿美元用于应对未来可能发生的恐怖袭击或其他灾难。

---

① 我国《中华人民共和国公益事业捐赠法》和《基金会管理条例》明确规定，捐赠人可以与受赠人就捐赠财产的种类、质量、数量和用途等内容订立捐赠协议。捐赠协议明确了具体使用方式的捐赠，根据捐赠协议的约定使用，不得将捐赠财产挪作他用。
② 以9·11之名[EB/O]．（2011-10-21）．https://finance.sina.com.cn/leadership/mroll/20111021/170210666973.shtml．美国红十字组织行动快过新闻报道[EB/OL]．（2011-07-28）．https://www.scf.org.cn/csjjh/n3421/n5604/n5605/u1ai252858.html．

> 这一举动引起了公众的强烈反应，媒体快速反应，大肆报道，捐赠者与受害者抨击这个计划是滥用捐赠，指责红十字会利用"9·11"事件的悲剧来实现长期筹资目标，"从寡妇和孩子手中掠夺了数千万美元"。美国红十字会因此名声受损，导致数月内筹资困难。由于负面报道和按照捐赠者意图使用捐赠的压力，红十字会很快改变了自己的立场，承诺在 2001 年内，一半的现金捐赠分发给受影响的家庭……与其他慈善组织合作，开发一个数据库，监督剩余钱款的分发。希莉博士辞去领导职务。
>
> 美国红十字会反思：捐赠的使用必须遵从捐赠者的意愿，确保慈善组织的目标与公众的意见是一致的。

（4）监督。救灾捐赠的监督包括以下几种形式：一是受赠人自我监督，是指基金会内部进行的财务、会计和决策监督。二是行政监督，是指民政、监察、审计等部门对救灾捐赠款物的使用发放情况进行监督检查。三是捐赠人监督，是指捐赠人有权向受赠人查询救灾捐赠财产的使用、管理情况，并提出意见和建议。四是社会监督，是指救灾捐赠、募捐活动及款物分配、使用等情况应及时向社会公示。①

（三）公共危机救灾捐赠的模式

我国救灾捐赠最大的特点是政府始终处于主导地位，即政府主导模式。在我国救灾捐赠及管理活动中，政府，特别是民政、审计、监察、财政等政府部门占据着绝对主导的中心地位。政府作为劝募人进行募捐的发动，又作为受赠人接收捐赠，还将接收的捐赠派发给受益人，如图6-1所示。

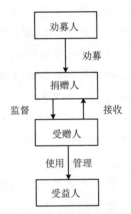

图 6-1 救灾捐赠活动过程①

《自然灾害救助条例》中规定灾害救助工作遵循的原则是"以人为本、政府主导、分级管理、社会互助、灾民自救"，但在实际工作过程中，政府包揽一切的倾向明显，对社会力量借助不够，未能很好地发挥企业、社会组织、公众等力量的有效补充作用。政府主导型模式可以使政府在救灾捐赠管理过程中汇集大量资源，统筹安排，集中力量办大事，但也会产生一些负面问题。政府主导捐赠，不仅容易将民间行为转化为政府行为，有悖于自发、自愿的捐赠要求，使政府在赈灾中的本职责任缺位，而且容易只从面上、大的需求出发，而忽视点的、小的特殊需求。救灾不仅是政府的职责，更是全社会的责任。因此，应发挥全社会的力量参与救灾捐赠，走社会化救灾道路。

（1）转变政府职能，建立政府与社会组织的合作伙伴关系。长期以来，中国政府对社会组织的管理模式较为僵化，加之社会组织有相当比例是原来政府的某个职能部门改制之后组建的，或者是官方领导或指导下成立的社会团体，例如，中华慈善总会依托于民政部、中国青少年基金会从团中央分化出来、中国人口福利基金会产生自国家人口与计划生育委员会等，对政府依赖性强，带有很强的官方色彩，自身发展不完善，在一定程度上阻

---

① 朱国玮. 救灾资金筹措与使用监管机制研究[J]. 中国行政管理，2009（3）：48-50.

碍了救灾捐赠的社会化发展。因此，需要政府转变职能，培育、规范各级各类社会组织的救灾捐赠活动，逐步减少各类社会组织的政府背景和捐赠活动的行政色彩，建立政府与社会组织的合作伙伴关系①，充分发挥社会组织在救灾捐赠中的积极作用。

（2）为社会组织参与救灾捐赠提供制度化、合法化渠道。以法律法规形式明确社会组织参与救灾捐赠的基本权利和义务，规范其参与的形式和程序、参与的范围和层次等，使社会组织参与救灾捐赠进入制度化的渠道②。在此基础上适度放开救灾捐赠募捐市场，充分发挥社会组织贴近民众、自主灵活等优势，利用民间力量组织和发动社会公众进行救灾捐赠，增加捐赠者选择的权利，有利于提高捐赠款物的使用效率，最终建立社会化的救灾捐赠工作体系。

阅读材料 6-2

中国红十字会改革③

中国红十字会于 1904 年成立，是从事人道主义工作的社会救助团体，以弘扬"人道、博爱、奉献"的红十字精神，保护人的生命和健康，促进人类和平进步事业为宗旨，是国际红十字运动的重要成员。新中国成立之后，红十字会经改组成为"中央政府领导下的人民卫生救护团体"，隶属卫生部，成为其下辖的一个业务机构。经过了合并、撤销、复建等过程，红十字会逐渐演变成为依附或挂靠于卫生行政部门，基本没有改变政府职能部门的身份界定。

1993 年《中华人民共和国红十字会法》颁布以后，个别地区的相关领导已经认识到红十字会工作的重要性，开始单独建制，理顺其管理体制，还原其社团本色：第一，从"人民卫生救护团体"转变为"从事人道主义工作的社会救助团体"；第二，从依附、挂靠于卫生行政部门转变为单独建制，独立自主地开展工作。

1999 年 12 月 29 日，经中央编委批准，中国红十字会总会由"卫生部代管"改由国务院领导联系，其机关党的工作由中央国家机关工委领导、干部按中组部有关规定进行管理、经费列入国家机关事务管理局。

据中国红十字总会统计，截至 2010 年 9 月，全国 334 个地市级红十字会中已有 321 个完成改制，理顺率达到 96.1%；全国 2860 个县区级红十字会中有 1528 个理顺了管理体制，理顺率达到 53.4%。但自新中国成立以来红十字会严重错位的管理体制所造成的惯性和影响在很多地区已经深入社会机体的深处，不可能随着各级红十字会管理体制在组织结构上的基本理顺就立刻复位。"半理顺"现象较为突出，"已经理顺管理体制的红十字会工作开展不理想"。

2011 年，郭美美事件后，中国红十字会深陷信任危机，6—8 月公众通过慈善组织进

---

① 朱泉鹰，涂梦莹. 公共危机事件救助中的政府角色[J]. 重庆社会科学，2010（3）：57-61.
② 金锦萍. 论突发事件应对中政府与慈善组织的关系：以公益募捐主体为视角[J]. 社会保障评论，2021，5（3）：122-135.
③ 中国红十字会官网《中国红十字会九届二次理事会专题讨论理顺管理体制工作》新闻报道、《国务院公报》2012 年第 22 号等以及作者根据部分社会新闻报道整理。

行的捐赠总额为 8.4 亿元，比 3—5 月的 62.6 亿元下降 86.6%。捐款额剧降的背后是公众对慈善事业公信力的失望。为此，2012 年 7 月 10 日，国务院发布《关于促进红十字事业发展的意见》："积极推进红十字会体制机制创新"；"加大上级红十字会对下级红十字会的财务监督、业务指导、工作督查力度"；"着力打造公开透明的红十字会"；要建立健全新闻发言人制度，及时、全面、真实、准确地向社会发布相关信息，及时回应社会关切。"要建立和完善法律监督、政府监督、社会监督、自我监督相结合的综合性监督体系"；"建立健全红十字会经费审查监督制度；建立绩效考评和问责机制，严格实行责任追究。"

但上述改革并未完全解决红十字会面临的问题。2012 年成都红十字会募捐箱纸币发霉案，2012 年北京洪灾运尸费事件，2013 年百名艺术家追问所捐 8000 万元善款去向，2020 年新冠疫情中被爆截留捐赠物资、人力资源不足、办事效率低下、分配物资有争议等多项事件引起社会人员的质疑，并形成巨大的舆论风暴，说明中国红十字会的改革之路还任重道远。

四、公共危机心理救助

（一）公共危机心理救助的概念与原则

1. 公共危机心理救助的概念

公共危机的破坏性不仅直观地表现为物质财产的损失，还为受灾群众带来巨大的心理打击。[1]危机事件发生时，人们往往没有充足的心理准备，生命财产安全遭受巨大威胁，人们的心理承受极限被打破，心理平衡难以维持，进而出现一系列的心理问题，主要表现为以下几个方面[2]：一是情绪异常，如对可能再次遭受伤害的恐惧感、对自身和他人不幸遭遇的悲伤感、面对危机无能为力的无助感等[3]。二是应激障碍，在危机结束后仍然会出现创伤再体验症状，如急性应激障碍、适应性应激障碍、创伤后应激障碍等[4]。三是认知和生理功能失调，受灾者时常抱有消极的认知态度，甚至出现心跳加快、血压升高、失眠多梦等生理反应[5]。这些心理问题依靠受灾者自身调节无法彻底解决，这时就需要专业性心理救助的及时参与。因此，心理救助是公共危机救助中必不可少的重要一环。[6]

公共危机心理救助是指公共危机发生后，对处于负面心理状态下的个体，通过专业性的心理干预和疏导手段，引导其恢复或重建心理平衡状态的一系列活动。公共危机心理救

---

[1] 戴健林. 论公共危机管理中的社会心理调控[J]. 华南师范大学学报（社会科学版），2006（3）：117-122.

[2] 刘正奎，刘悦，王日出. 突发人为灾难后的心理危机干预与援助[J]. 中国科学院院刊，2017，32（2）：166-174.

[3] SANTIAGO P N, et al. A systematic review of PTSD prevalence and trajectories in DSM-5 defined trauma exposed populations: intentional and non-intentional traumatic events[J]. PLOS ONE, 2017,8(4):1-5.

[4] BROMET E J. Mental health consequences of the Chernobyl disaster[J]. Journal of Radiological Protection, 2012, 32(1): 71.

[5] NORTH C S, PFEFFERBAUM B. Mental health response to community disasters: a systematic review[J].Jama the Journal of the American Medical Association, 2013, 310(5):507-518.

[6] 刘正奎，刘悦，王日出. 突发人为灾难后的心理危机干预与援助[J]. 中国科学院院刊，2017，32（2）：166-174.

助区别于心理问题的辅导和精神疾病的治疗,其应用场景具备特殊性,是在公共危机管理期间针对受灾者和救援者等特殊群体而实施的救助活动。心理救助的目的是帮助受灾者缓解负面情绪,避免出现不良应激行为,恢复心理健康状态,提高心理抗压能力,在心理上有所成长。

2. 公共危机心理救助的原则

(1) 生命至上原则。实施心理救助的前提是保障受灾者的生命安全,只有在受灾者的生命还存活的情况下,才能进一步关注其心理状况,心理救助才有实际意义。因此,在紧急情况发生之初不宜进行过多的心理干预活动,应首先保护受灾者快速撤离危机现场,转移到安全的地方,尽一切努力抢救伤员,最大限度地减少伤亡,同时还要注意救援人员自身的安全。在确保生命安全之后,再续以心理救助,使生命和心理救助完美相融。

(2) 预防控制原则。灾后及时的心理救助固然有效,但防患大于治疗,政府应加强人们的危机意识,普及心理健康的知识,将心理教育纳入媒体宣传和学校教育,使社会大众了解并掌握基础的心理干预方法,提高心理韧性,从而在危机事件发生时,受灾者可以初步缓解自身心理不适情况。灾后及时普遍性地控制心理问题在受灾人群中的蔓延,把握住心理救助的最佳时机,有利于社会心理的稳定,减轻心理救助工作的负担。

(3) 科学救助原则。心理救助要以科学的方法为指导,不能等同于简单的同情和安慰等人文关怀的方法,错误的心理救助策略可能会加重灾区人民的心理创伤,引发负面社会情绪,不利于长期心理救助活动和后续危机管理活动的开展。因此,要参考国内外优秀的心理干预技术,培育专业化的心理救助队伍,在政府部门的统一指导下,制定科学性和专业化的心理救助策略。

(4) 实事求是原则。一方面,心理救助要区分重点人群。面对同一场公共危机,由于个体性格、生活阅历、教育程度以及心理特征等的不同,受灾者的心理反应也不相同。坚强者只需要简单的心理疏导就会重新开始生活,但是脆弱者需要及时的心理干预避免日后更严重的心理障碍发生。尤其是老人、儿童、丧亲者这些特殊的群体,由于其心理和生理的特殊性,需要专门的应对方案区别对待。另一方面,心理救助应尊重当地的文化背景和风俗习惯,救助方式与当地文化相结合,创造有效的适合当地实际情况的心理救助模式。

(二) 公共危机心理救助的策略

1. 针对不同年龄段的心理救助策略

(1) 针对儿童群体,一是尽快为受灾儿童建立舒适安全的环境,让其远离灾难现场,初步建立安全感;二是有家长或专门人员陪护、关心和鼓励,使其重新建立归属感,在一定程度上满足其对家庭和爱的心理需要;三是采用科学的、能为儿童所接受的方式(如角色扮演)告诉其事实真相,并使其逐步接受现实,尽量避免欺骗策略;四是通过游戏、活动来帮助儿童宣泄恐惧等消极情感,建立积极情感,缓解心理紧张和忧虑,增强心理承受能力。

（2）针对青少年群体，一是积极倾听，以真诚的态度、科学的技巧，鼓励青少年说出真心话，引导诉说并倾听其心理感受，有助于其释放心理压抑、稳定情绪；二是帮助青少年了解并接纳灾后的负面情绪和消极态度，协助其了解灾难造成严重后果的事实，并知道需要时间来克服；三是尽快帮助受灾青少年恢复正常的生活和学习，创造良好的环境，让其和相互熟悉的同龄人尽可能多地待在一起；四是对于父母或全部亲人在灾难中罹难的青少年要加以关爱，让其感受到温暖，重新建立对生活的信心。

（3）针对成年人群体，一是引导成年人接受所面临的不幸与自身的心理反应，帮助他们寻找医生或者家人，及时减轻他们的无助感，增强安全感；二是引导成年人正确宣泄心中的情感，避免不恰当地发泄情绪；三是密切注意其情绪反应，对灾后出现应激创伤障碍或其他严重心理疾患的人，应由专业的机构和医师给予心理和药物治疗等。

2. 针对不同灾难阶段的心理救助策略

公共危机带来的心理创伤一般具备长期性的特点，处于灾难不同阶段的个体心理反应也不同。一般而言，受灾者的心理变化可分为"事发应激阶段""灾后冲击阶段""恢复重建阶段"，对此要根据不同灾难阶段受灾者的心理不适、精神创伤或情感问题，有针对性地开展相应的心理救助策略。

第一阶段是"事发应激阶段"，是心理应激反应的开始时期，一般是灾难发生的一两周内。这一阶段灾民和救灾人员最重要的任务是生存和尽可能抢救财产，并较为乐观地认为会很快回到灾害之前的情况，心理问题并不明显。人际关系体现为社会亲和力增强、社会责任感明显增强。这一阶段的心理疏导以"疏通"为主，以"外界干预+外力引导"的外部力量为主，强调生理医治和物质救灾，确保灾民身体尽快恢复健康并保障其基本生活。

第二阶段是"灾后冲击阶段"，心理应激进入抵抗期，通常是从灾后几天到几周之间。在这一阶段，受灾者的心理问题开始凸显，如果不能实施相应的心理救助，灾区民众很可能会因发现灾难中的损失、重建的诸多困难而产生强烈的失落感。这一阶段的心理疏导以"矫正"为主，"自我调适"的内部力量和"外界干预"的外部力量相结合，既要有物质救灾，也要从心理层面进行干预。

第三阶段是"恢复重建阶段"，这个阶段可能持续几个月甚至几年的时间。灾民会有持续性的重现创伤体验，反复痛苦回忆、噩梦、幻想以及相应的生理反应，如不良情绪增加、睡眠质量差等，个体具有明显的主观痛苦且社会功能受损。有些人的症状会在几个月甚至几年后出现，这种现象称作"延迟性创后应激症"。这一阶段的心理救助以"引导"为主，需要借助外部专业力量来进行"专业咨询+外部辅导"，并开展中长期的调整和心理重建。

3. 针对不同地域空间的心理救助策略

在灾难发生后，不同地域空间给人带来的负面影响不同，可以从空间上将心理救助分为"三级圈"[①]。

---

① 唐钧. 公共危机管理[M]. 北京：中国人民大学出版社，2019：184.

第一级是灾区中心的民众，主要是危机的直接承受者。他们亲身经历了生命的威胁和财产损失，受到的心理创伤最为严重。在短期内，此类民众可能出现不断回溯灾难发生情境的情况，易产生灾后压力综合症状，有必要对其进行心理筛查，实施心理干预。从中长期而言，大部分人可以恢复常态，但少数人仍可能受灾难影响难以走出阴影。对于持续出现问题的，应进行深度和持续的心理重建和创伤治疗。

第二级是灾区周边地带的民众，主要是灾难的次级灾区民众。他们体验到灾难对生命和财产的威胁，并目睹受灾情况，心理恐慌度较高，并可能担心灾难将再度袭击。对此，在短期内应稳定民众的恐慌情绪，缓解焦虑情绪。从中长期而言，对于出现灾后压力综合症状的民众应加强心理筛查和心理干预。也可以设置固定或流动的心理辅导站，发放心理自助资料，辅导民众进行心理层面的自救。

第三级是外围区，也即非灾区的群众，主要是社会大众。他们通过多种信息渠道了解灾难情况及其对灾区民众带来的伤害，通过视频、图片、文字等形式了解灾区惨状，并担心同类灾难发生在自己身上，此类民众对灾难也可能存在较高的感知、恐慌和担忧。与此同时，真实惨烈的画面可能造成长期的负面影响，甚至可能产生非理性的行为或者恐惧心理。对此，应通过多种途径及时传递信息、进行合理报道、规范媒体行为，有效引导民众从对灾难的恐惧和担忧中"超脱"，将恐惧和担忧转变为援助灾区民众、强化安全风险意识、增强自救互助能力的"正能量"。

4. 针对救援救助人员的心理救助策略

在灾难发生后，军人、警察、消防员、医护人员、志愿者等救援救助人员往往是第一批到达现场的群体，也往往是在现场时间最长的群体。为了抢救生命、降低损失，他们要在现场冒着生命危险，争分夺秒，高强度、超负荷地连续工作，在第一时间目睹灾难现场的惨烈，感受到受灾者的悲痛，这一切对他们的心理状况都有着强烈的负面影响。①

对救援救助人员进行心理救助，应遵从五项策略：一是提醒他们在救援救助过程中尽量注意保护自己，注意休息，避免过度疲劳；二是提醒他们尽可能避免感情投入，帮助他们正确认识和评价自己的负罪感和内疚感，让他们明白自己已经尽力；三是多让他们与同事、朋友及家人交流，鼓励他们讨论自己的感受，说出自己的想法，寻求支持和帮助；四是救援救助的一个阶段完成后，就要加强休息和睡眠，鼓励他们多参加户外活动和体育锻炼，多做自己感兴趣的事情；五是如果出现持续的身体和心理的不良反应，应建议他们尽快寻求专业帮助，不应拖延。

（三）当前公共危机心理救助体系存在的问题

1. 地方政府重视不足

在公共危机发生后，地方政府的注意力会集中到挽救生命和抢救财产上，在一段时间内不重视甚至忽视受灾群众的心理健康。公共危机不仅会造成人员伤亡和经济损失，也会

---

① HAMMOND J, BROOKS J. The World Trade Center Attack: Helping the helpers: the role of critical incident stress management[J]. Critical Care, 2001, 5(6):315-317.

为受灾者带来不同程度的心理创伤,虽然心理健康的损失没有办法像生命财产损失一样以直观的数据来显示,但心理创伤往往会比身体上遭受的伤害持续时间更久,影响更加深远[①]。

由于心理救助工作在我国起步较晚,导致很多地方政府和民众对心理救助工作不理解、不重视。另外,心理层面的东西存在于个体的主观感受,没有具体和统一的考核标准,工作开展难度较大,导致财政支持严重不足。很多地方政府在救助过程中受制于硬性指标的要求,忙于对房屋、道路、通信等基础设施的恢复重建,无暇顾及受灾者的心理状况,甚至会对心理救助工作产生抵触情绪。

2. 缺少专业救助团队

危机心理救助工作涉及心理学、社会学等多个学科,专业门槛较高,培养专业人才需要花费大量时间。从业人员一般需要经过一系列考试和评估后才能获得相关资格认证,进而从事心理救助工作。所以,目前我国各地心理救助专业技术人员严重不足[②]。尤其是在影响范围较广的重大危机事件中,需要接受心理救助的受灾者数量较多,只依靠心理卫生从业人员处理所有工作难免力不从心。但现阶段多数地方政府还没有建立起属地的专业心理救助团队,公共危机一旦发生,心理救助工作无法快速启动和开展,受灾者的心理需求得不到有效满足。

3. 社会组织作用欠缺

在心理救助工作中,社会组织具备贴近群众、灵活性强等特点,在帮助灾区群众解决心理问题上具有先天性的优势。但在实际的心理救助工作中,社会组织并未发挥出其应有的作用。一方面,由于心理救助工作的受重视程度较低,政府往往选择大力扶持应急救援类社会组织,心理类社会组织的成长发展缺少政府重视和资源支持[③]。另一方面,政府部门往往与社会组织联系不够紧密,社会组织之间通常也各自为政,加上没有得到统一的指挥和协同,使得心理救助类社会组织总体上比较松散,资源无法得到有效整合[④],甚至一些地区的受灾者在几天内接受来自不同社会组织的轮番心理救助,不同社会组织的心理救助方式各不相同,容易对受灾者造成二次伤害。

4. 知识宣传教育不足

心理疾病的治疗与生理疾病存在相似点,都是越早治疗越容易产生好的效果,但由于我国大多数的心理疾病患者及其家属对心理疾病的重视程度不高,没有充分认识到心理创伤带来的危害,导致公共危机受灾者无法及时发现自身的心理问题并寻求救助,这与心理健康知识的宣传教育不到位有直接的关系。地方政府应加强心理健康知识的宣传和普及,要重点关注失独老人、留守儿童以及工作压力较大的职业从业人员等特殊群体,提高心理危机易感人群的自我调节和应对能力,为灾后心理救助做好日常铺垫和准备工作。

---

① 曹蓉,刘奕. 应急管理心理干预的政府角色探析[J]. 中国行政管理,2013(2):36-39.
② 同①.
③ 张勤,俞红霞,李翎枝. 重大风险救灾中的志愿服务心理救助能力研究[J]. 中国行政管理,2018(7):128-133.
④ 于冬青,胡秀杰. 灾害心理救助队伍建设的思考[J]. 东北师大学报(哲学社会科学版),2011(4):181-184.

（四）建立多元协同的公共危机心理救助体系

1. 地方政府发挥主导作用

心理救助工作对于救助队伍的专业性要求较高，需要具备专业从业资格的人员进行操作，而且一旦处理不当，很容易对灾民造成二次伤害。而社会心理救助队伍资质良莠不齐，应该由政府主导，进行统一规划、管理和监督[1]。

在灾难发生后，可能有来自四面八方的心理救助队伍涌入，互相之间缺乏沟通和协调，容易出现混乱。作为地方政府，要建立负责心理救助工作的专职机构，对来自不同组织的心理救助队伍进行统一管理和控制，指定统一的工作标准，对来自社会组织的心理救助队伍进行资质认证，让专业人员在统一指挥下有序地开展工作。例如组建由卫生、民政等相关部门的专家组成的危机心理救助协调小组[2]，负责制订心理救助工作方案，明确各部门的相关职责，在各级政府应急办常设办公室。在危机事件发生后，由熟悉情况的地方政府进行组织和协调，保证心理救助工作科学有序地进行。

2. 地方心理救助团队发挥主力作用

由于公共危机造成的心理问题一般会有很长的间歇期，因此心理救助是一项需要长期坚持的工作。外来的心理救助团队受制于资金等条件，只能在危机发生较短时间内提供帮助。因此，在实际的心理救助工作中需要地方心理救助团队发挥主力作用，才能保证心理救助的持续性。

地方心理救助团队应包括以下四类人员，分别在心理救助工作中承担不同的职责：一是心理学专家和精神卫生工作人员，这些人主要负责参与心理危机干预决策，制订符合当地实际情况的心理危机干预方案。二是能够参与危机事件后心理救助的专业人员，就是通过培训、考试，具有专业从业资质并有一定相关工作经验的人员，主要由这一层级的人员直接进行心理救助。三是接受过一定培训，有一定心理学知识的人员，这些人员可以接听热线和进行社区心理卫生服务。四是普通志愿者，负责发放问卷，收集数据和做一些基层心理状况调查工作。

3. 社会组织发挥协助作用

地方政府是危机心理救助工作的主导者，社会组织则凭借其自身的服务性、非营利性、自愿性等特点，应在危机心理救助中发挥不可或缺的协助作用。第一，地方政府应扶持民间心理咨询和心理救助专业组织的发展，鼓励建立长期从事心理学相关研究和实践的社会组织，培训并建立志愿者人才库，为心理救助工作搭建社会支持平台。第二，地方政府在危机心理救助工作中要重视与社会组织的合作，积极引导和整合相同功能社会组织的力量，提高效率，避免资源浪费和重复工作。第三，社会组织在提供心理救助的人力资源、理论研究和技术保障等方面积极与地方政府配合，建立双方统一协调、联合互助的心理救助长效机制。

---

[1] 刘正奎，吴坎坎，张侃. 我国重大自然灾害后心理援助的探索与挑战[J]. 中国软科学，2011（5）：56-64.
[2] 朱泉鹰，涂梦莹. 公共危机事件救助中的政府角色[J]. 重庆社会科学，2010（3）：57-61.

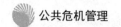

4. 宣传教育发挥引导作用

在宣传方面，地方政府要创新方式方法，积极利用新媒体平台普及心理救助知识，在社区和村镇定期举办心理健康主题讲座等，落足基层，扩大宣传覆盖面，引起社会公众对于心理健康的重视，提高心理韧性。在教育方面，教育部门应在中小学及各大院校开设心理学课程，讲解心理救助的工作原理和工作内容，引导社会公众真正接受和认可心理救助工作。

第二节 公共危机恢复

2020 年 8 月，我国多地发生汛情，习近平总书记对进一步做好防汛救灾工作做出重要指示，指出"各地区各有关部门要在抓好防汛救灾各项工作的同时，精心谋划灾后重建，尽快恢复生产生活秩序"。在公共危机发生之后，如何将受到危机破坏的自然环境、基础设施、社会秩序和个体心理等恢复到正常状态，将危机对整个社会层面的影响降到最低程度，从而在未来获得整个社会的长效发展，是公共危机恢复阶段需要了解和探讨的重要问题。

一、公共危机恢复的概念与原则

（一）公共危机恢复的概念

"危机恢复"一词早期较多地出现在经济学领域的相关文献中，代指企业在遭遇金融危机事件后进行的危机管理工作。有关公共危机恢复的概念界定研究中，西方学者大都强调围绕社区开展恢复工作。英国内政部（Home Office）在《应急管理恢复指南》中指出：公共危机恢复是在危机发生后的社区复原和重建过程。美国国土安全部（DHS）2008 年发布的《国家反应框架》中认为，在公共危机恢复的范畴内，就是采取行动使社区、个体、国家回到正常状态。新西兰民防和应急管理部的研究认为，在危机发生后，恢复是短期和中长期对社区整体有效再造的各种努力和过程的协调[1]。

从中国的语境来看，"恢复"本身在词典中的含义就是变成原来的样子，把失去的收回来。国内部分学者将危机恢复具体化为危机得到有效控制后，为了恢复正常的状态和秩序所进行的各种善后工作[2]。综合上述对危机恢复的不同界定，我们认为，危机恢复是公共危机事后管理的重要环节，是在突发事件应急处置结束之后，推动受灾地区的复原和重建工作，使其基础设施、社会秩序、社会心理等恢复到正常状态，并获得长远发展的过程。由此，也进一步说明，公共危机恢复包括两个方面：一是重建；二是发展。重建是消

---

[1] NORMAN S. New Zealand's holistic framework for disaster recovery[J]. The Australian Journal of Emergency Management, 2006, 21（4）：16-20.
[2] 张成福. 公共危机管理：全面整合的模式与中国的战略选择[J]. 中国行政管理，2003（7）：6-11.

除危机对受灾地区造成的不良影响,通过对基础设施等的恢复重建工作,使社会生产生活秩序恢复常态;发展则是在危机恢复过程中,抓住发展机遇,进行经济社会调整,减少未来社会面临的风险,以谋求未来更好的发展。

(二)公共危机恢复的原则

1. 以人为本的原则

风险的社会分布是不均衡的。同时,受损对象脆弱性的差异,也使得不同地区、不同人群的受损情况存在差异。危机恢复工作要坚持以人为本[①],一方面要关注弱势群体,对于老人、儿童、残疾人等以及重灾区和需要异地安置的群众要重点救助,最大限度地减少他们的损失,帮助其尽快恢复正常的生产生活秩序;另一方面,在统筹规划的基础上,也要充分考虑受灾群众的迫切需求,将城乡居民住房、学校、医院等重要基础设施的重建工作放在首位。

2. 统筹兼顾的原则

危机恢复工作需要来自多方力量(如交通、消防、医疗、通信、民政以及社会组织、企业等)的共同参与,需要政府部门进行统一协调,整体规划,才能保证灾区恢复重建工作有条不紊地进行。同时,危机恢复工作还要考虑中心地区和周边地区的关系、中央和地方的关系、恢复的成本和效益之间的关系、统筹兼顾短期恢复性重建和长期发展性重建之间的关系、统筹兼顾快速恢复重建与高质量恢复重建之间的关系、统筹兼顾经济社会发展与生态环境资源保护的关系。在政府相关部门的统一领导下,稳步推进危机恢复重建工作。

3. 公开公正的原则

公开公正是推进危机恢复工作的必然原则。危机过后,灾区恢复重建需要大量人力、物力和财力的投入,重建规划和资金的使用也受到社会公众的重点关注,必须做到公正、公开、透明,才能让社会公众信服,才能更好地凝聚社会力量形成合力,把灾后重建工作做好。一方面,地方政府要将灾区恢复重建计划、重建进度、资金使用和物资分配情况等及时通过政务网站向社会公众公布,接受有关部门和社会公众的监督;另一方面,在救灾物资与重建资金分配上要综合考虑地方受灾程度和受灾群体的自救能力,合理分配救灾和重建资源,避免出现资源分配不公的情况。

4. 广泛参与的原则

在我国当前的危机恢复工作中,政府起主导作用。但由于公共危机影响的广泛性,仅靠政府单一力量难以全面消除公共危机的不良影响,推进灾区的恢复重建,需要依赖整个社会力量的广泛参与。因此,在危机恢复的过程中,政府要广泛开展社会动员,一方面要充分发挥灾区群众在恢复重建工作中的重要作用,鼓励灾区群众和企业积极开展生产自救,自力更生;另一方面也要重视社会保险、商业保险等社会化补偿机制的启动,重视社会帮扶,避免

---

① 游志斌. 公共安全危机的恢复管理研究[J]. 中国公共安全(学术版),2008(1):79-84.

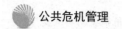

单纯依赖政府财政救助的倾向，实现灾区恢复工作自力更生与国家扶持有效结合。

5. 依法重建的原则

我国一直以来倡导依法治国，在危机恢复的管理过程中也是如此，应注重灾害危机管理和灾后恢复重建的制度建设，成立专门的灾后恢复重建工作小组，指导灾区恢复重建工作，按照相关制度规定，对灾区恢复重建规划进行审批，对灾区恢复重建工作进行监督，对灾后恢复重建工程进行验收，确保灾后恢复重建工作有力、有序、有效地开展。

二、公共危机恢复的类型

根据不同的划分标准，可以将公共危机划分为几种不同的类型。依据时间维度，可将公共危机恢复分为短期恢复和长期恢复；依据内容维度，可将公共危机恢复分为经济恢复、社会恢复、生态恢复和心理恢复四类，如表 6-1 所示。

表 6-1　公共危机恢复的主要类型

划 分 标 准	类　　　型
时间维度	短期恢复、长期恢复
内容维度	经济恢复、社会恢复、生态恢复、心理恢复

资料来源：根据已有文献资料整理。

（一）时间维度的类型划分

在危机发生之后，参与恢复工作的主体不仅面临着短期内解决灾民生活困难，及时恢复关键基础设施等紧急任务，还同时面临着促进经济发展、环境修复、社会心理健康恢复等长期任务。由此危机恢复工作包括短期恢复和长期恢复两部分内容。

短期恢复是应急管理的部分功能体现，往往在灾后的几天内要求政府做出响应和展开危机恢复工作，以尽可能地为危机救援工作提供保障，降低人员的伤亡和财产的损失程度，使重要的生活支持系统恢复到基本运行标准，主要包括以下内容。

（1）现场的警戒与安全。政府对受灾地区的应急救援结束后，还需要继续保证警惕，隔离危机发生现场并保证其场地的安全情况，防止再次发生灾害。善后工作人员应该用颜色鲜艳的彩带或者其他设施对事故现场进行隔离，对过往不知情群众起到警示作用。同时，保安人员也应该采取一定的安全措施，发放个人防护设备，防止无关人员的进入。

（2）提供住房、服装和食物等临时安置场所和生活物资。在受灾群众安置工作方面，需要确保受灾群众有饭吃、有衣穿、有清洁的水喝、有病能医治、有临时的安置房居住。

（3）关键基础设施的修复。基础设施的恢复重建主要涉及交通、通信、水利、能源以及行政公用设施等方面，最重要的是恢复各项设施的基本功能。基础设施恢复工作要坚持实事求是的原则，根据当地的具体地质地理条件和城乡分布合理调整布局，与当地经济社会发展规划、城乡建设规划、土地利用规划相衔接，远近结合，合理确定建设标准，增强安全保障能力。

（4）危机紧急调查。危机紧急调查主要集中在危机是如何发生以及为何发生等方面。其目的是找出操作程序、工作环境或安全管理中需要改进的地方，以避免危机再次发生。一般情况下，调查小组要在其危机调查报告中详细记录调查结果和建议。

（5）损失状况初步评估和制订恢复工作计划。损失状况初步评估主要集中在危机后如何修复的问题上，但制订的恢复工作计划期限较短。一般委派一个专门小组来执行评估任务，组员包括工程、财务、采购和维修人员。只有在完成损坏评估和确定恢复优先顺序后，才可以制订相应的恢复计划，等待下一步落实。

（6）动员社会资源。政府作为危机恢复主体，应积极调动非政府组织和社会各界人士的力量，鼓励其捐赠爱心物资并对捐赠物资实施基本的管理，做好捐赠物资的登记和发放。同时，政府也要号召和发动其他社会成员参与灾害援助项目。

在危机情况得到基本的控制后，长期恢复工作就需要逐步提上日程。长期恢复工作体现了对经济社会长远发展目标的追求，并非一朝一夕就能完成，可能持续数月，甚至在灾后几年内才能得到一定的效果反馈。长期恢复工作主要包括以下内容。

（1）心理恢复和安抚。公共危机的发生会给受灾群体造成一定的心理创伤，需要重视心理救援与灾后心理康复工作，对受灾人群提供心理援助和社会性的支持，以帮助他们恢复到正常的健康水平。心理恢复是一个持续性的过程，需要长期关注和投入，建立具有长效性的心理康复机制。

（2）经济恢复与发展。以市场需求为导向，以资源环境承载能力、产业政策和就业需要为依据，制订灾区经济复兴计划，合理安排灾后经济秩序的重建。在重建过程中要借机积极促进经济结构的升级、转变经济增长方式，使危机变为发展机遇。

（3）制度反思与改进。通过对灾后恢复重建工作的总结、评估，全面梳理工作流程和规划中的问题与薄弱环节，借鉴先进经验，反思工作教训，对现有的灾后恢复程序和制度进行修订与改进，不断提高防范危机灾害和重大风险的能力。

（4）防灾减灾和生态修复。在危机恢复过程中还要重视未来的防灾减灾和自然生态环境保护。将灾后恢复重建与风险减缓有效结合，通过提高基础设施的抗风险标准，加强风险隐患排查，建设灾害监测预警信息化工程等，建立健全受灾地区的防灾减灾体系。同时，在恢复过程中要加强生态保护和环境治理，修复受到灾害破坏的自然生态环境，促进人口、资源、环境协调发展。

（二）内容维度的类型划分

1. 经济恢复

公共危机对社会经济的影响巨大，2008年汶川地震造成直接经济损失高达8451.4亿元[①]，这还不包括间接造成的环境、文物等损失。而世界卫生组织针对新型冠状病毒感染的报告显示，到2021年年底新冠疫情给世界带来了十万亿美元的损失[②]。因此，灾

---

① 汶川地震直接经济损失8451亿元[EB/OL].（2008-09-05）. http://www.npc.gov.cn/zgrdw/npc/zt/2008-09/05/content_1448390.htm.
② 世卫：新冠疫情造成经济损失将达10万亿美元[EB/OL].（2021-05-13）. https://baijiahao.baidu.com/s?id=1699615327639227048&wfr=spider&for=pc.

后经济恢复工作在公共危机管理中具有举足轻重的作用,直接影响着灾区群众的生计、生活和社会稳定。

经济恢复不仅强调消除灾害影响,恢复灾前的经济水平,更重视灾前减少经济损失,灾后降低对未来灾害的脆弱性和暴露度,促进经济和社会繁荣可持续发展。具体来说,对于受灾个体和家庭,可以通过政府财政救助和社会帮扶,弥补灾害损失,获取就业机会,恢复生计,甚至寻求更好的发展机会;对其受灾企业,尤其是小微企业,要充分借助国家政府的灾后重建专项信用贷款支持政策,以及退税缓税、缓缴社会保险费等扶持措施,推动自身恢复正常的生产经营,甚至实现产业转型升级,向高端化、智能化、绿色化改造等,带动地区经济快速恢复发展;对于政府相关部门,则要进一步稳定好预期,做好宏观调控工作,实施更加积极的财政政策,刺激消费者扩大消费,同时实施偏宽松的货币政策,继续降低企业实际融资成本,帮助其渡过经营难关等。

2. 社会恢复

危机的爆发使人类的生命结构、社会关系结构、社会角色结构、社会地位结构都出现了不同程度的紊乱。恢复已被扰乱的旧秩序且建立新的社会秩序显得格外重要。在对整个社会展开危机恢复活动的过程中,需要强调以下几个方面的问题:一是政府应该及时、有效、全程干预社会秩序,承担起化解社会危机的重要责任;二是加强现阶段对危机潜伏的监测和预警,及时修补现有秩序的防御功能,防范次生和衍生危机的出现;三是加强危机善后阶段社会秩序的恢复和重构,重新发挥社会秩序的长久保障功能,并保证新恢复和重建的社会秩序符合原有社会文化的要求。

3. 生态恢复

公共危机,尤其是自然灾害和公共卫生事件,通常会对自然生态环境造成一定的损害。因此,在危机恢复过程中,不仅要注重社会秩序的复原,还要关注自然生态环境的恢复问题。针对灾后生态环境的恢复,一方面要加强对自然生态环境的监测,及时发现受损情况,明确受损类型和严重程度;另一方面,要在受干扰破坏的生态系统的基础上,对原有脆弱受损的自然生态进行修复,恢复和重新建立一个具有自我恢复能力的健康的生态系统。同时,重建和恢复的生态系统在合理的人为调控下,既能为自然服务,长期维持在良性状态,又能为人类社会、经济服务,长期提供资源的可持续利用,即服务于包括人在内的整个自然界和人类社会。

4. 心理恢复

重大灾难事件往往具有突发、难以预测、危害严重等特点,会导致受灾群体产生不同程度的情绪、生理、认知、行为异常等应激反应,需要政府相关部门在危机恢复重建过程中关注这部分群体的心理健康和恢复,开展心理援助工作,如组建专业的心理危机干预团队、提供多样的心理咨询渠道、制订长期心理恢复计划、培养和提高灾区民众的心理咨询意识等。同时,由于高强度的工作压力,参与救援的医生、消防武警、政府行政人员等也极有可能出现心理问题。心理恢复工作也需要积极关注这部分群体的心理问题,并组织进行专业的心理干预,避免出现心理和行为障碍,影响危机救助和灾后恢复工作的开展,乃至社会和谐稳定。

三、公共危机恢复的主要阶段与管理过程

（一）公共危机恢复的主要阶段

我国的公共危机恢复工作主要是自上而下纵向开展的①，会成立专门的灾后恢复重建领导小组负责组织、推进灾区的恢复重建工作。公共危机恢复主要包括安置人员—复原社会—重建更替—发展完善四个阶段。

1. 安置人员阶段

第一个阶段是紧急安置受灾人员和积极实行救助的阶段，它的持续时间一般是几天到几周，包括突发事件行动预案实施的应对时期。这个过程是对遭到突发事件破坏的服务设施和现场按照预案进行复原，对受到影响的组织或者个人实施救援，对于安置屋、临时救助站、临时生活区等进行修建，对于伤亡人员抓紧时间进行搜救的过程。

2. 复原社会阶段

第二个阶段是在应急处置结束后，对整个社会进行复原的阶段，这一时期需要清除灾害产生的废墟，复原公用设施、公共秩序、居民房屋、企业工厂、商铺、工业用基础设施，以及社会生存所必需的水电气、网络、通信等基本服务，确保整个社会公共服务的正常提供，保证社会秩序的基本正常运转。

3. 重建更替阶段

第三个阶段是重建更替阶段，这个阶段的首要任务是使经济恢复到灾前的水平，对住房设施进行全面修复，全面整合交通设施，重建商业设施和工业建筑，推动社会经济逐步稳定。除此之外，此阶段还包括各方面社会关系的重建。

4. 发展完善阶段

第四个阶段是发展完善阶段，其主要任务是通过重建改善当地的生活环境，促进受灾地区的地方发展，主要包括促进当地经济增长，增加防灾、减灾设施，做好灾后经验总结，灾后公众防灾意识宣传教育，等等。通过总结危机管理和恢复重建的经验教训，寻找新的机会，实现全面发展。

（二）公共危机恢复的管理过程

1. 成立危机恢复的领导机构

在危机应急处置结束后，公共危机管理的工作就进入了恢复重建阶段，以尽快恢复基本的生产生活秩序。在公共危机恢复管理的过程中，首先要成立危机恢复重建的领导小组，负责对致灾因子和受灾地区损失进行全面评估，确定恢复目标，制订针对性的灾后恢复重建计划，组织和监督灾后恢复重建计划的实施，等等，确保受灾地区恢复重建工作能

---

① 王宏伟. 公共危机管理概论[M]. 2版. 北京：中国人民大学出版社，2021：157.

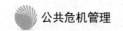

够有序开展和落实。

2. 确定需要恢复的所有可能对象并进行排序

危机造成的损害不仅包括那些显而易见的物质损失，还包括社会心理等损害。为有针对性地制订恢复计划，危机恢复重建领导小组需要根据收集到的信息，首先对危机造成的损失进行科学、全面、客观的评估，以了解和确定所有可能的恢复对象和受损程度，如损毁的房屋、道路、农田、生态环境、心理创伤等，为后续制订恢复计划提供依据。同时，公共部门在特定时间和空间内，受到资源、环境等方面因素的制约，其恢复能力往往受到一定的限制，因此需要分清恢复对象的优先次序，分步实施，突出重点。例如，对于危机救援和生产生活恢复十分重要的"生命线"系统，以及关系受灾群众生存和生活的居民住房、学校、医院等重要基础设施的重建都应该放在首位，而对于经济发展、环境修复、心理救助等则可根据受灾情况和经济社会发展需要逐步推进。

3. 确定恢复目标

根据损失评估报告和本地的重建能力，确定受灾地区未来恢复重建工作的整体目标，以为后续恢复重建工作组织人力、物力和财力资源提供依据，并有助于明确主要工作任务，整合凝聚恢复重建各方力量，推进恢复重建工作高效完成。

4. 制订恢复计划

通过灾损评估确定危机恢复的目标和对象后，危机恢复重建领导小组需要根据受损情况、实际需要以及可利用的资源等制订灾区恢复重建计划，以指导重建工作的有序开展，确定工作重点，明确工作任务，加快恢复进程。恢复重建计划通常包括：危机恢复重建的目标，重建的对象及其重要性和选择理由，各重建对象的物资和人员配置，危机恢复重建人员的补偿和激励，危机恢复重建的预算，以及重建工作中个人与团队之间的协同和沟通政策。①

5. 落实恢复计划

在危机恢复重建计划的指导下，由危机恢复重建领导小组统一指挥和监督，各相关部门应该迅速、全面展开恢复重建工作。恢复重建工作过程一般包括以下内容：第一，恢复准备。按照恢复计划，准备好恢复所需的人力、物力和财力资源，危机管理部门与各相关机构保持动态联系。第二，统筹协调。恢复阶段任务繁重，参与力量众多，危机管理部门需要加强统一管理和指挥，促进各参与部门和人员的协调与合作。第三，资源和信息管理。危机管理部门在对灾情和恢复需求进行全面评估的基础上，要保证恢复资源的充足供给和合理分配，同时对恢复重建的计划、程序以及重建进度和资金使用情况要及时向社会公众通报，保持公共信息的及时更新。

---

① 张小明. 公共危机事后恢复重建的内容与措施研究[J]. 北京科技大学学报（社会科学版），2013，29（2）：114-120.

6. 验收和评估恢复工作

在恢复重建工作结束后,还要对恢复重建的成果进行全面的检验和评估,一方面检验恢复重建工作是否实现了预期的目标,达到了验收标准;另一方面,总结恢复重建工作的经验教训,进一步提升公共危机的预防和处置能力。在评估过程中,要遵循客观、准确和实效的原则,采用数据分析方法和实地调查法,对领导机构、恢复计划、形象管理、应对措施和预警系统等方面进行全面的调查反馈。

四、公共危机恢复的措施与存在的问题

(一)公共危机恢复的具体措施

1. 妥善安置灾民

危机恢复阶段首先需要解决一个重要问题,就是灾区群众的生活安置问题。一方面,在受灾后的短时间内要为受灾群众提供安全的避难场所和临时安置地,解决灾民衣食住行等基本生活需求;另一方面,在危机应急救援结束后,需要关注和解决灾民长期安置工作。在我国,灾民安置一般以原地安置为主、异地安置为辅。在实际安置工作中应广泛听取受灾群众的意见,综合考虑灾民安土重迁思想和风险管理的需要,促进灾民安置工作合情合理地推进。

2. 提供长效化的心理恢复服务

发挥灾难发生时政府组织进行心理干预和疏导的功能,即由政府或其他社会力量组织的以心理专家、医学专家为骨干的专业心理救助队伍,针对灾民的实际心理状态,运用心理学、医学等相关知识,对存在心理危机的群体进行心理疏导和干预,缓解因灾难或伤害带来的心理压力,并对心理受到严重创伤者进行个体心理救援和救助工作。具体来看,包括以下措施。

(1)派出心理专家小组迅速深入灾区进行灾民的心理调查和评估,全面了解受灾群众的心理健康状况,甄别出现心理问题的灾民和相关人员。

(2)对本次地震灾害中需要进行心理救援的灾民进行分类。分类的依据是对灾民造成心理问题的原因的调查,根据心理的脆弱程度进行分类与排序,并画出本次心理救援对象的优先层次图。

(3)根据心理救援对象的优先层次图,安排心理专家进行针对性的心理治疗和干预。如对心理挫伤最重的遇难者家属和受伤者本人应该做专门的一对一的持续心理救援。

3. 重建灾后社会经济秩序

公共危机常常引发严重的经济损失,甚至可能导致物价上涨、失业率增加等民生问题,影响社会和谐稳定。因此政府要及时出台灾后重建经济秩序的政策。对于因灾造成重大损失的企业和个人,受灾地区的人民政府可通过减征其所得税、提供低息贷款等措施支持其积极恢复生产和自救。对于农村地区,可通过救灾备荒种子,下拨强制性动物免疫疫苗,提供农业生产性贷款担保、农业保险,稳定农资市场供应等支持经营主体尽快恢复农

业生产，推动社会经济秩序恢复正常运行。

4. 实现风险预防的常态化

要将恢复重建与风险减缓和预防有效结合，在危机恢复过程中，不仅要关注灾区的重建和复原，更要重视未来的发展和抗风险能力的提升，构建常态化的风险防控机制。例如，在灾后房屋等基础设施的重建过程中，要注意通过科学规划选址，严格执行安全标准，提高建筑质量和抗风险能力；积极推广关于不同灾种的商业保险，发挥保险在分散和转移风险，促进风险减缓上的积极作用；保护生态系统，尤其对于自然灾害，在灾后要注意生态环境的修复，提高受灾地区的整体环境韧性。同时，加大常态化风险防控宣传，推动地区民众形成常态化风险防范意识。

（二）公共危机恢复中存在的问题

1. 相关法律法规不健全

在灾后危机恢复重建方面，我国先后颁布了《中华人民共和国传染病防治法》《汶川地震灾后恢复重建条例》《突发事件应对法》等法律法规及配套政策，为危机恢复工作提供了一定的法律依据，但部分法律条款是在紧急情况下制定的，缺乏详细的配套措施，难以指导具体的恢复重建工作。如我国对民房恢复重建工作尚未出台统一政策和工作程序，以形成长效机制，便于基层规范开展工作，导致危机恢复实施机制存在一定的随意性和难以操作性。

2. 缺乏有效的信息公开与监督

灾后恢复重建持续周期长，涉及各类资金、物资等的管理和使用，更加需要重视重建过程的信息公开，接受相关部门和社会公众的监督。但当前在灾后恢复重建过程中，对具体重建工程项目的资金、物资使用情况等，一方面缺乏权威公示平台，另一方面缺乏有效监督以确保公示信息的真实准确。信息公示对基层资金、物资使用情况难以持续，部分地区仍然存在重建物资截留，受灾群众生活补助资金发放、转移安置费发放不到位等情况。因此，如何进一步提高恢复重建过程中政府工作的透明度，促进依法行政，充分发挥政府信息对人民群众生产、生活和经济社会活动的服务作用，还有待进一步加强。

3. 重建项目产业结构不合理

在灾区恢复重建过程中，灾区政府一般会优先考虑重大产业的重建和发展，这些产业大都是资金密集型的，往往会忽视劳动密集型及其他类型产业的发展。长期以来，会对灾区的劳动就业、改善和提高灾区抗灾能力产生一定的影响。但是，灾区的工业基础薄弱，工业配套设施不健全，缺乏技术人员，加上交通的不便利，即便是发展农业、林业、养殖业等劳动密集型产业，也会有很大的障碍，因此支援省市难以就地投资建设。长此以往，可能会造成灾区产业结构的不合理。

4. 恢复重建的可持续性问题突出

（1）后期维护营运资金难以保证。地震、洪涝等重大公共危机对公共服务设施和基础设施的破坏是毁灭性的，恢复重建项目主要也是对这类设施的投入，一方面扩大了灾区公共服务设施和基础设施的规模，另一方面却也给灾区维护这类设施带来了巨大的费用支出，如何持续地维护基础设施、维护资金来源等都是应该提前考虑的问题。

（2）未出台统一恢复重建政策，形成长效机制，以便基层规范开展工作。部分群众等、靠、要思想严重，积极性、主动性低，住建、应急等部门之间灾情核查会商机制有待完善，导致恢复重建难以有效开展。

（三）公共危机恢复管理的改进方向

1. 建立健全法律制度

首先，建立健全相关法律制度，根据危机恢复工作的实际情况制定针对性法律法规及配套政策，弥补现行法律制度不足，进一步明确政府、企业、非政府组织及普通民众各自的责任和法律义务，使恢复工作的各个环节都有法可依。其次，规范执法秩序，加大执法力度和监督力度，严惩违反法律法规的相关人员。最后，完善危机评估机制，对风险危机的损失、各级政府的措施、政府绩效进行评估或审计，将危机恢复管理的评估纳入法定的政绩考核指标。

2. 完善对外信息公开

（1）树立公开意识。坚持把重建信息公开作为灾后重建监督检查的一项重要内容，要求政府相关部门进一步树立公开意识，加大对外信息公开力度，主动接受社会监督。

（2）拓宽公开渠道。建立信息公开的数字化平台，要求政府通过不同的媒介渠道为人们提供及时准确的信息：在新闻联播中播报灾情的最新动态，在政府门户网站上公开政务信息，在微博账号和微信公众号上发布有关恢复重建工作的完成情况，切实加强对外信息公开。

（3）加大公开力度。对于群众普遍关心的捐赠资金管理和恢复工作进度等问题，要求政府加强对捐赠资金接收、拨付、管理、分配、使用等环节的信息公开，确保资金管理使用公开透明。同时，这也要求政府加强对工作项目建设进度的公示公告，保障灾后重建项目的优质高效实施。

3. 加强监督评估机制建设

灾后重建是危机管理的重要环节，要加强对重建工程项目的监督和评估，成立灾区恢复重建监督领导小组，加强对恢复重建规划、重建过程以及重建资金与物资使用情况的监督和规范。一方面，围绕恢复重建资金与物资安全规范使用，加强与相关部门沟通，做实各类资金与物资在筹集、拨付、管理、使用等环节的全过程监督；另一方面，严格按照法律有关规定，扎实认真开展灾损评估工作，严惩评估中的数据造假、超范围评估等行为，及时发现恢复重建过程中的问题，调整危机恢复工作计划，确保灾后恢复重建工作能够有序推进。同时，鼓励更多的非政府组织参与工作评估，以便增强评估结果的客观性，更好地改善和推进灾后重建。

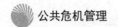

4. 加强恢复重建的社会参与机制

当前我国的灾区恢复重建工作主要依靠政府统筹和政府财政支持，但仅依靠政府力量往往难以为继。因此，要建立和加强恢复重建的社会参与机制，转变政府包揽一切恢复工作的思想观念，发挥宏观统筹协调作用，在分析和整合自身与企业、社会组织等资源优势的基础上进行合理分工。具体来看，政府应该将自身拥有的资金支持、活动许可、社会组织合法性认定、硬件投入、决策权力等资源与企业、社会组织掌握的坚实的群众基础、社会动员能力、专业援助能力、志愿者等资源充分排列组合，发挥两者优势资源的互补作用。同时，在各参与部门之间，政府与企业、社会组织以及公众之间建立信息交换机制、会商协同机制，整合各单位、各群体力量共同推进灾区的恢复重建工作。

5. 推进恢复重建的可持续性

（1）产业布局的可持续性。灾区恢复重建不仅要复原，更要发展，结合当地的地形、气候等特征，抓住恢复重建的契机，对地方产业进行重新布局，对位于灾害区域的建筑设施进行重新规划选址。

（2）地方政府在对公共服务设施和基础设施重建的过程中，要结合地方财政和群众需求，合理确定设施规模，确保设施维护的可持续性。

（3）恢复重建要充分发挥地方力量的重要作用，服务于地方发展需要。

本章小结

公共危机救助是指在危机已经发生或发生后的环境中，国家和社会对受到公共危机负面影响的受灾群体给予物质和精神援助，保障其基本生活需求的救助活动，主要包括救灾捐赠和心理救助。公共危机恢复则是在突发事件应急处置结束之后，推动受灾地区的复原和重建工作，使其基础设施、社会秩序、社会心理等恢复到正常状态，并获得长远发展的过程，主要包括安置人员、复原社会、重建更替、发展完善四个阶段，对于减轻危机的不良影响，进行风险减缓和提升受灾地区韧性具有重要作用。

课后名词解释

危机救助　救灾捐赠　心理救助　危机恢复　短期恢复　长期恢复　经济恢复　社会恢复

思考题

1. 请解释危机救助的内涵与特征。
2. 什么是救灾捐赠？

3. 我国救灾捐赠体系的利益相关者和主要环节有哪些？
4. 我国救灾捐赠政府主导模式当前存在的主要问题及改进措施有哪些？
5. 危机恢复的主要原则有哪些？
6. 危机恢复的主要类型有哪些？
7. 危机恢复的主要阶段和管理过程有哪些？
8. 当前我国公共危机恢复存在的主要问题与改进方向有哪些？

第七章 公共危机动员与沟通

本章学习目标

公共危机的动员与沟通是公共危机管理的主要工具和手段,涉及政府、企业、公众等不同主体。通过本章学习,在了解公共危机动员和公共危机沟通两个核心概念的基础上,理解公共危机动员的要素、环节和功能以及公共危机信息发布和舆情处置的过程,从而掌握开展公共危机动员活动、发布公共危机信息以及引导舆情处置的流程与技术。

公共危机涉猎广泛,上至政府,下到公众,均牵涉其中。公共危机从不是只影响某一方某一个人,也不是只有某一方某一个人应当且能够应对的。公共危机的破坏性要求我们及时有力地将负面影响降到最小。公共危机还是紧急的、不确定的,社会各界需要在第一时间获得准确信息,合理制定应对策略,在公共危机管理中,通过科学的危机动员与危机沟通,能够一呼百应,信息畅达,各方团结一致,及时响应,发挥力量,优化配置,共克时艰。

第一节 公共危机动员

在公共危机管理中,动员是重要的一环。在我国,虽然政府是公共危机管理的主力军,具有强大的资源调配能力,但公共卫生事件、自然灾害等公共危机事件往往具有很强的突发性和破坏力,只依靠政府难以有效应对,因此政府需要动员各方力量,集结配置各方资源,政府、企业、社会共同应对公共危机,同时,社会自发动员也在逐渐兴起并发挥重要作用。

经历过1998年抗击洪水、2003年抗击非典、2008年抗震救灾以及2019年开始的新型冠状病毒感染,历史已经证明社会动员是我国党和政府凝聚力量的有效武器。在社会转型的关键时期,健康科学的动员机制是提高公共危机管理能力的重要基础,合理有效进行动员是应对公共危机的重要保障,全社会由上到下正逐步认识到公共危机动员的关键作用。

一、公共危机动员的概念

根据《辞海》的解释,简单来说,"动员"是发动人做某事。该词最初作为军事用语,表示集结力量准备作战之意,起源于普鲁士,后传入法、英、俄、日等国。中文"动员"一词借用自日本将军儿玉源太郎所译。该词的含义随着人类社会发展而延伸和变化,

第七章 公共危机动员与沟通

动员逐渐被用作一种策略和手段，指为某特定目标，通过宣传、号召、发动和组织，集结资源的活动①。动员还可以进一步引申为通过一定的方式使各方共同参与某事。

在学界，对动员存在不同的理解，且有社会动员和政治动员之分。在西方语境中，社会动员（social mobilization）被理解得相对宽泛。卡尔·多伊奇（Karl W. Deutsch）将社会动员解释为人们从旧的社会和行为模式向新模式转变的过程②；塞缪尔·亨廷顿（Samuel P. Huntington）赋予其政治学内涵，认为社会动员是为实现政治目的激发社会成员积极性的过程③。在西方国家，社会自发动员更普遍。根据联合国儿童基金会（UNICEF）的定义，社会动员是一个针对需求通过对话吸引和激励人们广泛参与的过程。

我国学者则给出了更具体的、不同视角的解释。例如，郑永廷认为"所谓的社会动员，就是广义的社会影响，也可以称之为社会发动。它是指人们在某些经常持久的社会因素影响下，其态度、价值观与期望值变化和发展的过程。过去，在革命战争年代，在政治运动中，社会动员就是政治动员，政治动员是发动群众投身革命、英勇奋斗的重要方式"。④

从公共管理的角度看，无论是社会动员还是政治动员，都是发动各方力量进行公共事务管理的过程。在公共危机管理的视角下，王宏伟定义社会动员是"为了有效预防和成功应对危机，各级政府充分发挥主导作用，通过宣传教育、组织协调等方式，调动企业、社会力量的积极性，整合全社会的人力、物力与财力等资源，形成预防与应对危机的合力"。⑤而龙太江认为动员主体为党和政府，对社会进行动员是政治动员，社会力量为应对危机进行自发的动员是社会动员，即社会自主动员。⑥钟爽等认为在应对重大公共危机中，政治动员分为体制内动员和向社会动员，动员主体都是党和政府，但动员客体不同，政治动员有包含社会动员之意⑦。

虽然学界对动员包括社会动员与政治动员的理解不同，但在公共危机管理的视角下，动员既包括政治动员，也包括社会动员。我国公共危机以政府为治理核心，考虑公共危机的破坏性、突发性、不确定性和公共性等特征，以政府为核心的公共组织是公共危机管理的核心主体，其有权威、有能力，也有责任在公共危机管理中起主导作用，政府通常是危机动员的主体，企业、社会团体等多作为危机动员的客体。然而，也有越来越多的声音提倡社会自主动员、向多元化动员主体转型，而且自上而下的动员与多元社会力量参与并不矛盾⑧。

因此，本书将公共危机动员定义为"包括政府在内的公共组织、社会团体、企事业单位、志愿者等进行的发动各方力量、整合各方资源，针对公共危机的预防、应对和恢复的

---

① 龙太江.从"对社会动员"到"由社会动员"：危机管理中的动员问题[J].政治与法律，2005（2）：17-25.
② 多伊奇.社会动员与政治发展[J].美国政治科学评论，1961，55（3）：493-514.
③ 亨廷顿.变革社会中的政治秩序[M].上海：译文出版社，1989：5.
④ 郑永廷.论现代社会的社会动员[J].中山大学学报（社会科学版），2000（2）：21-27.
⑤ 王宏伟.公共危机管理[M].修订版.北京：中国人民大学出版社，2019：62.
⑥ 同①.
⑦ 钟爽，朱侃，王清.公共危机中政治动员运行机制研究：基于2015年以来38个重大公共危机案例的分析[J].政治学研究，2021（2）：79-96.
⑧ 周庆智.传统社会动员机制面临的挑战与应对[J].国家治理，2015（31）：35-42.

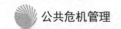

过程",既包括由上而下的政治动员,也包括由下而上的社会自发动员,但更多情况下,前者为主,与西方国家成熟且普遍的自下而上的社会自发动员不同。为了不产生概念混淆,本书会避免使用"社会动员"与"政治动员"等术语,直接使用"公共危机动员"这一更具体的概念。

动员的主要手段有宣传教育、示范引导、激励诱导、广泛呼吁等,在于向动员客体普及应急知识,培养危机意识,强调全社会参与危机管理的重要性,明确在危机管理中的权利、义务与角色,激发动员客体参与危机管理的积极性。

从动员的规模上,可以分为局部动员与整体动员。局部动员和总动员的概念通常用于战争动员,局部动员是指在某些地区或部门进行动员。在公共危机管理中,局部动员是相对较小规模的动员,而整体动员则由政府向全社会进行动员。当危机还未到来或危机可控性较高,并不需要进行整体动员时,局部动员的效率更高,这时进行整体动员,会造成不必要的浪费、混乱甚至恐慌,因此进行合适规模的动员是十分必要的。

二、公共危机动员的要素

动员的要素包括动员的主体与客体。动员主体是指发动和组织动员行动的组织或个人;动员客体则相对被动,由动员主体引导和激励。在理论上,动员主体可以是任何主体,但在我国,多数情况下,政府是公共危机动员的主体,这是由我国"强政府"的特色国情所决定的。但与此同时,政府作为有限政府,不是公共危机的唯一管理者。"由社会动员",即社会自发主动进行的对社会力量和资源的动员,也是重要的动员方式,发动动员的主体包括社会组织、志愿者、企业、社区和个人等,均能发动不同程度的动员。而除了政府,又都可以作为动员的客体,即被动员的对象。

动员客体虽然是由人组成的组织或个人,动员的资源却不只限于人员,还可以包括物资、装备、资金、避难场所、交通运输等其他资源。对人力的动员涉及人力资源的开发和利用,并需要考虑人力资源的数量和特性,不同阶段、不同规模的动员对人力的需求是不同的。对物资和装备的动员涉及对所需物资和装备的征集、调配、储存和使用。除了已修建的专门避难场所,为应对自然灾害、事故灾难、公共卫生事件和社会安全事件等公共危机事件,需要预先安排避难场所,当危机发生时,还需要临时动员征调大型场所或建筑物作为避难场所。人力、物资和装备都需要通过交通设施运往危机管理的相应环节,往往需要动员社会交通运输力量。

以政府为主导的公共危机动员的对象包括政府以外的一切力量,如企业、社会组织、志愿者、社区、个人等,不同的动员对象具有不同的特征和优势,在公共危机管理中能够发挥差异性的作用。

(一)企业

企业始终是社会的一员,是重要的社会组织。相比其他社会组织,企业在人力、物力、设备、技术等资源上都很有优势,尤其是生产救援物资的企业,通常会响应政府号召，在第一时间充当政府应急的得力助手。不同规模、不同领域、不同行业的企业对上述资源的掌握程度也不同，能够在不同范围、不同层级为应对不同危机发挥主导或配合作用。企业是科研创新的主力军，尤其是在技术研发方面，企业拥有研发—生产—应用方面的优势，并且具有更高的灵活性，尤其是高科技企业掌握着先进技术，能够在灾害预警与监测、资源调配等环节发挥重要作用。而且企业本身也可能是公共危机的制造者，例如出现生产事故，以及公共危机的受害者，自然灾害和公共卫生事件等也会危及企业的运转和经营，企业应当参与危机管理。现代企业被赋予社会公民的身份，是权利和义务的统一体，有责任承担公共危机管理的义务，承担该义务还有利于提高企业危机管理水平和员工素质，并获得社会认同和提高声誉，在强化危机管理能力的基础上提高生产经营的可持续性。

企业可参与公共危机管理的各个阶段，并在不同阶段发挥不同的作用。在危机的减缓阶段，政府应动员企业建立危机预案、开展应急演练，并在危机准备阶段进行相应的人力、物力和装备技术的准备，当危机发生时，能够快速有针对性地采取应急措施，并在危机后参与恢复和重建工作。

企业参与公共危机的主要方式包括：①直接参与救援；②提供救援物资和生活保障；③生产应急物资；④捐款捐物；⑤提供技术支持；等等。为响应公共危机，企业可直接参与现场救援，表现为派出应急队伍携带物资、装备等，在政府的指挥下或独立开展救援活动。可动员矿业、水利、建筑工程等行业的企业成立救援队伍，与政府合作构建救援联动机制。

在能力范围内，企业可就近向受灾地区提供电力、通信、油气、交通等基础资源和设施的保障，并提供水、食品、药品等生活保障物资，及时保障救灾活动的进行和受灾群众与救援人员的生命安全。

重大自然灾害和公共卫生事件可能造成短期内的社会面临医疗物资短缺，例如，在新型冠状病毒感染发生初期，急需大量医用口罩和防护服，供应严重不足。在这种情况下，政府不得不发动生产单位加大生产任务，发动有能力的企业改造生产线。2020年疫情初期，全国3000多家企业在政府的号召和企业社会责任的驱动下，转投生产口罩和防护服等紧缺物资。这当中也不乏市场的作用，但必须动员和要求企业稳定物价。

灾后捐赠也是重要的支持方式。企业不仅可以参与救援和物资生产，还可以通过捐款、捐物驰援救灾和重建工作，后者更适用于距离危机发生地较远的或无法直接提供救援力量的企业。2008年汶川地震后，共收到捐款近600亿元[①]，企业起到了重要作用。对捐助企业的适当宣传和报道有利于发动更多的企业参与，但要避免企业将捐款当成宣传渠道。

部分行业的企业掌握着前端技术和产品可用于防灾救灾、监测防控等管理实践。政府作为组织协调和管理部门，虽然也拥有技术部门和人员，但实力和规模有限。在危机的各阶段，可动员该类企业紧急或适时提供相应的技术服务，协助危机管理。地理信息、遥感

---

① 民政部：已接收国内外社会各界捐赠款物近600亿元[EB/OL]．(2008-11-14)．https://www.gov.cn/jrzg/2008-11/14/content_1149474.htm.

等行业的企业可提供无人机、遥感测绘等技术,机器人和传感器技术可用于伤员搜救,大数据和互联网公司可提供疫情监测分析和"健康码"等技术产品[①]。

对于企业的动员主要靠政府的倡议和引导,政府应与企业建立长期稳定的应急协作关系,鼓励企业履行社会责任。对参与危机管理的企业进行必要和适当的社会宣传,动员更多的企业参与公共危机管理。逐步形成企业积极、有序、科学参与公共危机管理的社会风气和局面。

(二)社会组织

社会组织也可称为非政府组织、非营利组织、第三部门。在我国,社会组织是依法建立的、非政府的、非营利的组织,通常致力于解决社会公共性的问题,带有公益性质。在世界范围内,社会组织广泛参与公共危机管理,是一支活跃的发挥积极作用的重要力量,已受到各国重视,在许多国家作为应急管理的主体[②]。有些社会组织的宗旨就是开展人道主义的社会救助和慈善工作,包括应急救援等,如红十字会。有些社会组织会招募志愿者,当危机发生后,组织志愿者参与救助等工作。在公共危机管理中比较常见的社会组织有慈善组织、志愿者组织、社会公益组织等。社会组织往往更加贴近社会公众,能够及时反馈公众需求,尤其是受灾民众的诉求;社会组织由于其非营利性,组织内部志同道合,易形成自发的合力;一个社会组织往往汇集某领域内的专业人士,能够在危机管理中提供专业支持;社会组织拥有灵活、人性化等优势,能够快速响应、随机应变、独立决策。

在公共危机动员中,社会组织既可以作为动员客体,被政府或其他社会组织动员,也可以作为动员主体,动员志愿者、公众以及其他组织。由于社会组织的公益性质,许多社会组织会在危机发生前后主动参与危机管理活动,包括常态化的防灾科普、救援知识和技能培训、灾民心理干预等工作,以及非常态化的应急救援工作。政府需要做的是建立健全社会组织的形成和管理机制,鼓励社会组织有序参与危机管理。

在公共危机动员中,社会组织还能起到协助动员的作用[③]。政府在动员中起主导作用,社会组织配合政府,对各种所需资源进行有针对性的动员,包括动员并组织志愿者参与宣传教育、运送物资、灾后重建等工作,同时动员社会各界捐款、捐物,从人员、资金、物资、装备等各方面为危机管理提供保障。

社会组织还有利于结合国际力量投入危机管理,一方面,国内社会组织有较强的国际合作优势,争取国际援助和技术支持;另一方面,鼓励国际社会组织参与或支持我国公共危机管理。

(三)志愿者

根据联合国定义,志愿者是自愿进行社会公共利益服务而不获取任何利益、金钱、名

---

① 陈秀峰. 公共危机治理中的非政府组织参与[J]. 华中师范大学学报(人文社会科学版),2008(1):76-79.
② 沈荣华. 非政府组织在应急管理中的作用[J]. 新视野,2005(5):42-44.
③ 同①.

第七章 公共危机动员与沟通

利的活动者。志愿者主动承担社会责任，奉献个人时间和精力，参与公共事业。志愿者的志愿活动通常是有组织的，而且志愿者的来源不仅限于民间，国家鼓励和支持国家机关、企业事业单位、人民团体、社会组织等成立志愿服务队伍开展专业志愿服务活动。其中，社会组织是志愿活动的重要力量，社会组织可以向社会招募个人志愿者，也可以由志愿者自发组成志愿者组织，同一个志愿者可以参与不同组织进行志愿活动。志愿者组织为志愿者提供服务平台，不但进行技能培训和心理建设，还能够提高志愿工作的效率。当公共危机发生时，除了经常性、有组织地参与救援等危机管理活动的志愿者，往往还有自发的志愿者，到达现场后根据临时安排和个人特长参与志愿活动。

针对志愿者的公共危机动员应建立在日常志愿服务管理的基础上，并结合危机响应阶段的紧急动员。培养全社会的志愿服务意识是基础，通过宣传等手段鼓励公众参与志愿组织从事志愿活动，动员成立并加强公共危机相关的志愿组织，吸纳专业人士，进行常态化危机管理的教育和培训，提高公众的危机意识和志愿服务意识，当危机发生时，能够在第一时间动员志愿者组织有序、有针对性地参与危机管理活动，与此同时，根据需要，动员临时志愿者，由政府、志愿者组织等统一安排，参与相关支援工作。

除了完全志愿性的民间志愿者，政府机关、事业单位、国有企业等组织也可以在内部发起动员，动员机制兼志愿性和强制性，有时会通过政治或行政力量号召组织成员成立志愿者队伍，并通常带有组织传统特征。例如，当发生重大自然灾害或公共卫生事件时，非本地医疗机构会发动成立医疗志愿团队赶赴受灾地区开展救援活动；在抗击新冠疫情中，各地各级政府机关工作人员，尤其是党员干部，就地转化为志愿者在社区参与志愿服务。

> **阅读材料 7-1**
>
> ### 重庆山火中的志愿者动员[①]
>
> 2022年8月，重庆持续出现罕见极端高温干旱天气，多地先后发生山林火灾。这次山火灾害的应对充分展现了具有中国特色的危机动员的力量，体现了全过程、多主体的特点。在危机管理的准备阶段，当地应急管理部门和基层政府考虑当地高温干旱的极端天气，制定了应急预案，动员社区工作者和广大党员带领群众开展防灾演练。当危机发生后，国家向全社会发起动员，在党和政府的动员和领导下，各级政府、企事业单位、部队、社会组织、志愿者等齐上阵，本地消防救援队伍当仁不让冲在第一线，各地解放军战士跨区支援。由于山路崎岖、道路不通，汽车难以将救援应急物资运送进山，本地有关管理部门和参与救援的志愿者组织发出号召，在第一时间通过动员群众成立本地志愿者摩托车车队和徒步大军，经统筹安排运送救援物资，曾在一小时内出动500辆摩托车。在各方众志成城共同努力下，山火被及时扑灭，解放军战士离开时群众夹道欢送，志愿者故事广泛传播，展现出我国危机管理中社会动员的巨大力量。

我国志愿者组织和志愿活动起步相对较晚，可借鉴西方先进经验。应急专业组织，如

[①] 火线之后筑"人链"：山火灭了，故事"火了" [EB/OL]．（2022-09-01）．http://www.xinhuanet.com/yingjijiuyuan/2022-09-01/c_1211680957.htm.

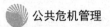

消防队、医院等，可与志愿者组织合作，向社会招募志愿者开展常规专门化培训，完善培训标准，提高专业化水平，覆盖公共危机管理的各个环节，涉及卫生急救、现场救援、交通运输、信息传播、心理干预、金融保险等方面，在提高志愿者应急技能水平的同时，打造专业的志愿者队伍，形成全社会的专业化的公共危机志愿者体系。

（四）社区

社区是一定地域内的社会群体，是连接个人、家庭与社会的基层单位，社区内部的个体能够在空间上和社会关系上相互联系，社区自治已广泛普及，公民社会鼓励社区公众积极参与社区治理，将个人利益和社区利益捆绑在一起，促使个人做出贡献，发挥个体在知识、技术、资源等方面的优势，在长期社区自治中形成相对稳定的内部社会团结。社区动员的意义在于激发社区公众的自治意识、提高社区的公共危机管理能力。在我国，居民委员会和村民委员会作为基层群众自治组织广泛扎根于基层社区，是社区动员的关键纽带，并有条件、有能力进一步发展居民自组织，形成网格化的危机管理体系。

社区作为基层单位的特殊性，使其能够在公共危机管理的各阶段均发挥作用。在危机减缓阶段，社区是进行教育宣传的前沿阵地。城市和农村的基层政府应广泛发动社区进行日常的危机知识教育，提高社区公众的危机防范意识，并予以指导和支持。社区可能是危机的爆发地，通过常态化社区动员，有助于将危机扼杀在摇篮中。针对社会脆弱性或灾害风险较高的社区，如城中村、老年社区或处于低洼处易遭水浸的社区，应及时动员社区提前进行应对危机的准备工作，采取物资储备、临时提醒等措施，并做好应急预案，尽可能在危机到来时减小损失。在危机发生后，应尽快发动社区进行自救，并在有条件的情况下进行互助，包括社区内部和社区之间的资源和信息共享等。社区团结是灾后恢复和重建的良好基础，社区内部紧密的社会关系有利于在危机之后激发团结互助的意识，帮助受灾群体进行身心恢复。

新冠疫情这样的重大突发公共卫生事件给社区动员提出了更高的要求，但也给社区动员提供了发展的机会。在很多地方，政府主导动员与社会自发动员互补不足，社区公众对政府抱有依赖心理，还没有培养自发动员的能力和传统。社区动员在中国应对新冠疫情的过程中也形成了有借鉴意义的典型案例。例如，上海基层社区中广泛地诞生了"楼长"这一特殊的社区自治角色，串联商户、医护、居委会、物业等多方人员，承担起整座楼栋甚至小区的物资采购、核酸检测、特殊群体关爱、信息沟通的任务，并形成了常态化的社区自治体系。

（五）个人

无论是政府、企业，还是社会组织，实际的危机管理参与者都是个人。政府、社会组织、社区都可以直接动员公众个人，公众个人不仅可以以志愿者的身份参与公共危机管理，还可以在危机的各阶段发挥有限的作用，并且能够激发个体间的动员。对公众个人的动员可以看作对全社会的动员，能够起到积少成多的效果。

个人存在于政府机关、企事业单位和社会组织，个人也存在于社区，但又不完全属于这些组织和群体，个人既可以在这些组织和群体中被其动员，又可以被其他组织、群体和个人动员。最普遍的对个人的动员是政府通过媒体对广大群众的动员，以及个体间非正式的动员。随着新媒体的快速发展和普及，常态化的动员信息都可以及时触及个人。最有效、最直接的动员是发动公众从知识技能、物资储备、身心健康、人际关系等各方面做好应急和恢复准备，使公众有能力在公共危机中首先能够保护自己和身边的人，从而降低全社会的损失，并减小救援负担。通过媒体的动员，可以通过电视、报纸、广播等传统媒介，也可以通过网络、社交媒体等新兴平台。新媒体不仅能够由上而下传播信息开展动员，更便于个体间的信息传播，有助于人与人之间的动员，不局限于空间和组织，形成公众动员网络。

三、公共危机动员的环节

（一）公共危机动员的准备和实施

公共危机的社会动员可以分为动员的准备和动员的实施两个环节。在动员的准备阶段，主要表现为动员的决策程序和制订计划。首先判定动员的必要性和可行性。在此基础上综合有关方面的意见和建议，做出动员决定，如有必要，进行决策咨询。提前制订动员计划和预案，动员主体需要根据动员的目标制订动员的计划，确定动员的范围、动员的客体、动员的方式等内容。增强动员潜力，建立动员保障体系，具体涵盖的内容包括救援队伍、救援物资、避难场所、财力资源、宣传教育、培训演练、协调员网络以及专家决策支持体系。

在动员的实施阶段，以政府为主体的动员，首先需要根据危机的类型和级别以及危机发生的实际情况，确定动员的等级和范围。如"5·12"汶川地震等特别重大的自然灾害，有必要在第一时间在全国范围内开展动员。当确定动员等级和范围后，动员主体颁布动员令，进行动员部署，明确动员客体的具体任务，并通过各种渠道传达动员信息，动员信息一步传达，动员任务层层分解，从而有效地传递动员信息、落实动员任务。在完成动员任务过程中，可用的手段有软动员和硬动员之分。前者是指常态的动员，以宣传教育为主；后者是指非常态动员，依靠强制力开展动员。当动员完成后，适时终止动员行动。事后需要进行调查评估，复盘动员活动的效果和问题，如在危机处理中动员客体受到损失，需要进行善后补偿。

（二）公共危机管理各阶段中的动员

在公共危机管理的每一个阶段，公共危机动员都可以发挥作用。在不同的阶段（减缓、准备、响应和恢复），根据不同的管理目标和活动，动员活动也会有差异，但整体上需要动员的主、客体在管理的全过程中保持联系和合作，合理分工，开展动态的管理活动。

在危机减缓阶段，动员以传播信息和宣传教育为主，降低甚至消除危机风险。提高危机意识，采取预防措施，是节约资源、减少损失的有效方式。可以通过各种媒体、社会组织以及志愿者团体等对公众和社会各行各业进行危机防范和应对宣传与教育，全面提高全社会的危机意识和防范知识水平，识别危机风险。

在危机准备阶段，提高危机应对能力，对政府内部和各种社会力量进行动员，制定应急预案、建立预警机制、采取准备措施等，做好危机响应和危机恢复的准备。

在危机响应阶段，快速进行动员，集中发动力量，减小危机带来的损失。具体表现为：①在第一时间向社会发布危机信息后，动员扩大信息渠道，传播和收集危机与资源信息；②筹集人力、物力、资金、技术、设备、基础设施、场所等各种应急资源；③在政府动员的同时，发动社会自组织，配合进行危机救助等活动。

在危机恢复阶段，发动社会组织等社会力量协助政府对受影响的地区提供修复、安抚、复健等援助，一方面，发动各行各业对危机中受到破坏的设施进行有针对性的清理、修复甚至重建，尽快恢复社会的正常运转；另一方面，发动社区、社会组织、志愿者、专业人士甚至媒体等对在危机中受到身体和心理创伤的公众进行健康恢复。

四、公共危机动员的功能

公共危机动员是公共危机管理的重要一环，直接影响投入危机管理的资源与力量。危机动员水平是全面衡量一个社会公共危机管理水平的重要指标，无论是从政府的视角，还是从全社会的视角，都应重视危机动员的建设和发展。

（1）危机动员能够提高应对公共危机的硬实力，通过各方力量的支持，减小危机造成的损失。这是公共危机动员的核心价值，尤其是对重大危机的管理，无论是在资源数量上，还是在应急速度上，单靠政府很可能无法有效降低损失，恢复重建。发动社会力量有利于减小连锁反应的发生概率、提高救助和恢复实力。

（2）危机动员有利于建立稳定的危机管理体系。动员力量的集结可以是临时的，也可以是有计划的。虽然临时动员难以避免，但在危机管理中往往会形成稳定的动员机制，各动员客体持续参与危机管理，并不断补充和丰富参与力量、优化动员过程、提高应对能力，在社会一次次应对公共危机的过程中建立常态化的危机管理体系。

（3）危机动员有利于降低危机管理的成本。公共危机具有突发性和不确定性，政府作为危机管理的主体，大量储备应对危机的人力、物资等往往是不经济的，会造成危机管理的成本增加。但这些资源广泛存在于社会中，科学有效地发动、利用社会资源，不仅可以帮助政府，也可以在全社会层面降低危机管理的成本，避免资源浪费。

（4）危机动员有利于提高社会公众的危机意识和危机应对能力。公共危机虽然具有破坏性，但也向全社会提供了危机管理的真实课堂。在危机减缓、准备、响应和恢复的过程中，社会动员包括对公众进行危机意识的知识教育和技能培训，各动员客体在参与危机应对的过程中，还会进一步提高危机意识和应对能力。

（5）危机动员有利于提高社会凝聚力，加强社会团结。公共危机会对社会造成普遍的负面影响，此时动员有利于激发社会层面的同情心和正义感，形成情感和行动一致的氛围和环境，例如在汶川地震等灾害发生后，通过社会动员，包括媒体宣传等方式，不仅得

第七章　公共危机动员与沟通

到了人力、物力方面的支持，还表现出众志成城的民族力量，从精神上鼓舞了战胜灾害的士气和勇气，并且能够将这种凝聚力延续。

第二节　公共危机沟通

《战国策》中有一篇文章《邹忌讽齐王纳谏》中说到齐威王在谋士邹忌劝说下决心纳谏："'群臣吏民能面刺寡人之过者，受上赏；上书谏寡人者，受中赏；能谤讥于市朝，闻寡人之耳者，受下赏。'令初下，群臣进谏，门庭若市；数月之后，时时而间进；期年之后，虽欲言，无可进者。"其主要强调了广开言路能够非常有效地改良政治。及时、持续、有效的沟通是实现管理的重要途径。当今社会，国际关系纷繁复杂，危机四面潜伏。公共危机沟通是公共危机管理的重要工具和手段，其贯穿于公共危机管理的全周期，通过及时有效的信息交流与反馈，对政府、企业、公众、各个利益相关者之间的紧张关系起到缓解、协调的作用，为公共危机管理的决策提供辅助策略。

一、公共危机沟通的含义、功能与原则

（一）公共危机沟通的含义

沟通（communication），起源于拉丁语"communicare"，本意是"分享"（to share），包括口头、非口头和电子等多种人际互动方式。不同学者从不同视角出发，对沟通分别给出了方法论、活动论、功能论与过程论等多种定义。方法论强调信息交换与传播的媒介，代表性的定义来自《不列颠百科全书》，认为沟通是人与人之间以电话、电视、报纸、社交媒体等工具为媒介，进行信息交流的方法。活动论侧重强调信息交换与共享产生的影响与结果，如管理学家罗宾斯将沟通定义为"意义的传递与理解"[①]。功能论主要突出了沟通在组织运行过程中的纽带作用。管理沟通学家查尔斯认为沟通是组织的生命线，向组织内部与外部传递组织的核心思想、态度、发展过程与方向[②]。过程论则认为沟通是一个信息交流的过程。危机管理学者罗伯特·希斯在《危机管理》一书中提到，沟通的基本概念是"两个及其以上的设备或人员之间数据交换的过程"[③]。里面涉及四个基本组成部分：信息源、接收者、信息和通道。这是基于物理意义上的沟通系统（如火警预报系统）来描述的。

我国学者王宏伟根据汉语语义给沟通下了个定义：沟通是指基于一定的信息符号或传播渠道，信息传播者与信息接收者之间双向互动的行为与过程[④]。他还归纳了沟通过程包含的四个主要行为：①传播者以口述或信息传播等渠道发出信息；②接收者主动或被动接收信息；③接收者理解和分析信息；④接收者将处理后的信息反馈给传播者，如

---

① 罗宾斯. 组织行为学：第7版[M]. 孙建敏，李原，译. 北京：中国人民大学出版社，1997.
② 李彦春. 交流也是生产力[J]. 新华文摘，2005（16）：97-100.
③ 希斯. 危机管理[M]. 王成，宋炳辉，金瑛，译. 北京：中信出版社，2004：168.
④ 王宏伟. 公共危机管理概论[M]. 2版. 北京：中国人民大学出版社，2021：216.

图 7-1 所示。融合方法论、活动论、功能论与过程论的基本观点,本书对沟通提出了一个更为综合的定义,即沟通是基于特定的信息传播媒介,信息传播者与接收者之间信息交换与反馈的过程,以实现意义理解与共享。

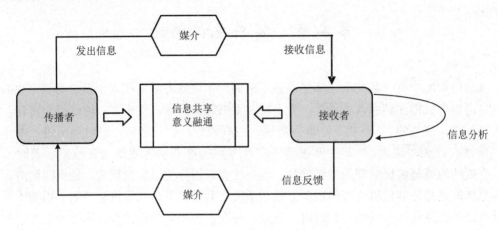

图 7-1 沟通过程中的行为与结果示意图

危机通常对国家安全、社会稳定、人类生命造成很大的影响或威胁。与一般沟通不同,危机沟通的目标是在危机发生后,通过及时的信息交流与行动,减少或避免危机带来的消极影响,或尽快从危机中恢复过来。相对于常态沟通,危机沟通具有其不同的特点,主要包括时间紧迫性、不确定性和特殊性。

危机具有很强的突发性。危机爆发后,受众对相关信息的需求量骤增,此时作为危机沟通主体的组织如果不及时发布全面准确的信息,那么有限片面的信息将被经过修改、添加形成谣言,以指数增长的传递速度蔓延。这就要求危机沟通具有很强的时间紧迫性,及时把握有效的信息发布,是危机沟通的重要基础。危机具有高度的不确定性,体现在其发生组织群体、发生时间、影响范围都具有不确定性。同时危机发生后,信息收集的准确性和完整性具有高度的不确定性,这就导致了危机沟通的环境、所要达成的目标状态具有复杂的不确定性。危机沟通具有极强的特殊性。危机常常给人们带来前所未有的冲击,常规的技术手段与管理办法并不能及时快速地有效应对。特殊的手段和措施具有一定的强制性,可能暂时对公众的生产生活产生一定的影响。危机沟通能够及时传达组织在处理危机事件时的行动、发展方向和预期效果,以消除非常规手段和措施在实施过程中产生的负面影响。

危机沟通的定义可表述为在危机情境下,组织或个人为了减少或限制危机产生的直接或间接负面影响,基于特定的信息传播媒体,及时主动与公众进行双向的信息和意见交流的过程。

危机沟通的主体可以是任意的组织或个人,但是公共危机沟通的主体一般指政府和公共事业部门,后者服务于公共利益,其法律法规、沟通手段和交流信息均具有公共性。社会公众对沟通信息具有知情权。公共危机沟通的目标是保护公共利益、人民生命健康不受损害、国家社会安全稳定等。

公共危机沟通可以定义为:政府或者公共事业部门在危机情境下,基于特定的信息传播媒介,及时主动与社会公众双向交流的行为和过程,以减少或者降低危机对国家安全、社会稳定、公共利益等造成的负面影响。如图7-2所示为公共危机沟通过程中的信息交换。

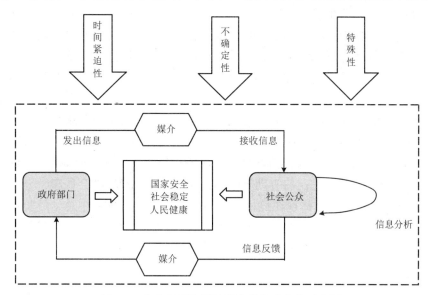

图 7-2　公共危机沟通过程中的信息交换示意图

公共危机沟通是公共危机管理的最为关键的组成部分，其有助于阻止或者缓解危机进一步蔓延，避免流言的产生和发展，积极推动政府推行的危机应对策略的实施，从而能够增强政府部门的公信力，与社会公众建立良好的公共关系，提高决策质量。

有效的公共危机沟通在危机管理的减缓、准备、响应与恢复四个环节都有重要的作用[①]。在危机减缓阶段，通过促进政府与社会公众的持续沟通，积极推动预防危机发生的各种有效政策、倡议和行动；在危机准备阶段，及时准确地传达危机预警信息，做好危机应急预案，鼓励社会公众积极应对危机；在危机响应阶段，通过政府与基础公共事业部门、社会公众的沟通，及时使公众从危机环境中安全疏散出来，持续更新危机情况信息；在危机恢复阶段，对受危机影响的社会公众及时提供全面的救助信息，使其尽快步入恢复行列。

（二）公共危机沟通的功能与原则

1. 公共危机沟通的功能

不同的危机管理学者对公共危机沟通的功能从不同的视角进行的归纳，大致可以分为四大功能：监控预警功能、决策协调功能、形象修复功能和演进学习功能。

（1）监控预警功能主要体现在危机缓解和准备阶段。海恩法则表明每次重大危机的发生，均是大量潜在的不良事件长期累积的结果。政府或公共管理部门应当在平日建立起稳健的沟通机制，保障沟通渠道畅通，全方位监控公共事务的运作与发展态势，以及社会公众舆论环境的变化，及时扑灭产生公共危机的苗头，同时做好各个公共事务部门应对危

---

① 王宏伟. 公共危机管理概论[M]. 2版. 北京：中国人民大学出版社，2021：217.

机的预案。另外,还需要健全危机预警机制,一旦发生突发事件,及时告知公众准确信息,避免和减少危机产生的社会影响。

(2)决策协调功能主要体现在危机响应阶段。在公共危机爆发后,政府和公共事业部门需要及时收集、分析和处理信息,并基于科学的技术和管理手段进行决策。此时有效的公共危机沟通能够协调有限的人力、物力和时间,对政府的决策能够起到重要的辅助作用。

(3)形象修复功能主要体现在危机响应与恢复阶段。突发的危机事件使社会公众陷入不同程度的恐慌,尤其是相关的信息尚未及时收集完成和发布。政府如果采取积极的沟通态度和行动,例如政府或相关部门领导亲临现场,与社会公众面对面沟通协调,理解危机处置的应对策略、发展进程,将有助于缓解公众的焦虑,稳定社会秩序。

(4)演进学习功能主要体现在危机处置后,政府从危机事件中总结经验和教训,改善政府当前的管理机制存在的不足,同时完善包括社区志愿者、红十字会等社会救援力量的建设机制,为下一次危机的应对做好坚实的准备。

2. 公共危机沟通的原则

为实现国家安全、社会稳定和人民生命健康免受危机影响的目标,健全的公共危机沟通应该遵循以下几个原则。

(1)公众中心的原则。在沟通过程中,以满足公众的需求为出发点,做好信息的公开透明工作,积极引导群众,缓解群众焦躁,减少群众误解。政府或不同的公共事业部门在传达危机信息时,要持续保持统一的口径,发布一致的信息,否则会降低政府的公信力。同时公共危机沟通者需要及时了解公众的内心反应、预期期望等,用公众能够理解和接受的语言方式来发布相关的信息。

(2)实事求是的原则。公共危机沟通人员应以客观事实为依据,客观地评价公众的预期,客观地传达危机信息,危机处理的手段应该与危机等级相匹配,基于有限的人力、物力资源,适当应对。积极调动社会公众应对危机的主观能动性,既不能低估危机的潜在影响,产生轻敌或无视情绪,又不能高估危机的风险,导致社会过度恐慌。

(3)价值互通的原则。政府应该开放双向沟通渠道,健全灵活多变的沟通机制。公共危机沟通者应当积极促进政府与社会公众在危机应对的价值目标和策略上达成共识,从而减少危机带来的不确定性,使得政府的危机应对政策顺利落实。

(4)准确及时的原则。危机从发生、发展到结束整个过程具有高度的不确定性,而社会公众对危机信息的需求随着危机演变而加剧。政府如果单方面封锁信息,或者对危机信息的发布不及时,将会导致谣言四起。因此,在危机信息收集、核实和分析的基础上,阶段性地持续公布危机的事实层面信息,对于不确定的危机原因可以有待核实后公布。

为了更好地实现公共危机沟通的原则,可以采取一系列提高沟通效率的策略。一是将公共危机沟通纳入应急管理决策过程,建立其决策辅助机制。公共危机沟通可以集社会公众的智慧,调动社会公众的能动性,使政府的决策更具有公众满意度。二是建立舆情监测机制,及时对社会公众的舆情进行综合分析与引导。三是学会与媒体打交道,传播真实的危机信息给广大社会公众。四是为不同类型的社会公众提供多种信息来源的渠道,提高公众对权威信息的接受度。

二、公共危机信息发布

（一）公共危机信息发布的形式

当前公共危机信息发布的形式包括官方媒体、传统媒体、新闻发布会、新媒体等，它们分别具有纵向传播、横向传播、横纵交叉传播的功能。基于各种媒体的特征和优势，政府部门可以同时整合多种媒体，确定在不同场景、不同时段采用合适的媒体传递公共危机信息。

1. 官方媒体

针对某一突发事件，相关责任政府机构应当及时在事件全方位调查的基础上，定期在政府官网上发布政府公报，向社会公众传达突发事件的应急预案、响应对策和事故报告。官方媒体的危机信息发布最具有权威性，一般发布已经调查清楚的事故报告和比较成熟的处置方案。

2. 传统媒体

这里的传统媒体包括模拟信号的传统媒体，如报纸、杂志、广播、电视，同时也包括数字化的传统媒体，如在线媒体、移动端媒体、数字电视、数字报纸和杂志。政府部门可以借助传统媒体发布公共危机信息。传统媒体的优点是受众范围广、宣传成本低、信息传播时间短。

3. 新闻发布会

政府部门可以定期和临时举行新闻发布会，针对某个特定的突发事件，通过新闻发言人发布突发事件的信息和应急响应的政策与行动，并解答大众媒体的提问，及时回答社会公众关心的热点问题。新闻发布会的优点是提供政府部门与社会公众或者意见领袖直接面对面交流、答疑和寻找解决路径的机会，有针对性地解决某一特定事件行动中公众的焦虑和困扰。

4. 新媒体

行政机关还可以在微博账号、微信公众号上随时发布信息。有别于官方媒体、传统媒体和新闻发布会，新媒体为社会公众提供了随时随地都可以匿名讨论的平台。因此，当政府部门需要征集公众对公共危机处置方案的意见时，可以通过新媒体对处置方案进行发布，并实时获取公众的态度、建议及其变化。

阅读材料 7-2

西藏林芝隧道雪崩事件危机沟通案例分析[①]

2023 年 1 月 17 日 19：00 西藏自治区林芝市的派墨公路隧道口发生雪崩事件。派墨

[①] 西藏林芝派墨公路雪崩已致 28 人遇难，现场搜救基本结束[EB/OL].（2023-01-20）. https://m.bjnews.com.cn/detail/167422420614151.html.

公路隧道口所属的多雄拉山区 2023 年 1 月 13 日起开始连续中强度降雪，就在雪崩发生约 5 小时前，2023 年 1 月 17 日 15：35，墨脱县人民政府官网曾发布冬季道路交通安全温馨提示。然而，林芝市并未及时在官方平台上公布预警信息，尚未引起公众的注意，人们照常在暴风雪时段在派墨公路行驶，导致正在通行的多个车辆被埋，最终 28 人在本次事故中遇难，造成巨大的人员伤亡。

事发之后，2023 年 1 月 18 日，林芝政府迅速针对此次事件启动了雪崩 III 级应急响应，积极开展救援工作。新华网、红星新闻、《新京报》等权威新闻媒体对林芝市消防、森防、各级驻地部队、地方民兵和基层干部群众等应急管理部门、社会救援力量的搜救全过程和遇难家属安抚与善后工作进行了详细的追踪和报道。

根据数据平台监测，2023 年 1 月 18 日 00：00 到 1 月 19 日 16：00，网络涉该事件的信息量 16 685 条，其中微博、新闻网站及短视频是信息的主要传播平台，分别占比 40.46%、20.74% 及 20.51%。剩余信息分散在微信、手机客户端及论坛等其他平台。从舆情观察角度看，人们的关注点包括祈祷现场救援人员及失联者平安、讨论雪崩的防治措施、关注失联及遇难者的身份、关注事故发生路段、强调交通出行安全。

此案例经验告诉我们，政府不仅需要在官方网站上发布信息，而且需要结合多种媒体形式（如汽车广播、电视新闻等）发布危机信息，确保目标受众群体的广泛性。同时在发布危机信息时，还需要提供一些建议性措施，提高公众应对危机的实践能力。最后，通过网络舆情的信息收集功能和公众意见反馈，有针对性地吸收经验教训，提高政府的综合危机管理能力。

（二）公共危机信息发布的原则

1. 统一性原则

公共危机信息发布的平台与形式多种多样，但是针对同一个危机事件在不同平台上发布的信息内容必须具有一致性，尽可能做到数据统一和口径一致。然而危机事件往往具有很大的不确定性，不同部门在短时间内沟通不够到位，管理人员在信息收集、统计、分析与报送的过程中存在一定的偏差。可以在发布时留有余地，待偏差矫正之后，再补上必要的说明。

2. 内容公开原则

政府需要保障社会公众的知情权，规定可以公开的信息内容应该真实全面地公开，尤其对于公共危机事件的性质、危害源、影响范围、变化趋势等公众需要迫切了解的信息，政府相关部门应不隐瞒、客观全面地告知真相，并公布相应的应对措施，以减少公众因不明真相所带来的畏惧和疑虑。

3. 第一时间原则

在公共危机事件发生后，社会公众迫切希望在第一时间了解真相。如果权威信息得不到马上发布，谣言很可能产生，并在很短的时间内被扩散，政府部门需要及时收集信息，迅速、快捷地发布信息，满足人们的知情权。因此提高行政部门的危机沟通能力和效率，及时发布真实信息，才能树立政府的公信力，让权威信息主导舆论。

4. 动态跟进原则

公共危机沟通是一个动态的系统的过程，公共危机事件持续时间比较长，具有很强的不确定性，发展趋势波动变化，行政部门管理人员在发布信息时，要特别注意信息发布的次序和连续性，随时更新危机事件的发展态势、政府的处置行动和变化。当行政部门不能及时了解全面的信息时，可以发布简单但留有补充余地的信息以稳定民心。

5. 公众导向原则

在公共危机事件信息发布的过程中，政府部门需要坚持以公众为导向，了解社会公众的认识、需求、预期期望等信息，及时为公众提供急需的信息。同时了解不同公众对信息的接受水平，通过简单易懂的语言，基于多种沟通渠道告知公众，并引导公众正确看待危机事件，主动配合政府的应对。

（三）公共危机信息发布的过程

公共危机信息发布是行政机构按照法律程序向社会公众发布公共危机管理过程中获取的信息，它是危机沟通的重要组成部分。公共危机信息发布的责任主体是法定的行政机关，信息的接收者是社会公众。公共危机信息主要包括突发公共事件的应急预案、预警信息和应对策略与状况等信息，涉及国家机密和个人隐私的信息不在发布内容的范围内。

我国于 2019 年颁布的《中华人民共和国政府信息公开条例》规定了各级政府的公开信息具体内容。依照公共危机事件的发展进程，公共危机信息发布也可分为减缓、准备、响应和恢复四个阶段，在不同的阶段，社会公众有不同的信息需求，相关行政部门应该按照法律规定，满足不同阶段、不同社会公众的知情需求。在公共危机信息发布之前，行政部门应该及时了解社会公众对危机的认识和价值取向，对社会公众有清楚的判断，掌握社会公众的需求和行为，以社会公众为导向，坦诚清晰地发布社会公众能理解的信息。

在危机减缓和准备阶段，为了让社会公众了解和学习公共危机事件的相关法律、制度和机制，知晓危机沟通中的权利和义务。公共危机信息发布的内容包括应急预案、预警信息、应对方案、政府规章制度等。在危机响应阶段，为了及时发布权威信息，避免社会动乱，让公众了解政府在应对公共危机时所采取的策略，同时引导公众采取相应的措施，便于社会动员的实施，此阶段信息发布的主要内容涉及公共危机事件的性质、发展程度、影响范围、发展趋势。在危机恢复阶段，为了及时总结危机沟通的经验和教训，加强社会公众的危机意识和应对能力，推动灾后恢复重建工作，此阶段发布的信息主要包括公共危机事件的调查报告、恢复重建的政策实施、防灾减灾的新途径等。

公共危机信息发布的流程主要包括三个步骤：第一，对公共危机事件进行数据收集、核实、整理和分析等基础性工作，并剔除与国家机密和个人隐私相关的信息。第二，基于当前所在阶段，确定需要发布信息的内容、范围和方式。第三，在公共危机信息发布后，基于后续收集到的信息再补充发布。

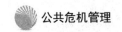

三、公共危机舆情处置

公共危机沟通是双向交互的，一方面政府发布危机信息，另一方面社会公众对接收的信息进行反馈。传统媒体（如报纸、广播、电视及大众传播整合运用等）主要提供了单向沟通的渠道，群众之间的信息传播无论是在空间范围内还是时间范围内都是很有限的，由此形成的社会或公共舆情规模一般较小。新兴网络媒体克服了传统媒体的局限性，以互联网、人工智能为核心技术，为政府和社会公众互动沟通、群众之间交流提供了平台，将社会或公共舆情以互联网的形式展现出来，形成网络舆情，为政府监测舆情动态发展提供了手段。网络舆情具有完全不同于传统社会舆情的特点。针对公共危机引发的网络舆情，政府应当采取合适的政策和手段将其进行正向引导和干预，使其规范化。

（一）公共危机舆情的含义、特征与作用

1. 公共危机舆情的含义与特征

李普曼在其《公共舆论》中提到舆论的定义：在他人脑海中呈现的关于自身或外界的印象，反映了其对主体的认知、内在需求和意图。在公共危机背景下的网络舆论，是社会公众对特定的公共议题在互联网平台上进行表达、交流和讨论。网络舆情具有以下五大特征。

（1）突发性。在互联网平台上，网民可以用匿名的方式自由自在、随时随地表达自己的观点和意见。当公共危机发生时，众多网民的意见可以在极短的时间内迅速地汇总起来，产生公共议题，瞬间形成庞大的意见"蓄水池"。网络舆情因其传播主体多，传播速度快，容易造成连锁式、爆炸式的覆盖效果。

（2）复杂性。网络舆情的复杂性体现在主题包罗万象、群体价值观念多样化、情绪心态庞杂。网络舆情的内容涵盖政府管理、经济发展、生态文明等社会层面话题，也涉及百姓民生、社会公平、贪污腐败等个人层面话题。话题多与公众利益密切相关，容易激发网民的强烈关注。

（3）极化性。微博等新媒体提供了高度开放的网络媒体平台，网友可以随意转发任何在新媒体上的言论，信息很容易传播到整个网络，另外，网民的情绪化、冲动非理性的行为容易被挑拨，导致舆情观点的极化。极化后的网络舆情更具不可控性，更容易产生极端言语，引发群体性事件。

（4）互动性。每个社会公众个体都可以针对特定的现象和事件，在互联网平台上有平等地发布信息、参与评论的权限，还能与危机事件的责任单位或监督部门进行直接交流和互动。公民之间也可以相互交流、争论，产生思想碰撞和意见交锋。

（5）局限性。受到各种现实因素的制约，社会公众的网络发言具有一定的局限性。一方面，社会公众对互联网媒体的接触机会不均等，网民趋年轻化，他们大多生活在大城市，拥有中高等学历，追求自由、平等的理想和精神。另一方面，网民的认识水平与思想深度不够，有时发表言论缺乏理性思考，容易情绪化。

2. 公共危机舆情的作用

网络舆论是时代发展的产物，对社会长远发展具有正向推动作用，主要体现在以下几点。

（1）增加信息渠道。2008年，我国颁布了《政府信息公开条例》，旨在加速政府信息公开程度，然而部分地区为了当局的政绩，仍然存在着故意隐瞒事件的现象。了解危机事件缘由、发展状况的个体可以通过网络媒体平台传播信息，促进事件表面背后的真相逐步呈现，提高刻意隐瞒公共危机事件的成本，迫使公权机构更加具体和细致地公开本应公开的信息。

（2）传达民意。我国各级政府和部门均建立了政务系统服务平台、政务微博账号和微信公众号，为社会公众提供了一个宽松的网络环境，他们可以就某个社会现象、热点问题表达自身的观点，从而凝聚社会公众的建议和意见，促进政府推行更符合社会公众期望的政策。

（3）监督公权。当前，我国在法制建设方面取得了巨大的进展，各级政府和公共事业部门依法行政日益规范化和法制化。然而官员腐败、公权滥用现象仍然存在。网络媒体对公共权力行使有着重要的监督作用，网络媒体的参与加快了危机事件监督部门的处置和回应速度。

（4）释放压力。当前自媒体时代已经到来，网络舆论具有双重性：一方面，网络给政府和公共事业部门带来了强大的舆论压力；另一方面，网络为社会公众提供了畅所欲言的途径，同时提供了宣泄情绪和在更大范围内寻求帮助的机会，是社会公众针对当前热点问题释放内在压力的重要途径，在某种程度上，能够缓解社会矛盾和冲突。

（5）推动制度改革。网络舆情可以聚合社会公众的认知、需求、期望、建议和意见等重要信息，在某种程度上能够比较客观地反映社会舆论的状况。网络舆论事件，如"鸿茅药酒"风波，促使了最高人民检察院、公安部联合修订《关于公安机关办理经济犯罪案件的若干规定》的第二条规定："严格区分经济犯罪与经济纠纷的界限，不得滥用职权、玩忽职守。"网络舆情促进了相关制度的变革，使我国向更加法制化、制度化、规范化的方向迈进。

（二）公共危机舆情的监测

公共危机一旦爆发就会引起公众的重点关注，引发网络舆情。每个突发事件均有不同的特点，由此产生的舆情也是各有不同，政府需要做好舆情的及时监测和风险预警。对公共危机事件发生前期、中期、后期均需要进行实时舆情监测，为应急预案、危机响应、恢复重建提供必要信息来源。当前，舆情监测手段主要包括自主搭建监测系统、创建政务微博。前者可以灵活快速地处理舆情信息，但需要大量的资金开发与维护；后者分析功能较少，但是所需要的经费投入较少。基于公共危机事件全过程的舆情监测，收集舆情信息和公共危机事件的实际状况，可以判断社会公众对危机事件的把握程度，从而推断公众情绪与价值判断，识别谣言。

我国公共危机四类突发事件是网络舆情的主要载体。网络舆论的主要关注内容：一是灾害情况。灾害影响范围越大、灾情越严重、伤亡越大,越会引发网民的注意。二是事故原因。网民会主动搜索或关注危险源头和事故原因,如基础设施故障、存在腐败等会刺激受灾人群和公众的情绪。三是救援力度。救援不力、预警缺位、安置欠妥等也是网民关注的重点。四是政府作为。若存在防治方法不当、回应不及时、涉嫌滥用警力,都会成为舆论的焦点。另外,专家言论不一致,口径不统一,会降低权威信息的公信力,给网民带来深深的疑虑。

基于舆情监测的信息需要建立适合的风险分析、研判、回应机制,形成一个系统性的循环过程,强调回应的速度,提高整体循环过程的效益。对网络舆情的风险分析和研判主要有四种方式:一是根据网络舆情历史发生的特征和规律进行有目的性的监控,对重大政治、社会事件,需要提前做好风险评估,并预测舆情的发生和发展;二是加强网络舆情信息的层次研判,加强对各个部门的网上舆情监控;三是对重大事件进行实时动态监控,把握事件的发展方向;四是网络舆论管理部门人员交流舆情判别策略,开展反思性研判,提高监测队伍的业务能力。

对网络舆论的形势走向的推断应该是一个系统性过程。首先,需要对公共危机事件的性质做判断,识别事件的责任主体、事件和舆论的主要参与人。其次,对网络舆论本身和焦点进行分析,可以利用大数据分析技术对舆论信息进行深层次挖掘。最后,确定网络舆论引导的主体、渠道和沟通对象,作为网络舆论引导决策的分析依据。另外,舆情回应的速度应该以研判为重要的基础,不能一心只强调快,也需要强调科学和效果。

(三)公共危机舆情的引导

在公共危机沟通中,网络舆论是一把"双刃剑",如果运用恰当,则有利于避免危机带来的不利影响,还能提高政府公信力与人民凝聚力;如果运用不当,网络舆论有可能会持续发酵,对社会的负面影响加剧。

政府在引导和干预网络舆情时,应注重"疏",而不是"堵",正所谓"防民之口,甚于防川;川壅而溃,伤人必多。民亦如之。是故为川者,决之使导;为民者,宣之使言"。使其扬长避短,逐步走向规范化。公共危机沟通下的网络舆情引导是政府或公共事业部门以化解危机、维护公信力、维持稳定社会为目的,在互联网平台中与社会公众关于危机事件的沟通和交流工作。公共危机的舆情引导可以从以下四个方面着手。

1. 完善法律制度保障

自2000年以来,我国在网络舆情引导方面的法律法规建设取得了长足的进展,提升了整体网络舆论的法治化水平,从法规和政策上规范网络舆论和行为。相关的法律法规主要包括三大类:网络信息传播类法律、突发事件管理类法律和公众知晓权保障法律。

当前,关于网络信息传播类法律已达十余部,例如2000年12月28日,全国人民代表大会常务委员会颁布了《关于维护互联网安全的决定》,旨在推动我国互联网的健康发展,保护国家安全和社会稳定。除此之外,国务院新闻办公室、信息产业部、最高人民法院、最高人民检察院、国家互联网信息办公室、全国人民代表大会常务委员会分别针对互联网新闻信息、用户账号、信息搜索、应用程序等的服务管理和网络安全问题提出了规定，进一步规范网络行为主体、信息平台和内容，并建立有效的违规制约机制。

突发事件管理类法律主要涉及突发事件管理综合法（如《突发事件应对法》）、行业管理法规（如《中华人民共和国安全生产法》）和各地的应急预案。这些法律对信息发布进行了约束。关于突发事件的网络舆情引导还需要对发布内容、信息时效性、统计数据口径方面进行管理，抑制虚假信息的蔓延。

当前，公众知晓权保障法律主要包括四部法律：一是国务院颁布的《中华人民共和国政府信息公开条例》，规范了政府公开信息的内容、方法和程序；二是《关于全面推进政务公开工作的意见》，要求建立健全政务舆情收集、研判、处置和回应机制；三是《关于在政务公开工作中进一步做好政务舆情回应的通知》，细化和量化了政务舆情回应的环节；四是《国务院办公厅印发〈关于全面推进政务公开工作的意见〉实施细则的通知》，规范了政府舆情回应的责任部门主体。然而，当前仍然存在诸多制度规范不完善、回应效果不到位、对工作消极不作为等问题，有待进一步提高行政能力和加强法制建设。

2. 提高舆情风险防范能力

在网络信息空间上，信息传播主体多样化，网民可传播信息，而且互联网媒体具有很强的交互性、时效性、跨地域性，同时信息通道更加开放和多样。网民的负面情绪和非理性思想很容易在网络上发布并传播，引发其他网民的共情，导致矛盾升级，酿成舆论危机。政府需要提高舆情风险防范的意识，从降低风险的视角出发，预防舆情的发酵，建立相应的网络舆情风险评估、风险监测、风险研判等机制，可以从五个方面努力：一是通过对将要推行的政策和决策进行社会风险评估来减少网络舆论载体的出现；二是对公共事业部门日常存在的网络舆论风险进行评估，以历史事件为主线，针对某个公共主体构建风险源清单；三是建立舆论风险监测体系，拓宽舆论风险监测渠道，降低网络风险监测的投入成本；四是基于信息共享，建立网络舆论反馈机制，促进突发事件的有效处置和应对；五是对不良影响的信息风险进行分析，建立研判机制。

3. 多与主流媒体合作

官方传统媒体如政府官方网站、新闻栏目等均是权威信息发布的重要来源和渠道，然而目前其受众数量较少，社会公民普遍趋向通过互联网媒体直接获取信息。这是由于目前的官方媒体信息发布的审批流程较为复杂，降低了信息发布的效率，另外官方媒体的传播途径为单向，较少为公众提供交互沟通的平台。传播内容多局限于文本、图片等静态信息，更新速度与传播速度稍逊于短视频、直播等新媒体。进一步促进官方传统媒体与主流新媒体的交互融合，将对突发事件产生的舆情具有深远的影响。

4. 建立多渠道舆论响应机制

网络舆论的引导渠道包括新闻发布会、记者招待会、新闻访谈会、官方微博发布、政务系统平台通报等多种方式。需要充分发挥多种舆论引导渠道的作用，优化现有的舆论引导预案，搭建网络舆论响应的分级机制，从而建立网络舆论响应机制，把握网络舆论引导的最佳时机。另外，回应的方式、内容和时间都需要研究判断。

本章小结

公共危机动员与沟通贯穿于公共危机管理的全周期，及时有效的信息交流与反馈能够为公共危机管理的决策提供辅助策略。本章对公共危机动员与沟通两个核心概念的演变、内涵、功能与原则做了详细的论述。公共危机动员与沟通的主体是政府和公共事业部门。社会公众对动员与沟通信息具有知情权。本章还论述了公共危机舆情的定义和突发性、复杂性、极化性、互动性、局限性五大特征。基于对公共危机舆情的监测，适当引导舆情发展方向，完善法律制度保障，提高舆情风险防范，多与主流媒体合作，建立多渠道舆论响应机制。

 课后名词解释

公共危机动员　社会组织　志愿者　社区　公共危机沟通　公共危机舆情

 思考题

1. 简述公共危机动员的主体有哪些。
2. 简述公共危机动员的环节有哪些。
3. 简述公共危机动员的功能有哪些。
4. 简述公共危机沟通的定义。
5. 简述公共危机沟通的功能有哪些。
6. 简述如何发布公共危机信息。
7. 简述如何引导公共危机舆情。

第八章 公共危机调查与评估

📖 本章学习目标

作为公共危机管理过程中不可或缺的重要环节,公共危机的调查与评估是总结经验教训、查堵制度疏漏、提升应对能力、加强风险预防的关键内容。了解公共危机调查评估的概念、类型、目标、作用,可以加深对调查评估的理论认识;掌握公共危机调查评估的原则、方法、机制、流程,可以帮助学习者和实务者全面理解和应用调查评估的关键技能和系统实践,从而更好地应对和管理各种危机情况。

"危机",即"危"中有"机",危机管理的目标是尽可能转"危"为"机",因此,对公共危机管理者而言,危机处置方案的实施并不意味着危机处理过程的结束,此后的调查评估过程仍是公共危机管理的重要组成部分。在公共危机管理中,调查评估是从危机事件中吸取经验教训、弥补缺失、提升能力、预防风险的重要机制。当公共危机事件处置结束后,公共危机管理者应当通过客观、全面、及时、准确的危机调查评估总结经验教训,从纷繁复杂的危机事件与危机管理过程中进行梳理和反思,以预防类似危机的再次发生。

第一节 公共危机调查评估概述

一、公共危机调查评估的概念、内容与类型

(一)公共危机调查评估的概念

公共危机管理中的调查评估指的是公共危机管理者为了了解危机事件的起因和影响、借鉴危机处置的经验教训、提升危机应对能力以及其他目的,依据相关的法律法规和预先制定的工作流程、指标体系,有计划、有目的地进行数据收集、信息获取以及情况调查的活动,进而对危机事件性质和责任认定、危机处置行动与能力、危机处置的经验教训以及其他需要评估的问题给出明确结论。

公共危机管理中的调查评估包含"调查"与"评估"两项重要内容,是同一活动的两个阶段或步骤,前者旨在对危机事件发生的原因、应对过程等进行事实情况的考察,以有计划、有目的地了解真实情况;后者则是在事实调查的基础上对危机管理过程进行系统性

的评判和总结。①调查与评估前后衔接、相辅相成，一方面，调查作为获取事实信息的途径，为评估提供了前提和基础，科学准确的评估需要建立在全面客观的事实调查基础之上；另一方面，评估作为主观评价和总结的过程，使调查具有了现实性意义，评估结果的形成与应用是危机调查的结果和目的。从这个意义上来说，公共危机调查评估就是通过对危机事件的发生以及危机处置过程进行考察以获取必要的相关事实信息，并在此基础上开展评价与判断的活动。

（二）公共危机调查评估的内容

调查评估在公共危机管理的全过程、各阶段均有应用，在《突发事件应对法》《国家突发公共事件总体应急预案》《中华人民共和国安全生产法》《生产安全事故报告和调查处理条例》等多项法律法规中对公共危机管理不同工作环境中的调查均有所规定和要求。

2016 年，习近平总书记在重庆考察调研时对安全生产工作做出重要指示："面对公共安全事故，不能止于追责，还必须梳理背后的共性问题，做到一方出事故、多方受教育，一地有隐患、全国受警示。"2007 年发布的《突发事件应对法》第五十九条规定："突发事件应急处置工作结束后，履行统一领导职责的人民政府应当立即组织对突发事件造成的损失进行评估。"第六十二条规定："履行统一领导职责的人民政府应当及时查明突发事件的发生经过和原因，总结突发事件应急处置工作的经验教训，制定改进措施，并向上一级人民政府提出报告。"在 2007 年施行的《生产安全事故报告和调查处理条例》中，第二十五条规定事故调查组应履行"（一）查明事故发生的经过、原因、人员伤亡情况及直接经济损失；（二）认定事故的性质和事故责任；（三）提出对事故责任者的处理建议；（四）总结事故教训，提出防范和整改措施；（五）提交事故调查报告"五项职责，第三十条规定事故调查报告应当包括"（一）事故发生单位概况；（二）事故发生经过和事故救援情况；（三）事故造成的人员伤亡和直接经济损失；（四）事故发生的原因和事故性质；（五）事故责任的认定以及对事故责任者的处理建议；（六）事故防范和整改措施"六项内容。

2021 年修订的《中华人民共和国安全生产法》第八十六条规定："事故调查处理应当按照科学严谨、依法依规、实事求是、注重实效的原则，及时、准确地查清事故原因，查明事故性质和责任，评估应急处置工作，总结事故教训，提出整改措施，并对事故责任单位和人员提出处理建议。事故调查报告应当依法及时向社会公布。事故调查和处理的具体办法由国务院制定。事故发生单位应当及时全面落实整改措施，负有安全生产监督管理职责的部门应当加强监督检查。负责事故调查处理的国务院有关部门和地方人民政府应当在批复事故调查报告后一年内，组织有关部门对事故整改和防范措施落实情况进行评估，并及时向社会公开评估结果；对不履行职责导致事故整改和防范措施没有落实的有关单位和人员，应当按照有关规定追究责任。"第八十七条规定："生产经营单位发生生产安全事故，经调查确定为责任事故的，除了应当查明事故单位的责任并依法予以追究外，还应当查明对安全生产的有关事项负有审查批准和监督职责的行政部门的责任。"

---

① 王宏伟. 公共危机管理[M]. 修订版. 北京：中国人民大学出版社，2019：221.

从以上法律法规概况来看,公共危机管理中的调查评估主要涉及以下三个方面的主要内容。

1. 公共危机事件相关的调查评估

这一类调查评估内容主要围绕危机事件,对危机事件发生的原因、性质、经过、经济损失、人员伤亡等进行调查评估,以进行危机事件定性和损失补偿等。

2022 年 1 月,国务院灾害调查组发布了《河南郑州"7·20"特大暴雨灾害调查报告》,报告首先对此次暴雨事件的人员伤亡和财产损失情况进行了调查统计,将其认定为"一场因极端暴雨导致严重城市内涝、河流洪水、山洪滑坡等多灾并发,造成重大人员伤亡和财产损失的特别重大自然灾害",并对灾害情况及主要特点进行了详细分析和总结。

2. 公共危机处置过程和管理能力相关的调查评估

此类调查评估内容主要针对各级政府及相关部门应对公共危机的实际处置过程、工作开展情况、危机应对效果和危机管理能力,对危机事件事前、事发、事中、事后全过程的应对和处置情况进行全面调查评估,具体包括组织体制、程序流程、策略手段、监测预警、危机决策、危机传播、善后措施、资源保障等工作内容和管理能力,旨在监督、检查、考核和推动政府及相关部门的危机管理工作的开展,以进行责任定性、问责追究和整体改进,从中总结经验教训,改善危机管理的各个环节和过程,促进应急能力的提升。

在《河南郑州"7·20"特大暴雨灾害调查报告》中,国务院灾害调查组对此次暴雨事件中郑州市委市政府等政府部门及其领导干部的应对处置过程进行了详细的调查分析,认为其存在应对部署不紧不实、应急响应严重滞后、应对措施不精准不得力、关键时刻统一指挥缺失、缺少有效的组织动员、迟报瞒报因灾死亡失踪人数等问题。

3. 其他公共危机管理事项相关的调查评估

这一评估内容包括其他与公共危机管理事项相关的各类调查评估,如对危机事件发生涉及的风险因素、危险源等的调查评估,对危机事件带来的深远影响和社会危害的调查评估,对所涉及的制度规范、政策规定、体制机制的现状和问题的调查评估。对这些内容所进行的调查评估同样是为了完善和改进公共危机管理。

以上三个方面内容的调查评估相互联系、共成一体。从其目标来看,无论是针对公共危机事件本身,还是针对公共危机处置过程和管理能力,抑或是针对其他相关事项,无不力图通过调查评估的机制和环节,查明发现公共危机管理工作中的薄弱之处,总结相应经验教训,推动公共危机管理能力的提升,完善相关体制机制的建设。当然,在多数实践中,三类调查评估内容并不会进行严格区分,反而会融为一体,互相关联。调查评估主体往往需要对三个方面的内容和对象进行整体性事实调查与分析评估。国务院在对 2011 年"7·23"甬温线特别重大铁路交通事故、2015 年"东方之星"号客轮翻沉事件、2021 年河南郑州"7·20"特大暴雨灾害等几起重大危机事件的调查评估中,无一不涉及对危机事件发生的原因、经过、性质、人员伤亡、经济损失、处置过程、责任认定、处理建议、整改措施等内容的详细调查与分析结论。

(三）公共危机调查评估的类型

从不同角度出发，可以对调查评估做出不同的分类，具体如下。

（1）根据组织形式的不同，公共危机的调查评估可以分为非正式调查评估和正式调查评估。非正式调查评估对调查评估的主体、程序、形式、标准、内容、结论等均未予以严格规定或要求，各类调查评估者可自发进行相应的调查和评价过程。例如在公共危机事件发生时，某些相关政府领导自行调研并做出判断，一些媒体自发对危机事件及处置过程进行调查评论和公开报道，一些专家或公民从专业技术角度或知情者角度对危机事件及政府应对进行调查研究并发表评论等，均属于非正式调查评估的形式。正式调查评估需严格按照相关法律规定进行，对调查评估的主体、内容、程序、方案、形式、结论等均有明确要求。例如，《突发事件应对法》规定履行统一领导职责的人民政府要及时对突发事件造成的损失，突发事件的发生经过和原因，应急处置工作的经验教训、改进措施等进行调查评估，并向上一级人民政府报告，《生产安全事故报告和调查处理条例》则对事故调查的部门、程序，调查组的组成、职责、时限、内容进行了更为具体详细的规定。非正式调查评估方式灵活、简便易行，既可以从社会层面反馈危机处置效果，又可以吸引社会各阶层人士的参与，增强公众参与意识。但与此同时，非正式调查评估囿于信息有限、方法粗糙和程序随意，其调查评估结论具有一定的偏差和主观性，权威性和可信度不高。正式调查评估则需要耗费较长的时间和较高的成本，社会参与性不足，但其调查评估结果更具有科学性和权威性，更易被公众和当事方接受。

（2）根据调查评估的主体不同，调查评估可以分为内部调查评估和外部调查评估。内部调查评估指的是由公共危机事件的直接相关主体所进行的调查评估活动，包括危机事件发生的当事方和危机管理主体。例如依据《生产安全事故报告和调查处理条例》，在生产安全事故类危机发生后，未造成人员伤亡的一般事故，县级人民政府也可以委托事故发生单位组织事故调查组进行调查。外部调查评估指的是由公共危机事件的非直接相关主体所进行的调查评估活动，一般包括上级政府、中央政府、独立第三方调查主体。例如，在河南郑州"7·20"特大暴雨灾害事件后，国务院成立由应急管理部、水利部等多部委联合组建的调查组，对此次灾害事件进行了定性和责任判定。内部调查评估的优势在于相关信息掌握较为及时全面，能够在危机事件发生的全过程中进行动态监测和调查评估；其劣势在于由于利益相关而难以保证调查评估的真实性和客观性。外部调查评估的优势在于调查评估结果更具有客观性和独立性，但往往在危机事件处置结束后方能发挥作用，因此不能及时纠偏。

（3）根据调查评估阶段的不同，调查评估还可以分为事前的调查评估、事中的调查评估和事后的调查评估，分别在危机事件发生前对危机事件发生的征兆和可能性进行调查评估，在危机事件发生后对危机事件发展进程和处置过程进行调查评估，在危机事件结束后对危机事件的影响、责任处置、整改措施等进行调查评估。

（4）根据调查评估内容的不同，调查评估可以分为危机原因调查评估、危机过程调查评估、危机结果调查评估、危机影响调查评估等，分别针对危机事件发生的原因、危机事件演变和应对过程、危机事件应对结果、危机事件产生的直接和间接影响等内容展开调查评估。

在公共危机管理中，应尽可能丰富调查评估的类型，使正式调查评估与非正式调查评估相结合，兼顾内部调查评估和外部调查评估，在公共危机的不同阶段，针对不同内容开展全过程、全方位的调查评估活动。

二、公共危机调查评估的目标与作用

（一）公共危机调查评估的目标

公共危机调查评估可以帮助危机管理者总结以往的经验教训，预防类似错误的再次发生，这是调查评估的基本功能和目标。同时，针对公共危机事件本身的调查评估则对危机的预防、反应和恢复都能起到促进和改善作用。此外，在公共危机发生和处置的过程中，公众具有了解危机发生事实的信息需求，要求找出问题症结，提出完善和改进建议，涉及失职、渎职的政府部门及其工作人员，要依法追究当事者的责任。

一般来说，公共危机调查评估的具体目标主要涉及以下几个方面。

（1）深入分析与认识危机。通过调查评估，不仅要查明危机事件发生的直接原因，还要分析问题存在的深层次原因；既要能描述危机现象，更要弄清问题本质。因此，经由调查评估，不仅要求查清危机事件发生的原因、性质、经过、经济损失、人员伤亡等事实现象，还要对其发生、演化规律和深层次结构制度因素进行总结。

（2）完善危机恢复与重建的措施。在对危机事件进行处置后，还需采取有效措施消除危机所造成的破坏和负面影响，尽快恢复受影响地区和群众的正常生活、生产秩序。通过对危机事件的调查评估，需要在对其所带来的影响、损失及资源使用情况进行客观分析评估的基础上，有针对性地提出危机恢复和重建的措施。

（3）发现危机管理机制中存在的问题。通过调查评估，发现危机处置过程及日常管理工作中的漏洞和不足，研究分析危机处置不当的体制因素和结构因素，并从公共危机管理机制上寻求改善危机管理效果的治本之策。因此，经由调查评估，既要对危机事件处置过程进行调查分析与评估，还要对整体危机管理的组织体制、运行机制等进行追踪与考察。

（4）创新提升危机反应能力的方法和规则。每一次危机事件的发生与应对，对于危机管理者而言都是难得的实践经历，尤其是针对未知风险与新型危机的应急处置，可以帮助管理者不断创新危机应对的方法，总结一般性规则。因此，通过调查评估，要及时总结危机应对的正面经验和负面教训，归纳管理的一般性规律，以不断创新和提升危机管理的方法和规则。

（5）寻求防范危机再次发生的改进建议。通过调查评估，在总结危机发生演化规律、发现管理机制问题、创新应对方法规则的基础上，还需对现有管理机制和危机防范体系提出针对性的完善改进建议，列出预防同类危机事件再次发生的具体措施。

（6）追究危机事件相关责任。建设权责一致的政府，必然涉及危机问责。公共危调查评估还需对危机事件中负有监管和领导责任的事故责任人进行准确定性，并对危机应对不力、失职渎职的相关人员予以问责处理或提出处理意见。

以上具体目标还可以进一步归纳为三个层次，即查找原因、理顺关系、分清性质与责任。每一层级的目标在内容及要求上存在显著差异[①]。

（1）查找原因。要求从环境、人员、技术、制度等角度查明危机事件发生的基本原因。首先，从环境角度的分析，既需要考察地理、气象等自然环境，又需要分析经济形势、治安条件、文化因素等社会环境。其次，从人员角度的分析涉及个体、群体、组织三个层次。个体层面涉及具体涉事和管理人员；群体层面涉及利益受损者、责任承担者、管理协调者等角色；组织层面需要调查所有相关的单位、部门等。再次，从技术角度的分析通常针对危机事件发生以及日常管理的专业技术因素，不同种类的危机事件所涉及的专业技术因素明显不同，需要分类具体考察。最后，从制度角度的分析主要针对危机事件发生所涉及的管理制度、运行机制等。

（2）理顺关系。每一起危机事件的发生和演化总是环境、人员、技术、制度四类要素交互耦合的结果，要素之间的排列组合构成一个庞大而复杂的系统。因此，调查评估要理顺四类要素之间的关系，包括人与人、人与物、人与信息、人与技术、人与制度、技术与技术、制度与制度之间的关系。这些关系中蕴含着激化危机升级的可能性，因此需要进行系统的排查。

（3）分清性质与责任。在查明原因、理顺关系的基础上，还需分清事故的性质，即是人为导致还是技术原因，是系统结果还是偶然因素。对责任的查明和确认往往包含事发责任、事中责任和事后责任。事发责任是指导致危机事件发生或升级的直接责任人或者责任主体所应承担的责任；事中责任是指处置过程中的管理者、行为人、信息发布主体等所应承担的责任；事后责任是指在善后恢复阶段负责人所应承担的责任。例如，在危机管理过程中，危机处置的科学性、对社会关切回应的及时性、信息发布的准确性、善后赔偿标准的合法性等都存在一定的责任主体。

当危机事件发生后，危机管理者首先需要通过调查评估查清危机发生的直接原因和深层原因；其次，还需要进一步厘清各要素之间的排列关系和系统结构；最后，还应确认危机事件的性质和责任主体应承担的责任。因此，对于危机调查评估而言，查找原因、理顺关系、分清性质与责任三个层次目标是一个有机整体，缺一不可。此外，在实际的调查评估中还需注意三层目标之间的区分以及优先排序问题，避免评估目标发生扭曲。当不同目标之间发生冲突时，应当根据具体事件要求明确调查评估的重点，在有限的时间、人力、物力等调查资源的约束下，首先保障核心目标的实现。

罗伯特·希斯提出危机管理评价的两大目标分别是"建立提高反应力的规则"与"获取处理不当、操作失误的情况以确认、惩罚罪过"，尽管这两个目标贯穿于同一过程，但一旦人们知道在寻找替罪羊或追查失误时，他们就闭口不谈或屏蔽了事实，以求明哲保

[①] 薛澜，沈华，王郅强."7·23重大事故"的警示：中国安全事故调查机制的完善与改进[J]. 国家行政学院学报，2012（2）：23-28.

身,"危机管理如果想获得有助于将来降低危机情境严重程度以及能提高危机处理技能的详细信息,要对这两个目标作出区分"。①在我国,安全事故调查总会伴随着责任追究,有时责任追究甚至成为事故调查的最终目标,但需要澄清的是,责任追究的调查是为了形成对领导干部和工作人员尽责的合理压力机制,预防失职和错误,而事故调查的目的则是在数据收集和科学分析的基础上,找出危机事件发生的原因,提出合理、可行、适用的预防措施和手段,以防止类似事故的再次发生。总之,通过调查评估,消除系统的风险隐患才是其最根本的目的。②尽管分清性质与责任是其目标之一,但不应过度强化和夸大,使得调查评估的重点和注意力从认定客观事实偏离集中到对错误行为及人员的追查上,这种目标偏移不仅不利于发现危机真实信息和找到问题症结,还会直接影响危机的恢复,削减危机管理的效果。从危机学习的维度来看,也应明确事故调查的目的是探明事实真相,为危机学习提供事实材料,而不应以强化问责为导向,出现重问责、轻学习的现象。③

(二)公共危机调查评估的作用

对于公共危机管理而言,调查评估的根本意义在于提高公共危机管理工作的效能。就具体危机事件而言,调查评估是危机管理过程中不可或缺的重要环节。其一,事前的调查评估有助于风险源的排查,对风险进行科学评估,是准确预警和提前防范的基础,体现了公共危机以管理预防为主的原则;其二,事中的调查评估有助于及时总结经验教训,提高危机响应效率;其三,事后的调查评估有助于及时正确地评价危机的影响,为恢复重建工作的顺利开展奠定基础。

就公共危机管理的发展而言,调查评估有利于公共危机管理部门提高管理水平,增强学习能力,使应急管理工作日臻完善。首先,通过调查评估可以及时总结教训,弥补公共危机管理的缺陷与不足;其次,通过调查评估可以及时总结经验,完善公共危机管理的体制、机制、法治和预案。④

结合一般的调查评估理论来看,公共危机的调查评估可以发挥以下四个方面的具体作用。

(1)改进性作用。通过对危机事件及危机处置过程的调查评估,可以从中发现公共危机应对中发生的问题以及日常管理中所忽视的制度漏洞,进而查漏补缺,不断改进公共危机管理的预案、体制、机制、法制体系,从而防范风险,避免危机事件的再次发生。

(2)问责性作用。对于政府而言,公共危机使得个体安全和公共安全遭受严重威胁,因此有效应对和处置危机便成为政府的重要职责,公共危机事件的发生及其管理过程必然会直接涉及重大的生命财产责任,因而在公共危机管理中行政问责必不可少,也尤为紧迫。《突发事件应对法》详细规定了政府部门及其工作人员在突发事件处置中应当承担

---

① 希斯. 危机管理[M]. 王成,宋炳辉,金瑛,译. 北京:中信出版社,2001:510.
② 薛澜,沈华,王郅强. "7·23重大事故"的警示:中国安全事故调查机制的完善与改进[J]. 国家行政学院学报,2012(2):23-28.
③ 马奔,程海漫. 危机学习的困境:基于特别重大事故调查报告的分析[J]. 公共行政评论,2017,10(2):118-139.
④ 王宏伟. 公共危机管理[M]. 修订版. 北京:中国人民大学出版社,2019:222.

的行政责任和法律责任,但在具体实践中,责任归属难以确定成为问责难题,对此,公共危机调查评估基于事实材料的收集与分析,有利于科学、客观、清晰地界定具体部门、单位、个人的责任,并做出响应处理建议,因而可以有效发挥问责性作用。

（3）辅助传播作用。危机传播旨在最大限度地向内外公众以及媒体告知危机事件信息,是公共危机管理的重要内容之一。[1]有效的危机传播不仅能减轻危机,还能提升组织的正面声誉、可信度和公众信任。[2]《关于深化政务公开 加强政务服务的意见》提出要抓好重大突发事件和群众关注热点问题的公开,客观公布事件进展、政府举措、公众防范措施和调查处理结果,凸显了国家对危机传播的重视程度。公共危机的调查评估无疑可以在很大程度上提升危机传播的效果,通过及时、客观、科学、有效的调查过程和评估结果,政府可以尽快掌握可靠的事实信息以及做出事件定性和责任归属,在此基础上借助各种有效的传播渠道公之于众,进而增强政府公信力和合法性。

（4）促进启发作用。从公共危机调查评估的内容和目标来看,针对危机事件的调查评估,有利于发现一般性规律,深化危机管理者对危机发生与演化的认知;针对危机管理的调查评估,同样可以及时总结经验教训,促使危机管理者就管理水平和管理能力的提升不断进行思考和领悟。因此,调查评估可以发挥促进启发的作用,有利于公共危机管理方法、策略、规则的创新性发展。

三、公共危机调查评估的原则、方法与指标

（一）公共危机调查评估的原则

公共危机调查评估的原则是调查评估实施所依据的准则,《中华人民共和国安全生产法》第八十六条明确规定:"事故调查处理应当按照科学严谨、依法依规、实事求是、注重实效的原则,及时、准确地查清事故原因,查明事故性质和责任,评估应急处置工作,总结事故教训,提出整改措施,并对事故责任单位和人员提出处理建议。"为了保障实现公共危机调查评估的预定目标,避免发生目标扭曲和偏离,切实提升公共危机管理效能,调查评估应当遵循八个方面的基本原则[3],如图8-1所示。

1. 客观性原则

客观性原则是公共危机调查评估的首要原则,要求调查评估主体必须基于事实真相收集获取和整理信息数据,在此基础上进行符合逻辑的推理和认定,尽量克服主观性的影响,以尽可能重现危机事件发生的原因、经过、损失、影响,并还原危机应对处置的实际过程,避免出现关键信息的缺失和事件真相的扭曲。

---

[1] 廖为建,李莉. 美国现代危机传播研究及其借鉴意义[J]. 广州大学学报（社会科学版）,2004（8）：18-23.
[2] COOMBS W T.Teaching the crisis management/communication course[J]. Public Relations Review, 2001, 27(1): 89-101.
[3] 闪淳昌,薛澜. 应急管理概论：理论与实践[M]. 北京：高等教育出版社,2011：401-402.

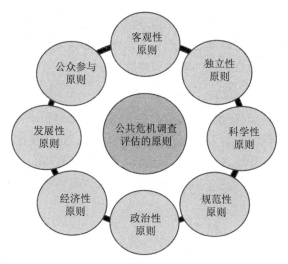

图 8-1　公共危机调查评估的原则

2. 独立性原则

调查评估的独立性原则是其客观性的前提和保障。独立性原则要求调查评估主体应当保持中立性和独立性，依据事实信息独立开展调查工作，排除外界无关因素的干扰进行评估和判断，从而如实反映危机及其管理的真实情况。

3. 科学性原则

调查评估的科学性原则也是实现其客观性的主要保障。科学性原则要求调查评估主体应具有专业知识储备，采用恰当的调查方法获取危机事件与危机管理的全面信息，依据合理的评估指标，经由科学统计与逻辑推理得出可靠的调查结果和评估结论，尤其注重事实信息、证据链条、分析结论之间论证的合理性。

4. 规范性原则

要使公共危机调查评估具有客观性、独立性和科学性，就必须预先制定相应的法律和制度规范，对调查评估的主体、方案、时间、程序、调查报告、经费使用、责任追究、结论公开、结果利用等内容进行详细规定，在调查评估的实施过程中监督调查评估者严格遵循相关制度规范，以此降低成本、提升质量、加强比较，进而保障调查评估的合法性、客观性、科学性。

5. 政治性原则

调查评估强调客观性、独立性和科学性，但同时还需认识到调查评估的政治性原则，这意味着公共危机中的调查评估本质上是置于一定的政治环境和制度背景之下开展的政治性活动，要求其必须从政治层面回应国家治理、政府管理、危机管理体系的发展需求。

6. 经济性原则

在事实调查和分析评估的过程中，调查主体为获取信息需付出一定的时间成本、经济成本、人力成本等，信息获取越详细、越具体，评估分析越全面、越复杂，成本则越高，且呈现为指数增长。因此，调查评估活动需遵循经济性原则，意味着调查主体需考虑所要实现的目标效果与所要付出的成本之间的平衡，在不影响其调查评估目标的前提下尽可能实现成本控制，从而提高调查评估的效率和效能。

7. 发展性原则

不同于一般的调查评估活动，公共危机调查评估应致力于未来公共危机管理活动的改进、公共危机管理体系的完善以及公共危机风险的预防，这就要求在调查评估过程中除了基本的事实认定、性质认定、责任认定，还需注重探索、发现、归纳公共危机及其管理的一般性知识和客观规律，从而进一步深化认知，为公共危机的预防和危机管理的发展提供更多的启示和线索。

8. 公众参与原则

公共危机调查评估活动同样强调公众的参与，这是以人为本原则和民主性要求的体现。公共危机事关社会公众的切身利益，公众有权利参与调查评估过程，以了解事实真相；处于基层一线的群众更能深刻体会到危机事件应对和公共危机管理中存在的问题；受到危机事件影响的公众对于危机发生、应对处置、损失评估等相关信息具有一定的发言权，是获取危机事件及其管理过程相关事实信息的重要来源，可以提供一手资料；危机事件直接牵涉的群体对危机处置的感受、理解和评价也是评估危机管理效果的重要因素之一。

（二）公共危机调查评估的方法

公共危机调查评估的科学性、客观性、有效性依赖于科学的调研方法与评估技术。当前普遍采用的调查评估方法可以分为定性和定量两类。

1. 定性调查评估法

定性调查评估法是指调查评估主体依据自身的直觉、经验，通过逻辑推理、哲学思辨、历史求证、法规判断等思维方式，着重从质的方面收集、分析和研究有关危机事件及其处置过程的信息资料，对危机事件的发生、经过、性质、影响以及对危机处置的过程、效果、责任等进行偏于主观的判断和分析。在调查评估中，常用的定性方法主要有现场勘察法、询问法、观察法、文献分析法、5W1H法、民意测验法、关键事件法。[①]

（1）现场勘察法。在调查评估过程中，调查评估人员为搜集事实信息、证据材料、核定损失等，需要对危机事件发生的现场及相关物品进行勘验检查，发现、固定、提取与危机事件相关的痕迹、物证及其他信息，调取和存储现场信息资料，结合现场情况和专业经验分析事发过程，为调查报告提供现场线索和证据。现场勘察法是事故灾难类危机事件的调查过程中经常采用的一种方法。

（2）询问法。采用询问法的调查评估人员需通过直接询问危机事件的利益相关者、旁观者、管理者等，从其回答中了解事件发生的原因、经过、危害程度和危机处置的内

---

① 王宏伟. 公共危机管理[M]. 修订版. 北京：中国人民大学出版社，2019：224-225.

容、过程、效果,并明确利益相关者的态度和意见。在具体询问时,调查评估人员可采取面谈、电话访谈、问卷调查等多种途径形式。

(3)观察法。观察法是指调查评估人员有目的、有计划地对危机事件的演化发展过程以及所涉人员面对危机的反应、态度等进行观察的调查方式。观察法使得调查评估人员可以从较为客观、中立的观察者角度搜集相关信息,并记录观察过程和观察结果,以此作为调查分析和评估的依据。观察法可以具体分为局内观察和局外观察,前者指的是调查评估人员参与被观察对象的社会环境、社会关系,通过与被观察对象共同活动进行观察;后者指的是调查评估人员完全以处于危机场域之外的局外人或旁观者的身份进行观察。

(4)文献分析法。文献分析法指的是调查评估人员通过收集关于危机事件及处置的文献资料进行分析研究以从中得出结论的方法。在采用文献分析法时,有关公共危机事件的媒体报道、日常管理和工作流程相关的制度文件、危机应对过程中的文字记录等都属于应当搜集和分析的文献资料范畴。

(5)5W1H法。在调查评估过程中,5W1H法在使用的过程中常与询问法相结合,作为一种询问的策略或思路发挥作用,该方法要求公共危机事件的相关人员回答以下六个方面的问题,并要求调查评估人员就这六个方面进行思考与总结。①what(对象),即:公共危机事件的类型和性质是什么?其带来的影响和损失是什么?公共危机应对处置的过程和效果是怎样的?②where(场所),即:公共危机事件发生的区域在哪里?影响的范围在哪里?③when(时间和程序),即:公共危机事件发生在何时?事件影响持续多久?危机处置介入在哪个时机?④why(原因),即:公共危机事件发生、演化和升级的原因是什么?危机为何会造成当前的损失和影响?为何会产生当前的危机处置结果?⑤who(人员),即:公共危机事件的涉及人员和利益群体有哪些?受到负面影响的人群有哪些?公共危机事件发生和升级的责任人是谁?危机处置不当的责任方是谁?⑥how(如何),即:公共危机事件是如何发生的?公共危机事件是如何处置的?未来应当如何改进和完善?

(6)民意测验法。民意测验法是调查评估人员用来测定公众对公共危机事件及其管理过程的主观认识和感受的调查方法。它的一般做法是通过抽样选取一定数量的被调查对象进行问卷调查、访谈或座谈,以了解公众对公共危机的反应和对公共危机管理的态度和评价。民意测验法的具体流程包括:第一,确定适宜的测验范围,范围过大或过小都将影响测验的准确性,一般将受危机事件及管理行为影响的区域范围内的公民确定为具体测验对象;第二,进行科学的社会取样,应在测验范围内选取部分公民的意见调查结果作为样本,为保证取样的代表性,可采取分层抽样、等概率抽样、不等概率抽样等数理统计中的取样方法;第三,设计合理的测验问卷,应保证问题的明确性,可采取自由回答和选择回答两种问题形式,问题提出遵循由宽泛到聚焦的"漏斗式"次序;第四,开展专业的抽样访问,由经受专门训练的访问人员对选取的测验对象进行访问,保证访问过程的准确性和科学性。

(7)关键事件法。关键事件法是企业管理中较为常用的搜集工作分析信息和进行绩效评价的方法,其做法通常是由上级主管人员记录员工平时工作中的正面或负面的关键事件,为之后的绩效测评提供依据,记录事件的内容包含情境、目标、行动和结果。关键事件法尤为适用公共危机管理的调查评估。对此,调查评估人员可以首先确定危机管理过程中的关键事项和重要节点,依据公共危机管理的流程,关键事项一般包括监测预警、信息报送、决策处置、信息发布、社会动员、恢复重建等环节;再去考察管理部门及人员在上述关键事件中的表现,包括其所处的危机情境、预设的行动目标、实际的行动策略以及取得的行动效果等,据此综合得出评估结论。

2. 定量调查评估法

定量调查评估法是针对公共危机事件及其管理过程中的数量特征、数量关系、数量变化进行分析的方法。在进行定量分析时,需要收集整理相关数据,进行量化核算或统计,根据需求建立数学模型并进行相关指标的数值测算,以从中还原真相、发现规律、识别问题。目前调查评估中经常采用的定量方法主要有 4E 评估法和层次分析法。

(1) 4E 评估法。4E 评估法是政府绩效评估工作经常采用的一种方法。"4E"指的是经济(economy)、效率(efficiency)、效能(effectiveness)、公平(equity)。在具体评估时,首先根据这四个维度设计指标体系,再据此对政府绩效进行量化评估。当 4E 评估法应用于公共危机管理评估时,其中的经济维度侧重于衡量公共危机管理过程中以尽可能低的投入或成本来达到较为有效或满意的处置结果和管理水平;效率维度侧重于衡量公共危机管理的成本投入和效果产出之间的比例关系,关注的是手段问题;效能维度侧重于衡量公共危机管理所达到的管理效果,所实现预定管理目标的程度,关注的是产出和管理结果;公平维度侧重于衡量公共危机管理过程中是否使所有相关利益群体公平受益,并给予弱势群体和利益受损群体适当的倾斜。

(2) 层次分析法。在运筹学领域,层次分析法是将一个复杂的多目标决策问题作为一个系统,将目标分解为多个子目标或准则,进而分解为多指标或多准则的若干层次,通过定性指标模糊量化方法计算出层次排序和总排序,以此作为多目标多方案优化决策的系统方法。在公共危机调查评估过程中,此方法需要将公共危机管理的评估对象分解为若干层次或元素,如管理目标、管理效果、管理策略等,确定各层次或元素对指标的影响权重,建立层次结构模型,构造判断矩阵,再进行各元素排序和层次总排序及其一致性检验。在应用该方法时,需注意所选要素的合理性以及各要素之间的关系。

(三)公共危机调查评估的指标

公共危机调查评估实际上就是依据科学与综合的评估指标体系,运用严格的程序和科学方法,对公共危机及其处置结果进行事实调查与测量的活动,从这个意义上来说,评估指标体系同样是公共危机调查评估的关键组成部分。要保障调查评估活动的科学性、客观性、合理性、有效性,就必然依赖于评估指标体系的科学设计。

结合目前已有的相关研究,在公共危机调查评估指标的设计上主要存在过程导向和要素导向两种思路,前者是从公共危机事件发生、演化、升级的过程出发,针对每一阶段及其管理效果提出评估指标;后者则是从公共危机管理的结构要素出发,构建相应的评估指标体系。

1. 过程导向评估指标

罗伯特·希斯认为对公共危机的任何评价都须从危机情境开始，从危机情境出发建立了危机管理评价的八项指标。首先，希斯将危机情境分为四个情境，即危机事前情境、危机初始情境、危机冲击情境和危机事后情境，与四个情境相对应的管理评估分为危机事前管理、危机初始管理、危机冲击管理和危机恢复管理。其中，危机事前情境和管理指标具体包括结构系统是如何设计和建设的，以及人们是如何在该结构系统中工作的；危机初始情境和管理指标包括主要的环境条件、设备和结构是如何运用的、危机发生的原因以及人们是如何理解这些方面的；危机冲击情境和管理指标需要检查危险影响周围环境、所发之事、举措、设备、结构和人们如何处理或不处理危机的影响；危机事后情境及恢复管理指标需检查情境如何恢复到接近危机前的正常水平，如图8-2所示。①

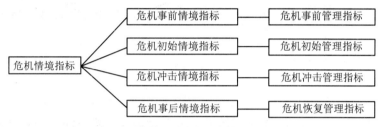

图8-2 罗伯特·希斯的危机管理评价指标

2. 要素导向评估指标

对公共危机管理工作的评估应包含公共危机管理活动的全部内容和构成要素，在一级指标设计上具体分为制度要素、管理要素、技术要素、资源要素、影响要素，一级指标之下再具体设计十九项二级指标，再由二级指标具体细化为三级指标，如表8-1所示。②

表8-1 公共危机要素导向评估指标体系

一级指标	二级指标	三级指标
制度要素	制度完备性	制度覆盖程度
	制度协调性	制度一致性、协调能力
	制度系统性	制度层次性、完整性
	制度可操作性	制度实际执行的效率、效果
	制度约束范围	制度覆盖范围
	制度约束强度	制度的强制性、控制性、约束力
管理要素	信息	信息收集、信息处理、信息准确性
	决策	决策方式、决策程序、决策效果
	组织	组织机构、组织职能、组织层级
	人员	人员规模、人员结构、人员调配
	沟通	沟通方式、沟通渠道、沟通效率、沟通能力

---

① 希斯. 危机管理[M]. 王成，宋炳辉，金瑛，译. 北京：中信出版社，2001：519-520.
② 姜平. 突发事件应急管理[M]. 北京：国家行政学院出版社，2011：261-268；汪大海. 公共危机管理[M]. 北京：北京师范大学出版社，2012：129.

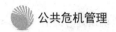

续表

一级指标	二级指标	三级指标
技术要素	技术开发	技术研发、积累、更新、交流、学习
	技术应用	应用频率、应用效率、应用效果
	技术人员	参与度、参与数量、结构合理性
资源要素	资源准备	数量多少、比例合理性
	资源调配	整合及配置的效率、合理性、公平性
	资源利用	利用效率、效应
影响要素	直接影响	防止升级、控制损失、恢复声誉
	间接影响	管理改进、公众教育、知识普及、满意度

第二节 公共危机调查评估的机制与流程

一、公共危机调查评估的机制

公共危机调查评估机制是对公共危机事件及其管理过程进行事实调查、分析评估、问责处理、危机学习等一系列活动实施和职能运行的路径与程序，涵盖了公共危机事前、事发、事中、事后管理全过程的各种系统化、制度化、程序化的方法与程序。从广义上来看，调查评估的机制主要包括公共危机调查机制、公共危机评估机制、公共危机追责机制、公共危机学习机制。

（一）公共危机调查机制

公共危机调查机制是指调查主体为还原危机事件发生及其管理过程，而根据相应职权对公共危机事件本身及应对过程中的有关事实信息和证据材料等进行收集整理，以为后续评估提供依据的行动与程序。在公共危机管理领域，事故类危机事件的调查制度与调查机制已较为完善，在实践中也较为普遍，因而在此将以安全事故相关制度与实践为例，具体分析公共危机调查机制的目标、原则、主体、程序等内容。

第一，调查机制运行的直接目标是探明事实真相，为后续评估、追责、学习活动的开展提供事实材料和证据支撑，具体目的包括识别和描述事故的真实过程（发生时间和地点，以及发生了什么），识别导致事故发生的各种因素（为什么发生），找到导致事故发生的直接或间接的各种可能原因。[①]

第二，调查机制坚持"科学严谨、依法依规、实事求是、注重实效"的法定原则。科学严谨要求危机调查要尊重事件发生的客观规律，采取科学的方法，认真、细致、全面地获取、分析收集到的每一份证据材料；依法依规要求危机调查工作要严格遵守有关法律法规的规定，经过必要的程序，保证调查程序和调查结果的公正；实事求是要求要根据客观

---

① 薛澜，沈华，王郅强."7·23重大事故"的警示：中国安全事故调查机制的完善与改进[J]. 国家行政学院学报，2012（2）：23-28.

存在的情况与危机事件发生的有关事实，寻求事件发生的原因；注重实效要求危机调查既要对事实进行充分、准确的还原，还要注重调查的效率。

第三，调查机制主要通过法律授权或行政授权成立调查组方式来确定调查主体，强调调查主体的权威性，这种方式使得调查主体具有法定性、临时性和专业性，即作为法定的调查机构，代表有关人民政府履行调查职责，调查机构成立于事故发生而解散于调查结束，不是独立、常设的行政主体，其工作任务专门负责调查。①

根据《生产安全事故报告和调查处理条例》，我国事故调查坚持"政府领导、属地为主、分级调查"的原则，国务院以及国务院授权的国家安全生产监督管理部门负责和组织特别重大事故调查；事故发生地省级人民政府、设区的市级人民政府、县级人民政府分别负责重大事故、较大事故、一般事故的调查。省级人民政府、设区的市级人民政府、县级人民政府可以直接组织事故调查组进行调查，也可以授权或者委托有关部门组织事故调查组进行调查。调查组的具体组成需根据事故的具体情况，由有关人民政府、安全生产监督管理部门、负有安全生产监督管理职责的有关部门、监察机关、公安机关以及工会派人组成，并应当邀请人民检察院派人参加，可以聘请有关专家参与调查。调查组需履行的职责具体包括：查明事故发生的经过、原因、人员伤亡情况及直接经济损失；认定事故的性质和事故责任；提出对事故责任者的处理建议；总结事故教训，提出防范和整改措施；提交事故调查报告。

第四，在调查程序方面，当前相关法律法规对调查纪律、调查时限、调查形式、调查报告内容等进行了明确规定。仍以《生产安全事故报告和调查处理条例》为例，第二十六条规定，事故调查组有权向有关单位和个人了解与事故有关的情况，并要求其提供相关文件、资料，有关单位和个人不得拒绝；事故发生单位的负责人和有关人员在事故调查期间不得擅离职守，并应当随时接受事故调查组的询问，如实提供有关情况；事故调查中发现涉嫌犯罪的，事故调查组应当及时将有关材料或者其复印件移交司法机关处理。第二十八条规定，事故调查组成员在事故调查工作中应当诚信公正、恪尽职守，遵守事故调查组的纪律，保守事故调查的秘密；未经事故调查组组长允许，事故调查组成员不得擅自发布有关事故的信息。第二十九条规定，事故调查组应当自事故发生之日起 60 日内提交事故调查报告。第三十条规定则具体明确了事故调查报告应当包括的内容，并要求附具有关证据材料，事故调查组成员应当在事故调查报告上签名。第三十一条规定，事故调查报告报送负责事故调查的人民政府后，事故调查工作即告结束，事故调查的有关资料应当归档保存。尽管如此，当前我国危机调查机制仍严重缺失表明身份程序、说明理由程序、告知程序、听证程序、公开程序等具体化、可操作性的程序规定。②

---

① 张玲，陈国华. 国外安全生产事故独立调查机制的启示[J]. 中国安全生产科学技术，2009，5（1）：84-89.
② 张海波，牛一凡. 事故调查如何促进风险防范：基于 167 份事故调查报告的实证分析[J]. 行政论坛，2022，29（2）：62-73.

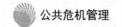

（二）公共危机评估机制

公共危机评估机制是指根据调查所获得的事实信息和证据材料，依据科学综合的评估指标体系，运用严格的程序和方法，对公共危机事件的风险、损失、责任、影响等，以及对公共危机处置的质量、水平、效率、效果、影响等进行测量和评定的活动与程序。

第一，从对象来看，公共危机评估机制主要包括危机风险评估、危机损失评估、危机性质界定、危机管理效果评估等内容。其中，危机风险评估是指在危机事件发生之前，危机管理者根据信息的收集与出现的征兆对可能出现的危机进行分析和评价的活动；危机损失评估是指在危机事件发生后，对危机事件所带来的直接损失和间接损失、经济损失和社会损失、短期损失和长期影响等进行测量和评估的活动；危机性质界定是指基于危机起因和演化过程的调查，对危机事件的性质进行认定的活动；危机管理效果评估是指在危机管理工作实施过程中及结束后，对整个危机处理过程和处理情况进行评估的活动。

第二，公共危机评估机制的整体性目标在于，对危机事件本身及其管理过程实现较为客观的评定和判断以发现问题和总结经验。具体而言，不同的评估内容，其直接目标有所不同。危机风险评估是为了通过事前的风险识别、风险分析和风险应对以尽可能缩减或缓解危机发生的风险；危机损失评估是为了及时、科学、准确地核定危机带来的各类损失，以为损失补偿和事后应对等工作开展做准备；危机性质界定是为了明晰事发原因和性质以更好地总结经验教训；危机管理效果评估是为了总结管理过程中的经验教训以改进危机管理。

第三，公共危机评估机制需遵循客观性、准确性和时效性原则。客观性原则要求公共危机评估要尽量避免受到人的思想、立场、工具选择、计算标准等主观因素的影响，而尽可能保证评估结果的真实可靠和内容完整。准确性原则要求公共危机评估通过采取系统完善的评估指标和科学合理的评估方法以使评估结果尽可能反映现实情况，保证评估结果的准确无误。时效性原则要求公共危机评估在特定时间限度内尽快开展评估工作并及时发布评估结果。

第四，从运行过程来看，公共危机评估机制一般包括确定危机评估的目标、界定危机评估的范围、明确危机评估的内容、建立危机评估的体系、实施危机评估的工作、撰写并发布危机评估的报告等几个重要环节。从法律制度来看，目前我国对公共危机管理中的评估机制尚缺乏较为具体详细的规定。

（三）公共危机追责机制

公共危机追责机制是指在危机事件发生过程中或危机事件应对处置中，由于工作失误或错误，未履行或未正确履行应有职责而造成不良后果或影响时，依据党纪、政纪、法律或者道义追究相应责任的程序与活动。

第一，公共危机追责机制的目标是通过责任追究形成对政府部门及其工作人员在专项管理和公共危机管理工作中的约束和激励，预防其再次出现类似的工作失误和错误，以真正提高公共危机管理能力与水平。

第二,公共危机追责机制应履行实事求是、权责一致、惩教结合、依法依规、公开透明等原则,即要求公共危机追责工作必须建立在事实调查和责任分析的基础上,基于其承担的权力追究所对应的责任,在实施惩罚的同时,更应强调对领导干部的教育工作,依据相应法规有序进行,保证追责过程公开透明。

第三,公共危机追责机制一般包括启动程序、核实事实、做出决定、复议审查几个环节。当前我国在《中华人民共和国监察法》《中华人民共和国公务员法》《关于实行党政领导干部问责的暂行规定》等法律法规中对责任追究进行了较为明确的规定,另外,在《突发事件应对法》《国家突发公共事件总体应急预案》《生产安全事故报告和调查处理条例》《国务院关于特大安全事故行政责任追究的规定》等专项法规中对公共危机管理中的责任追究问题也有着相应规定。

(四)公共危机学习机制

1. 危机学习与调查评估

每一个危机事件的发生与结束总会伴随着问题反思和经验总结,在问题反思和经验总结的基础上,危机管理者理应认识到危机的异质特征,提炼共性规律并用于未来危机和灾害的预防与应对,从这个维度而言,危机的发生往往也会成为引起组织学习的动因。① 在公共危机管理中,危机学习连接着恢复和准备两个关键阶段,始终贯穿于危机管理的全过程。②

作为组织学习和危机管理理论相结合的产物,西方学者向来关注危机学习这一概念的三重含义:其一,从区别于常规组织学习的视角出发,将其界定为危机引发的组织学习,强调通过旧方法与新问题的融合来解决问题;其二,关注危机学习的过程与目的,认为危机学习贯穿于危机应对全过程,包括危机前学习、危机间学习和危机后学习;其三,从主体互动出发,认为危机学习是在个体、团队、组织的交互关系之中进行的深度学习。③ 概括而言,危机学习是指组织从一个或多个危机事件中吸取教训,改变组织架构和政策制度的不合理之处,为应对未来可能发生的危机构建预防体系,提高组织的应对能力,以减少类似错误重复发生的概率。④

从学习的方式来看,危机学习可以分为单环学习和双环学习。其中,单环学习意指对组织内部的行为或者程序的修正,其中尤为强调调查报告和经验分享的重要路径;双环学习则是涉及对根本的制度、政策或组织目标的纠偏。从学习发生的时间来看,危机学习可以分为危机间学习和危机中学习,前者指的是从已经结束的危机中学习,为尚未发生的下一次危机做准备,侧重于对过去的危机进行全面评估,以利用经验教训改进未来类似危机的应对系统;后者指的是在危机事件发生时,学习如何提高应急响应效能,侧重于在

---

① 石佳,郭雪松,胡向南. 面向韧性治理的公共部门危机学习机制的构建[J]. 行政论坛,2020,27(5):102-108.
② 张美莲,郑薇. 政府如何从危机中学习:基本模式及形成机理[J]. 中国行政管理,2022(1):128-137.
③ 张美莲. 西方公共部门危机学习:理论进展与研究启示[J]. 公共行政评论,2016,9(5):163-191+208.
④ 马奔,程海漫. 危机学习的困境:基于特别重大事故调查报告的分析[J]. 公共行政评论,2017,10(2):118-139+195-196.

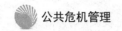

有限的时间和信息压力下更好地处理当前危机，以更好地调适和应对发展变化中的危机。①从学习的过程来看，危机学习一般包括收集信息、调查分析、计划、实施与评估五个阶段。②

公共危机管理中的调查评估是危机学习的重要环节③和重要机制④，危机学习效果的好坏在很大程度上取决于调查评估的有效实施以及调查评估报告的分析与利用。⑤早在20世纪70年代，美国军方就开始使用事故调查报告（after action reviews/ after action reports）作为汇集、记录灾害演习或实际灾害响应关键过程的重要评估工具，目前美国在林务部门、公共卫生和医疗系统中也广泛推行此种做法。国外学者普遍认为调查报告作为灾难事故的原始数据或二次数据具有重要价值，通过分析事故调查报告，可以发现响应失灵环节及其经验教训，在提高组织和系统学习以完善应急处置等方面具有重要作用。⑥从危机学习的层次来看，事故调查报告的形成与发布作为经验总结与传播的过程，是灾难后学习的第一个环节，危机学习通过事故调查报告和经验分享来实现。

国内一些学者也在积极探索事故调查评估与政府问责、危机学习、风险防范之间的关系，例如有学者认为事故调查报告可以视为危机学习的对象和材料，危机学习的情况可以从事故调查报告的形成和发布这个横断面予以体现，并在此基础上建立了基于危机学习过程论的调查报告分析框架。⑦然而，也有学者通过对特别重大事故调查报告的分析，发现在当前我国事故调查中，重问责的调查导向影响了危机学习的潜力，事故调查总结的宏观指向割裂了双环学习的步骤，独立调查主体的缺失会限制危机学习信息的客观真实性，干部失职和监管不力为主轴的事故原因凸显了危机学习的体制障碍，调查时限约束了调查报告内容的深度，以上因素在不同程度上均影响了危机学习的效果。⑧对此，应当明确事故调查分析的目的和重点，保证调查工作的科学性和独立性，对事故调查进行科学分级和管理，重视调查过程中的舆情管理与信息公开，关注对事故调查经验教训的采纳及应用，从而建立科学、独立、系统的安全事故调查分析机制，防止同类悲剧的再次发生。⑨

2. 调查评估中的危机学习机制

从我国公共危机管理的实践来看，危机学习机制往往具体表现为公共危机调查评估机制的最终环节。公共危机学习机制是指在公共危机管理中，通过调查评估确定危机发生的原因和评估应对措施的得失，以从中吸取经验教训和采取补救措施的活动和程序。对于公

---

① 张美莲，郑薇. 政府如何从危机中学习：基本模式及形成机理[J]. 中国行政管理，2022（1）：128-137.
② 马奔，程海漫. 危机学习的困境：基于特别重大事故调查报告的分析[J]. 公共行政评论，2017，10（2）：118-139.
③ 同②.
④ 同①.
⑤ 同②.
⑥ SAVOIA E, AGBOOLA F, BIDDINGER D P. Use of After Action Reports (AARs) to Promote Organizational and Systems Learning in Emergency Preparedness[J]. IJERPH,2012,9(8):2949-2963.
⑦ 张美莲. 危机学习面临的挑战：一个事故调查报告的视角[J]. 吉首大学学报（社会科学版），2016，37（1）：91-99.
⑧ 同②.
⑨ 薛澜，沈华，王郅强."7·23重大事故"的警示：中国安全事故调查机制的完善与改进[J]. 国家行政学院学报，2012（2）：23-28.

共危机管理而言，只有通过公共危机学习机制不断推进思路理念、方法手段和体制机制创新，才能更加有效地从公共危机事件中吸取经验教训，预防危机再次发生。

第一，公共危机学习机制的主体以政府部门和公共部门为主，往往由危机发生领域的主管部门为主导展开危机学习。以天津港爆炸事件为例，专项调查组由时任公安部常务副部长任组长，公安部、安监总局、交通运输部、环保部等部门和天津市政府为成员单位，最高人民检察院派员参加，同时吸纳有关专家参与调查。①

第二，公共危机学习机制的形式主要表现为基于调查评估和责任确认的教训总结和改进建议，在公共危机事件发生后，调查评估主体就公共危机及其处置过程进行详细调查评估，并在此基础上归纳危机事件暴露出的突出问题，总结带来的经验教训，并据此提出防范措施和改进建议。以河南郑州"7·20"特大暴雨灾害为例，调查报告第四部分总结此次灾害发生及应对的主要教训是"一些领导干部特别是主要负责人缺乏风险意识和底线思维""市委市政府及有关区县（市）党委政府未能有效发挥统一领导作用""贯彻中央关于应急管理体制改革部署不坚决不到位""发展理念存在偏差，城市建设'重面子、轻里子'""应急管理体系和能力薄弱，预警与响应联动机制不健全等问题突出""干部群众应急能力和防灾避险自救知识严重不足"，并在第五部分针对性地提出了六条具体改进措施建议。在天津港爆炸事故调查报告中同样提出了加强和改进相关工作的十条防范措施和建议。

第三，有学者从公共危机学习发生时间和学习结果深度两个维度出发，将公共危机学习机制的模式分为危机中双环学习、危机中单环学习、危机间双环学习和危机间单环学习。其中，危机中双环学习指的是当危机事件发生时，公共危机管理者通过学习先检查计划和规范，再改变行动和意识以实现纠偏，从而提升危机管理效能；危机中单环学习指的是当危机事件发生时，公共危机管理者通过学习来改变行为以纠正执行结果与计划的不匹配，从而提高应急响应效能；危机间双环学习指的是通过从一场已结束的危机中学习，先检查计划和规范，再改变行动和意识以实现纠偏，从而为尚未发生的危机做准备；危机间单环学习指的是通过从一场已结束的危机中学习，改变行为以纠正执行结果与计划的不匹配，从而预防类似危机的再次发生。四种危机学习模式的差异性源于危机自身的特征、制度环境、危机学习主体的特征等因素的影响。②

二、公共危机调查评估的流程

在公共危机管理实践中，调查评估工作的实施还需遵循一定的流程，总的来看，主要包括准备阶段、实施阶段、总结阶段、改进阶段。③

---

① 张克，张美莲. 公共安全危机学习机制及其优化策略：基于事故调查和公开质询的比较分析[J]. 中国公共安全（学术版），2019（3）：6-10.
② 张美莲，郑薇. 政府如何从危机中学习：基本模式及形成机理[J]. 中国行政管理，2022（1）：128-137.
③ 王宏伟. 公共危机管理[M]. 修订版. 北京：中国人民大学出版社，2019：226-228.

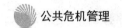

(一)公共危机调查评估的准备阶段

准备阶段是调查评估工作的起点和基础,也是后续调查评估顺利进行的重要保障。在正式实施调查评估前,公共危机管理者需进行周密的组织和准备工作,以保障调查评估工作有计划、有步骤地开展。公共危机调查评估的准备阶段主要涉及以下几个方面的具体工作及流程。

1. 组建调查评估小组

调查评估小组的成立是调查评估准备工作的第一步,只有保障小组成员的专业性、客观性,构建高水准、有能力的调查评估队伍,才能实现调查评估的预期目标。在具体组建调查评估小组时,第一,需要确定组长人选。组长的角色是调查评估小组的领导者,对调查评估工作实施全面领导,负责组织后续一系列工作的进行。组长一般由危机发生领域的主管部门的行政首长担任,该部门则会成为组长单位。第二,挑选组员。组员需全程参与调查评估工作,需要具备一定的专业技术素养,具有良好的敬业精神和公正态度。组员可以由有关地方政府和政府职能部门的领导及工作人员、地方人大代表、相关事业单位工作人员、相关领域的专家学者、社会公益组织人员等担任。

2. 制订调查评估方案

预先制订调查评估方案是准备阶段的另一项重要工作,只有科学合理地设计与制订调查评估方案,才能保障后续调查评估工作的质量和水平。调查评估方案应当包括调查评估主体、调查评估对象、调查评估范围、调查评估目标、调查评估指标、调查评估方法、调查评估流程等内容。

第一,调查评估的对象。根据公共危机事件的特点和实际情况,确定调查评估的具体对象,如调查评估的范围、环节、具体问题等。

第二,调查评估的目标与要求。事先确定合理的调查评估目标与要求,才能保证调查评估工作沿着正确方向进行。

第三,调查评估的指标与标准。调查评估涉及事实认定、价值判断、效果分析等要求,因此必须预先在方案中设计相应的评估指标和判断标准体系,并据此确定具体的调查评估方法。

第四,调查评估的基本设想。在确定完调查评估的对象、目标、要求、指标和标准后,就需要具体设计调查评估的实施方案,包括场所、时间、工作计划、工作流程、经费保障等内容。

(二)公共危机调查评估的实施阶段

公共危机调查评估的实施阶段是使调查评估计划转化为行动和取得实际效果的重要环节。在实施阶段,调查评估主体需完成以下主要工作任务。

第一，收集信息。在调查评估目标的指向下，全面完整、及时准确地收集公共危机事件及其处置过程中产生的所有相关事实信息。信息收集的完整度和全面性决定了调查评估能否还原真相，信息的及时性和准确性决定了调查评估能否取得应有的效果。在收集相关信息时，调查评估主体应尽可能采用观察法、文献法、调查法、试验法等多种科学方法。

第二，分析信息。在信息收集完成后，需要对事实信息进行整理、归类、统计和分析，需依据预先设计的评估指标体系，使用质性分析和量化分析相结合的方法，以保证信息分析的科学性、准确性和全面性。

第三，得出结论。在综合信息分析结果的基础上，调查评估主体需要做出整体性结论与判断，包括危机事件的起因、经过、损失、影响以及危机应对的效果、责任等。在归纳结论时，调查评估主体应根据事实信息及其分析结果，保持客观、公正、理性的态度，以真实反映公共危机事件的前因后果和实际管理效果。

（三）公共危机调查评估的总结阶段

在实施完调查评估的计划后，调查评估主体还需及时进行总结，这一阶段的主要任务是处理调查评估的结果，并撰写调查评估报告。

在调查评估小组完成信息收集、信息分析和结论归纳后，还需对评估结果和分析结论进行检验和考察，评价其信度和效度，以避免在实施过程中导致调查评估结果出现偏差。此外，还需就调查评估的基本结论和评估结果广泛征求相关群体和社会公众的意见，具体包括公共危机事件的当事方、亲历者、知情者、受害者以及公共危机管理的决策者、执行者、评估者、参与者等，从而发挥上述群体对调查评估的监督、反馈、诊断、完善作用，进一步提高调查评估的科学性和参与度。

在总结阶段还必须按照相关要求撰写书面调查评估报告，对调查评估过程中所涉及的事实信息、价值判断、效果评估的过程和结论均需进行陈述。从实际工作来看，公共危机调查评估报告一般需包括危机发生的起因和经过、危机造成的损失和影响、危机事件的类型和性质、危机处置的主体和行动、危机管理的效果和成绩、危机相关的责任与责任承担方、主要教训、改进建议等内容。调查评估报告完成后，调查评估小组需按照相关工作规定提交给上级部门或主管部门，在审批后还要面向社会公开发布。

阅读材料

《河南郑州"7·20"特大暴雨灾害调查报告公布》①

2021年7月17日至23日，河南省遭遇历史罕见特大暴雨，发生严重洪涝灾害，特别是7月20日郑州市遭受重大人员伤亡和财产损失。灾害共造成河南省150个县（市、区）1478.6万人受灾，因灾死亡、失踪398人，其中郑州市380人，占全省95.5%；直接经济损失1200.6亿元，其中郑州市409亿元，占全省34.1%。

---

① 河南郑州"7·20"特大暴雨灾害调查报告公布[EB/OL]．（2022-01-21）．http://www.gov.cn/xinwen/2022-01/21/content_5669723.htm.

这次灾害虽为极端天气引发，但集中暴露出许多问题和不足。为查明问题、总结经验、吸取教训，经党中央批准，国务院成立河南郑州"7·20"特大暴雨灾害调查组，由应急管理部牵头，水利部、交通运输部、住房城乡建设部、自然资源部、公安部、发展改革委、工业和信息化部、卫生健康委、中国气象局、国家能源局和河南省政府参加，分设综合协调、监测预报、应急处置、交通运输、城市内涝、山洪地质灾害6个专项工作组，分别由有关部委牵头，并邀请气象、水利、市政、交通、地质、应急、法律等领域的院士和权威专家组成专家组全程参加。中央纪委国家监委相关部门指导开展相关工作。

调查组本着对党和人民负责、对社会和历史负责的态度，充分考虑这场特大暴雨强度和范围突破当地历史记录、远超出城乡防洪排涝能力的实际，坚持依法依规、实事求是、科学严谨、全面客观的原则，依照有关法律法规，通过现场勘查、调阅资料、走访座谈、受理信访举报、问询谈话、调查取证、分析计算、专家论证等方式，复盘灾害发生和应对过程。经过全面深入调查，查明了郑州市和有关区县（市）党委政府、部门单位履职情况及存在的问题，查明了社会广泛关注的重点事件和因灾死亡失踪人数迟报瞒报问题，并总结分析经验教训，提出了改进工作的措施建议。

调查组查明，郑州市委、市政府贯彻落实党中央、国务院关于防汛救灾决策部署和河南省委、省政府部署要求不力，没有履行好党委政府防汛救灾主体责任，对极端气象灾害风险认识严重不足，没有压紧压实各级领导干部责任，在灾难面前没有充分发挥统一领导作用，存在形式主义、官僚主义问题；党政主要负责人见事迟、行动慢，未有效组织开展灾前综合研判和社会动员，关键时刻统一指挥缺失，失去有力有序有效应对灾害的主动权；灾情信息报送存在迟报瞒报问题，对下级党委政府和有关部门迟报瞒报问题失察失责。

调查组还对造成重大伤亡和社会关注的事件进行了深入调查，查明了主要原因和问题，认定郑州地铁5号线、京广快速路北隧道亡人事件是责任事件，郭家咀水库漫坝事件是违法事件；荥阳市崔庙镇王宗店村山洪灾害存在应急预案措施不当、疏散转移不及时等问题，登封电厂集团铝合金有限公司爆炸事故存在未如实报告人员死亡真实原因，并违规使用灾后重建补助资金用于死亡人员家属补偿等问题。同时，调查组还查明郑州二七区、金水区、巩义市、荥阳市、新密市、郑东新区6个区市、10个乡镇街道，郑州市及相关区县（市）应急管理、水利、城市管理等8个系统的18个单位，以及郑州地铁集团、河南五建集团、郑州城市隧道管养中心等9个企事业单位的责任。

调查组按规定将调查报告和有关公职人员履职方面的问题线索，及时移交中央纪委国家监委追责问责审查调查组。

针对灾害应对处置中暴露的问题，调查组总结了六个方面的主要教训：郑州市一些领导干部，特别是主要负责人缺乏风险意识和底线思维；市委市政府及有关区县（市）党委政府未能有效发挥统一领导作用；贯彻中央关于应急管理体制改革部署不坚决、不到位；发展理念存在偏差，城市建设"重面子、轻里子"；应急管理体系和能力薄弱、预警与响应联动机制不健全等问题突出；干部群众应急能力和防灾避险自救知识严重不足。

调查组还提出六项改进措施建议，强调要大力提高领导干部的风险意识和应急处突能力，建立健全党政同责的地方防汛工作责任制，深入开展应急管理体制改革及运行情况评估，全面开展应急预案评估修订工作，强化预警和响应一体化管理，整体提升城市防灾减灾水平，广泛增强全社会的风险意识和自救互救能力。

（四）公共危机调查评估的改进阶段

在调查评估报告发布后，调查评估工作仍未结束，此后的危机学习与改进阶段是最后一项重要工作。基于以上信息搜集、信息分析、结论得出、总结报告，调查评估小组以及公共危机管理主体均需就调查评估结论、经验总结和改进建议进行深入的学习，并将其反馈到后续的管理工作中，以提升公共危机管理能力与水平，不断完善和革新相关制度体系，实现组织系统和社会系统长期的安全与发展。唯有如此，才能真正发挥调查评估的作用，实现调查评估的根本目标。

调查评估工作作为公共危机管理的最后一环，对于有效应对未来的危机事件至关重要。通过调查评估这一重要环节，公共危机管理主体得以从危机事件中吸取经验教训，以提升组织应对风险和危机的能力，正如美国霍普金斯大学奥古斯丁教授所言，"每一次危机本身既包含着导致失败的原因，也蕴含着成功的种子。发现、培育，以便收获这个潜在的成功机会，就是危机管理的精髓"。

本章小结

公共危机调查与评估是将危机转化为机遇的关键节点，指的是公共危机管理者通过系统性和综合性的方法，对危机的性质、规模、影响以及相关因素进行情况调查、数据收集、分析和评估的过程。公共危机调查评估贯穿于危机管理过程的始终，内涵丰富，类型多样，旨在帮助管理者总结经验教训，提升管理效能，预防危机的再次发生。在公共危机管理实践中，有效的调查评估需要遵循一定的基本原则，采用科学的系统方法，具体包括调查机制、评估机制、追责机制和学习机制，分为准备阶段、实施阶段、总结阶段、改进阶段。

课后名词解释

公共危机调查评估　非正式调查评估　正式调查评估　内部评估　外部评估　危机学习　公共危机学习机制

思考题

1. 请解释公共危机调查评估的内涵与特征。
2. 公共危机调查评估的内容可分为哪三个方面？

3. 公共危机调查评估的分类有哪些？
4. 公共危机调查评估的目标与作用分别是什么？
5. 公共危机调查评估可使用哪些具体方法和指标？
6. 公共危机调查评估的机制有哪些？
7. 公共危机调查评估的流程是什么？
8. 如何理解公共危机调查评估与危机学习之间的联系？

第九章 公共危机管理中的协调合作

本章学习目标

公共危机管理中的协调合作强调多级政府、多个部门、企业、非营利组织、媒体和社会公众等的参与和支持，通过凝聚共识与规则重建、权力分工与重组、资源依赖与动员、专业知识与信息传递等，防止公共危机管理出现缺位与空白。理解公共危机管理中的协调合作，需要认识现代社会风险的特征，给传统基于功能分化和科层分工的危机应对方法带来的根本挑战，理解和剖析其中存在的多元模式，走向公共危机的协同治理。

随着现代经济社会风险不确定性和复杂度的增加，大规模突发事件时有发生，具有发生难以预测、演化过程复杂和社会危害严重等特征，跨时域、跨地域、跨功能等处置需求增强，甚至超出应对主体的风险认知范围和常规手段的可控程度[1]。共识达成的困难、知识的不完备、对各类资源的巨大需求、治理问题的本质关联，使得现代社会政府需要解决越来越多的无法用简单方法解决的非常复杂的问题。[2]传统的基于功能分工的官僚系统已经难以应对这个挑战，需要对官僚组织进行功能性重构，同时通过广泛的社会参与重构公共问题的治理。正是在这个意义上，政府能否有效协调多元主体之间的信息和行为，消除信息阻隔、各自为政的现象，实现全方位、全时段、集成式治理，成为能否应对突发公共事件的关键所在。[3]

本章将主要介绍公共危机管理中的协调合作问题，第一节主要分析现代公共危机的治理逻辑及其对协调合作的要求；第二节介绍公共危机管理协调合作的多元模式；第三节讨论公共危机管理协调合作的基本趋势，即构建公共危机的协同治理。

第一节 公共危机管理中的协调合作概述

一、公共危机管理协调合作的概念与缘起

公共危机管理中协调合作的目的是防止公共危机管理出现缺位与空白，减少交叉重复

---

[1] 孔静静，韩传峰. 应急组织合作的结构逻辑及运行机制：以 2008 年汶川地震应对为例[J]. 公共管理学报，2013，10（4）：88-101.
[2] 郑文强，刘滢. 政府间合作研究的评述[J]. 公共行政评论，2014，7（6）：107-128.
[3] 童星. 政府协调治理：一种新型的公共危机治理模式——《风险社会的治理之道》评介[J]. 中国行政管理，2019（1）：154-155.

所引致的浪费，建立有效的应急管理组织，可以避免应急管理出现横向碎片化或纵向碎片化的弊端。我国的应急管理也特别需要进行应急协调，以打破部门分割、条块分割、军地分割，形成协同应急、合成应急的局面①。一般来说，公共危机管理协调合作可以采取签订长效合作协议、信息互通与资源共享、网格化联动组织机构、全流程联动工作方案、日常联席与临时会商相结合、灵活安排现场指挥模式②。

为什么突发公共事件的应急管理需要合作？这主要根源于突发公共事件本身的特性与科层制运作的低效或失效。一方面，突发公共事件通常预警和预测难度大，演化过程中不确定性高，可能产生跨区域的影响，带来巨大的人员伤亡和财产损失。在突发公共事件爆发初期，基础设施遭受破坏，信息传播渠道受阻，爆发的原因、发展趋势和解决方案往往不明朗，但受灾地区对资源和服务的需求数量与种类在短时间内激增。在外部环境剧烈变化、时间紧迫、信息有限、资源严重短缺的条件下做出快速决策，执行复杂的行动方案的风险显然都很高。这往往超出了单个组织的处理能力，有赖于多级政府、多个部门、企业、非营利组织、媒体和社会公众等的参与和支持。

另一方面，强调标准化、专业化和正式化的科层制组织无法表现出足够的组织弹性来适应紧急和动态的危机情境。科层制组织旨在通过明确的目标、任务和职能，清晰的命令和服从链条，严密的规章制度和汇报程序，在稳定和可预测的环境中维持组织有效率地运作③。但突发公共事件可能导致提前制订的计划无法适应变化的环境、信息获取困难、信息过时或关键信息传输不同步、关键岗位的人员配备不及时等问题。随着参与应急响应的组织数量不断增加，组织之间呈现出高度异质性，科层制组织显得更为僵化、迟缓，无法实现良好的控制和协调。

（一）凝聚共识与规则重建

现代社会的基本特征就是功能上的急速分化，各个子系统会根据与环境沟通的需要而不断分化，导致了社会本身的自我分身，即从近代形成的大型社会结构迅速分化为多重结构和多种类型的各种社会系统，这就导致社会的各个系统分化过程的复杂化与系统本身多层次化。④在此情形下，常态治理依托各个系统的规则与共识运行。但在应急管理中，社会系统的既有结构被打破，各个主体只能通过相互之间的信息交互彼此适应，最终达成协同行动，多主体协同的难度则随行动主体的数量规模和异质性的增加而显著增加⑤。如何

---

① 王宏伟. 公共管理学[M]. 修订版. 北京：中国人民大学出版社，2019：85-86.
② 唐钧. 公共危机管理[M]. 北京：中国人民大学出版社，2019：102-105.
③ DRABEK T E, MCENTIRE D. Emergent phenomena and the sociology of disaster: Lessons, trends and opportunities from the research literature[J]. Disaster Prevention and Management: An International Journal, 2003, 12(2): 97-112.
④ FAUGHT J. The differentiation of society[J]. The Social Science Journal, 1982, 23(1): 111-113. ; LUHMANN N. Political theory in the welfare state[M].De Gruyter, 1990；秦明瑞. 复杂性与社会系统：卢曼思想研究[J]. 系统辩证学学报，2003，11（1）：7；高宣扬. 鲁曼社会系统理论与现代性：当代思想方向丛书[M]. 北京：中国人民大学出版社，2005；黄钲堤. 从鲁曼政治系统理论谈国家治理能力提升[C]//海峡两岸"行政改革与公共治理能力现代化"学术研讨会论文集. 中国行政体制改革研究会，2015.
⑤ 张海波. 新时代国家应急管理体制机制的创新发展[J]. 人民论坛·学术前沿，2019（5）：6-15.

在整体危机的情形下凝聚共识并进行规则重建,是现代公共危机管理的基本前提。

例如,在"7·20"郑州特大暴雨中,预警发布部门分割,防灾避灾措施针对性、有效性、强制性不足,缺乏统一权威高效的预警发布机制;预警与响应联动机制不健全,谁响应、如何响应不明确,郑州在连发 5 次红色预警的情况下才启动 I 级响应,实际灾难已经发生。①

(二)权力分工与重组

由于突发事件打破了既有的经济社会系统,产生唯一性环境,异质且复杂,难以建立一套有效处置所有事件的组织和程序②。因此,必须进行权力分工与重组,以在不确定条件下动态整合关联任务和资源,形成新的应急组织合作体系,以快速高效地获取信息、配置资源、采取行动,有效应对突发事件。

组织代表了不同的利益和意识形态,组织间关系是相互竞争的结果。组织合作是指为了达到共有目标,信息、物资、设施、人员等在组织间流动和交换的过程,包括参与组织及方式。成功的合作在于组织及时有效获取和使用信息、资源、知识和技术。突发事件业已呈现出前兆隐蔽、演化复杂、次生衍生灾害易发等特征,应急响应必须打破基于规则的推理,采用情境依赖型应对模式,及时辨识风险并组织行动,形成研判、决策和行动等的独一集合,致使组织合作的需求不断增强③。监测预警、事件处置、搜寻救援、人员疏散、安置救助等,必须由多组织合作完成。如在地震灾害的应对过程中,监测预警任务,需要属地政府和监测机构采集信息,并与水文、地质、气象、统计等组织共同参与评估灾情、预测趋势,政府确定预警级别和方式,并由广播电视、通信和社区等组织发布信息;搜寻救援任务,需要公安、消防、医疗和大型设备运营商等应急组织,军队或也参与其中;人员疏散任务,需要交通、民政、避难所管理、精神医疗,以及运输公司、志愿者等组织合作。权力结构明确组织职责与分工,直接决定着组织间信息、物资、人员等流动渠道、程序和方式,以及资源的分布和配置。

国务院灾害调查组认为,2021 年的"7·20"郑州特大暴雨中存在的重要问题就是关键时刻统一指挥缺失。在这场重大灾害应对过程中,郑州市委市政府缺乏全局统筹,对市领导在前后方、点和面上的指挥没有具体的统一安排,关键时刻无市领导在指挥中心坐镇指挥、掌控全局。"市领导多在点上奔波,有的撞在一起,有的困在路上。"市委市政府主要负责人因灾导致通信不畅、信息不灵,不了解全市整体受灾情况,对地铁 5 号线、京广快速路隧道、山丘区山洪灾害等重大险情灾情均未及时掌握,失去了领导应对这场全域性

---

① 河南郑州"7·20"特大暴雨灾害调查报告公布[EB/OL]. [2022-01-21]. http://www.gov.cn/xinwen/2022-01/21/content_5669723.htm.
② 孔静静,韩传峰. 应急组织合作的结构逻辑及运行机制:以 2008 年汶川地震应对为例[J]. 公共管理学报,2013,10(4):88-101.
③ KAPUCU N, BRYER T, GARAYEV V ,et al.Interorganizational Network Coordination under Stress Caused by Repeated Threats of Disasters[J].Nephron Clinical Practice, 2010, 7(1): 45-64; CORBACIOGLU S , KAPUCU N. Organisational Learning and Selfadaptation in Dynamic DisasterEnvironments[J].Disasters, 2006, 30(2): 212-233; KAPUCU N .Network governance in response to acts of terrorism: Comparative Analyses[M].Routledge,2012.

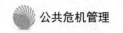

灾害的主动权①。

（三）资源依赖与动员

突发事件往往超出预期，尤其是资源需求的峰值往往超出制度化应急管理体系的资源储备能力，需要非制度化行动主体的参与，通过增加资源的冗余方式提升应急管理系统的韧性②。应急管理的核心在于是否能够整合各类部门间的信息资源和应急管理资源，形成一个一体化、透明化、网络化的危机信息应急管理系统，实现跨主体间的协同效应，以达到整体上应急资源的优化配置，增强整个系统的应急能力。无效的信息协同将导致信息失真、反应速度慢、应变能力差、社会行为混乱等应急障碍。在武汉新型冠状病毒感染应急处理初期，这种信息的协同性比较低，部门信息之间也出现了不一致的地方，信息资源的整合和协同决策仍然处于比较低层次的状态，表现出信息知识存在缺口、信息知识供给迟缓、信息知识表达缺乏关联性以及信息知识系统缺乏集成的协同缺陷。在疫情初期，物资调配方面出现了各部门不同步的情况。重点医疗物资的生产、调拨、收储、运输、科学使用等方面的协调工作，须由工业和信息化厅、红十字会、国家药品监督管理局、审计厅、商务厅等机构配合联动，而实际上，起初仅由来自数十个部门临时组建的团队成员开展工作，这给疫情物资保障工作的开展带来了一系列沟通与协调的难题。③

一直以来，广泛而迅速的人力、财力、物力、技术资源动员常常被视为我国公共危机管理体系的重要特征和重要体制优势。但也有例外，在2021年的"7·20"郑州特大暴雨中，河南省7月13日就宣布进入"战时状态"，直到20日8:30，郑州市在召开防汛紧急调度视频会时，才提出全面动员各方面力量全力做好防大汛、抢大险、救大灾工作，整个过程未实际开展全社会组织动员，没有提前有效组织广播、电视、报纸、新媒体等广泛宣传防汛安全避险知识。19日21:59至20日16:01的5次暴雨红色预警，电视台只是常规化在天气预报中播报，通过郑州三大电信运营商全网推送的也只有19日一次；城管、水利部门预警信息只发送给区县（市）防指或相关部门单位，未按预案规定向社会发布。20日8时许，市防指发出紧急明电通知建议市民尽量减少外出，郑州市宣传部门于18:58才在微信工作群中部署"所属新媒体不间断滚动播放本地气象预报预警、雨情等信息"，此时全市已经严重受灾。由于组织动员不力，20日当天许多群众正常出行，机关企事业单位常态运转，人员密集场所、城市隧道、地铁、城市地下空间以及山丘区临河临坡村居等，没有提前采取有效的避险防范措施。④

不过，仅仅是资源动员是不够的。在2022年6月1日的芦山地震救援过程中，由于社会力量迅速动员，社会组织以及群众迅速前往灾区，各路救援力量向雅安地震灾区汇

---

① 河南郑州"7·20"特大暴雨灾害调查报告公布[EB/OL]. [2022-01-21].http://www.gov.cn/xinwen/2022/01/21/content_5669723.htm.
② 张海波. 新时代国家应急管理体制机制的创新发展[J]. 人民论坛·学术前沿，2019（5）：6-15.
③ 邓玮，董丽云. 协同式应急：重大疫情中的医疗挤兑与合作治理——以新冠肺炎疫情为例[J]. 华南理工大学学报（社会科学版），2021，23（1）：104-112.
④ 河南郑州"7·20"特大暴雨灾害调查报告公布[EB/OL]. [2022-01-21]. http://www.gov.cn/xinwen/2022/01/21/content_5669723.htm.

集，使得灾区救援的公路"生命线"出现大量拥堵现象，造成"伤员出不来，资源进不去"的现象①。有效地协调合作有利于提高组织决策的有效性，增强资源配置的合理性，并能快速反馈处置救援结果，保证组织、信息和资源的系统集成。若组间的不同类型关系交互出现障碍，将导致恶性循环。研究指出，组织间信息沟通不畅，造成决策意见分歧，致使处置活动和资源配置与目标不一致，阻碍组织合作，导致应急响应延迟，并将引发应急组织体系的持续不安和低效②。

（四）专业知识与信息传递

在自然灾害、事故灾害以及公共卫生事件中，都涉及一些专业的知识。地震灾害需要对当地的地质状况进行分析，安全生产事故需要对事发地的生产经营状况、事故致因以及救援条件有所了解，等等。这一点在公共卫生突发事件中显得尤为重要，疫情是公共卫生突发事件的导火索，只有对致病原因、机理，病毒传播方式和媒介，以及诊断与治疗方案有充分的了解，才能够尽快缓解疫情，因此必须有病毒学、流行病学以及公共卫生相关领域专业机构的参与。对"7·20"郑州特大暴雨灾害应对过程的调查发现，没有组织深入会商研判，气象、水利部门的专业知识并没有有效进入灾害应对过程③。

由于各级各类组织在危机应对上存在知识缺口或知识失灵问题，包括政府各部门之间的应急知识分布不足，许多部门认为危机属于低频事件，应急预案通常归类于应付日常检查而并非实际需要的"任务清单"。于是，当危机来临时，只有部分部门能够发挥出正常的应急职能，而一些部门甚至包括地方应急管理部门在危机面前都顾此失彼。在这次疫情防控中我们看到，具有政府背景的慈善组织，如部分地方红十字会在医疗挤兑危机上存在知识失灵现象，未能高效应对危机时的医疗及生活物资调配，而一些专业社会组织反而呈现出更高的效率④。

与此同时，及时获取信息也是组织感知环境、决策和行动的基础，也是相关组织行动的前提。在突发事件爆发后，级别、任务、性质不同的大量应急组织瞬时加入应急响应系统。由于结构、规章和文化不同，应急组织所使用的技术、知识、设施及标准各异，信息沟通途径多样。同时，信息获取方式或渠道超出传统界定，多种应急组织间联系及交互增多。应急组织的信息沟通网络具有与命令传递网络相同和相反的组织间关系，并存在着交互、循环和传递等，且任务相似的应急组织间联系较多。然而，应急信息获取困难，加之日常沟通渠道极易受损，官僚制沟通在一定程度上失效⑤。

---

① 薛澜，陶鹏. 从自发无序到协调规制：应急管理体系中的社会动员问题——芦山抗震救灾案例研究[J]. 行政管理改革，2013（6）：30-34.
② 孔静静，韩传峰. 应急组织合作的结构逻辑及运行机制：以 2008 年汶川地震应对为例[J]. 公共管理学报，2013，10（4）：88-101.
③ 河南郑州"7·20"特大暴雨灾害调查报告公布[EB/OL]. [2022-01-21]. http://www.gov.cn/xinwen/2022-01/21/content_5669723.htm.
④ 邓玮，董丽云. 协同式应急：重大疫情中的医疗挤兑与合作治理——以新冠肺炎疫情为例[J]. 华南理工大学学报（社会科学版），2021，23（1）：104-112.
⑤ 孔静静，韩传峰. 应急组织合作的结构逻辑及运行机制：以 2008 年汶川地震应对为例[J]. 公共管理学报，2013，10（4）：88-101.

二、公共危机管理协调合作的维度与层次

社会风险和突发事件对公共利益构成了直接的威胁,而政府作为公共服务的提供者和公共利益的捍卫者,则必然应在紧急应变体系中起核心的主导作用。但由于政府在资源占有、人员结构和组织体系方面存在各种先天的局限性,注定了政府无论是在紧急情况的预警、监控阶段,应急救助阶段,还是在灾后重建阶段,都需要发挥其他社会力量的作用。①

(一)政府之间的协同

在风险社会中,某个地方发生的危机事件可能会迅速蔓延、波及其他地方政府的辖区,产生"涟漪效应",这就需要多个辖区政府的共同努力和联合行动,需要政府间的协同治理。这种政府间的协同治理既包括地方政府与地方政府之间的协同治理,又包括中央政府与地方政府之间的协同治理,还包括中央政府部门之间的协同治理,因为中央政府部门参与治理的危机往往是具有全局性影响的危机,中央政府与地方政府的协同治理往往通过中央政府部门来进行。就我国目前的公共危机管理体制而言,政府间的协调主要靠高级别的行政命令来实现,而自动协同的机制尚未形成。

图 9-1 所示为汶川地震合作网络拓扑图。

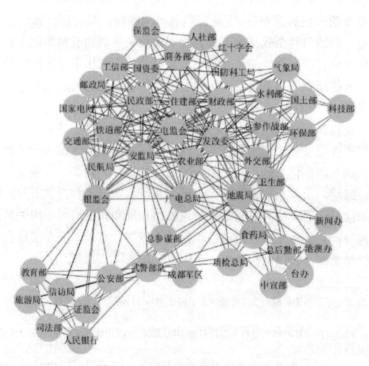

图 9-1　汶川地震合作网络拓扑图②

---

① 岳经纶,李甜妹. 合作式应急治理机制的构建:香港模式的启示[J]. 公共行政评论,2009,2(6):81-104.
② 刘亮,陈以增,韩传峰,等. 国家应急管理工作组合作网络的社会网络分析[J]. 中国安全科学学报,2015,25

第九章 公共危机管理中的协调合作

组织间合作在突发公共事件应急管理中体现出优势。第一，合作组织之间形成相互依存的关系，缓解单个组织在经费或人员配置上的压力，充分利用各组织在资源、知识、人员、技术、信息上的优势，加快信息共享和问题解决的速度，提高决策的准确性。通过资源整合避免无序的重复工作，降低应急管理的成本。①第二，经过组织间的沟通和协调，决策更公开和公平，组织对各自面对的潜在威胁有更多发声的机会，更容易获得组织成员的认可和支持，在形成组织共识的同时建立信任关系。②当然，不确定性使得危机的预防和处置单靠政府的力量是无法应对的。对于政府而言，如何建立起一个全面的整合的危机管理体系，不断提升政府和社会的危机管理能力，是公共危机管理的最大挑战。③

（二）政府与社会之间的合作

这主要是指国家和市场之外的所有民间组织，包括非营利组织，公民的志愿性社会、协会、社区组织，以及公民自发组织起来的各种运动，等等，又被称为第三部门、社会组织等。社会在加入危机治理过程中，承担社会自治、社会服务的功能，分担社会管理的任务，能够成为政府的有益补充。在灾害面前，政府与社会力量之间是一种合作关系，政府需要做的是更好地动员、引导和发挥社会力量。在四川地震救灾中，政府仍处于主导地位，但一些工作政府不可能做得很细，社会组织在提供深入的个性化服务，尤其是心理疏导、人际关系修复等方面具有先天优势和活力。在灾区不少地方，政府力量与社会力量各司其职，相互配合，已成常态。

社会组织与政府的合作包括技术介入策略、行动介入策略、资源介入策略以及理念介入策略。具体地，技术介入策略是指通过社会组织的专业技术优势参与应急管理过程；行动介入策略是指社会组织利用自身的专业优势与能力实际投入应急管理的运作实践；资源介入策略是指社会组织通过款物保障应急管理运转所需的资源基础；理念介入策略是指社会组织拥有强调通过理念与价值倡导使个体、群体、组织乃至整体社会的应急行为模式发生转变。④

具体来说，首先，在社会组织技术介入策略背景下，在风险管理阶段，社会组织利用专业优势，为风险确认与评估提供技术支持，使政府部门能更理性地进行风险管理，而社会组织在群体脆弱性识别上也有其优势，社会组织的专业参与也为政府各项公共政策提供风险评估支持，专业性社会组织的应急参与为预测预警及风险消减技术的发展提供支持。

（3）：152-158.

① KAPUCU N. Collaborative emergency management: better community organising, better public preparedness and response[J].Disasters, 2008, 32(2):239-262.

② CURNIN S. Collaboration in disasters: A cultural challenge for the utilities sector[J].Utilities Policy, 2018, 54(OCT.):78-85; HICKLIN A，O'TOOLE L J J，MEIER K J,et al.Calming the storms: Collaborative public management, hurricanes katrina and rita, and disaster response[J]. 2009:95-114; O'LEARY R，BINGHAM L B .The collaborative public manager: New ideas for the twenty-first century[M].Georgetown University Press, 2009.

③ 沙勇忠，解志元. 论公共危机的协同治理[J]. 中国行政管理，2010（4）：73-77.

④ 陶鹏，薛澜. 论我国政府与社会组织应急管理合作伙伴关系的建构[J]. 国家行政学院学报，2013（3）：14-18.

在危机管理阶段,通过专业救灾组织的参与,能够在信息收集、应灾技术以及应急决策等方面提供帮助。而在灾后管理阶段,社会组织的专业且独立的优势可为危机调查、应急效果评估及重建规划提供服务。

其次,在社会组织行动介入策略背景下,在风险管理阶段可作为风险治理的重要主体,改善风险沟通效果,通过组织实施减灾项目,干预群体权利与资源可得性差距,消减群体灾害脆弱性水平,通过培训演练来提升志愿者乃至社会的应灾技能。在危机管理阶段,社会组织通过其动员与社会服务能力,在灾区开展救援、灾民照顾、灾情沟通以及疏散与避难服务。在恢复管理阶段,则可结合社会组织常态组织目标投入社会重建与发展的教育、文化、卫生、环保、扶贫以及其他专项减灾与恢复等项目之中。

再次,在社会组织资源介入策略背景下,在风险管理阶段,其功能主要体现在风险消减项目及公共基础设施建设的资助方面。在危机管理阶段,社会组织则注重应灾救援相关人、财、物的供给及管理方面。在恢复管理阶段,社会组织则能够吸收更多的社会捐助,为灾后重建提供资源支撑。

最后,在社会组织理念介入策略背景下,在风险管理阶段,在微观层面,通过风险文化培育,即通过对个人安全意识与责任教育来改善个体风险认知与行为转变,在宏观发展理念层面,注重人与自然、发展与灾害之间的关系处理。[1]

(三)社会之间的自主协同模式

萨拉蒙曾对社会自组织给予极高评价:如果说代议制政府是 18 世纪的伟大发明,而官僚政治是 19 世纪的伟大发明,那么可以说,那个有组织的私人自愿性活动,也即大量的社会组织代表了 20 世纪最伟大的社会创新。[2]在危机治理过程中,社会自组织能够发挥其自身的极大优势,组织起庞大的社会自组织网络,共同应对各种危机。日本神户大地震后,受灾者中有80%都是被朋友或邻居救下的[3]。

在 2008 年的 "5·12" 汶川大地震后,民间组织之间的协同合作也得到了进一步的加强。在地震发生后的第二天,中国扶贫基金会、中国青少年发展基金会、南都公益基金会等多家公益组织发起了 "中国民间组织抗震救灾行动联合声明" 活动,号召 "各民间组织和公益组织携起手来,充分发挥各自的优势和力量,与受灾群众一起共渡难关"[4]。在地震发生后,来自全国的志愿者迅速涌向灾区,各类民间组织积极参与抗震救灾工作,其中既有未经过专业训练、自发组织的志愿者队伍,也有各类具有专业特长的民间志愿者组织。在此情况下,需要由政府对志愿者进行组织、协调和管理,根据志愿者的专业特长进行合理分工,使志愿服务有效、有序。但由于政府没有建立起有效的协调机制,各类志愿组织相互竞争,甚至 "抢活干"。四川的各级政府和抗震指挥部门的工作人员对灾区的大

---

[1] 陶鹏,薛澜. 论我国政府与社会组织应急管理合作伙伴关系的建构[J]. 国家行政学院学报,2013(3):14-18.
[2] 萨拉蒙. 全球公民社会:非营利部门视界[M]. 贾西津,译. 北京:社会科学文献出版社,2002:76.
[3] KAJITANI Y, OKADA N, TATANO H. Measuring Quality of Human Community Life by Spatial-Temporal Age Group Distributions——Case Study of Recovery Process in a Disaster-Affected Region[J]. Natural Hazards Review, 2005, 6(1):41-47.
[4] 沙勇忠,解志元. 论公共危机的协同治理[J]. 中国行政管理,2010(4):73-77.

量志愿者和非营利组织既心存感激，也"感到头疼"。这种无奈也体现了政府在动员和协调民间救援力量上的能力不足。其根本原因是，整个应急预案本身没有与志愿者进行衔接，没有涉及应急志愿者对社会的参与。政府没有将志愿服务纳入应急工作的全局，当然也没有设立协调志愿组织的机构①。

第二节 公共危机管理协调合作的多元模式

一、纵向一体化与层级节制模式

这一模式主要出现在行政系统内部，是建立在科层制组织结构中以权力分配为基础的协同模式。在这种模式下，上级发出明确的指令，下级按照指令执行。当然，这种模式也并非完全单向的，下级部门在执行过程中遇到问题，可以向上级部门反映，请求其予以决策支持；对于执行中遇到的新问题，执行部门也应当及时反馈给上级，从而有利于上级部门做出更加准确的决策。这一模式的组织基础有两种：一是在常规的科层组织中，如政府对其所属相关部门、上级政府对下级政府的指令等；二是应急中临时组建的决策指挥机构对相关执行主体的指令。前者具有较为稳定的组织基础，政令较为畅通；后者是临时决策机构，其有效性取决于组成方式、领导人的权威等因素。

组织合作的性质和行为，不仅取决于自身的职责，在更大程度上源于组织在权力结构中的位置和行政命令②。权力结构，即命令权或控制权在组织体系的分布状态，决定着组织间的隶属关系和沟通机制，是组织行为的制度约束。已有研究表明，权力结构和任务复杂程度对组织绩效的影响巨大。基于网络分析方法，巴维拉斯（Alex Bavelas）③指出分权结构（如环形结构）中信息流动较慢，集权结构（如星形结构）更有利于快速完成任务；莱维特（Harold J. Leavitt）④分析得出集权结构的组织绩效最好，分权结构的最差，如医疗服务中采用集权式协调更有效。各国应急管理多采用标准管理方式，分层次、分等级划分应急主体和任务，形成科层式权力结构，以保障工作流的可靠性和效率。如美国建立的事故指挥系统和标准应急管理体系，都采用官僚制结构，规定了一元化指挥体系和统一指挥框架，通过命令链决策、分配任务、管理资源等。

多数应急组织都受命于一个特殊组织，命令必须经单一上级应急组织传递给多个任务交叉或相同的下级应急组织；执行关键任务或参与多项任务的应急组织，如消防、公安或医疗等，受多个上级或工作组指挥。科层式权力结构在拆分任务、分配职责、报告程序和

---

① 岳经纶，李甜妹. 合作式应急治理机制的构建：香港模式的启示[J]. 公共行政评论，2009，2（6）：81-104.

② BAVELAS A. A Mathematical Model of Group Structures[J].Human organization, 1948, 7(3):16-30.

③ BAVELAS A. Communication Patterns in Task-Oriented Groups[J].Acoustical Society of America Journal, 1950, 22:725-730

④ LEAVITT H J. Some effects of certain communication patterns on group performance[J]. Journal of abnormal and social psychology, 1951,46(1):38-50.

实施控制等方面，日常运行良好，但在紧急动态情境中，却时常不能保障应急组织及时配置资源、采取行动，因此，处置救援并不完全采用集权模式。卡普库（Naim Kapucu）[①]从信息沟通成本视角，提出应急响应中决策应该集权，操作应该分权。

当然，现实中的一体化常常呈现更为松散的状态。在中国政府治理中，行政发包制更为普遍。其中，上级政府的指令既有明确的行动方案，也有原则性的内容，需要由地方按照基本遵循制定具体政策并在实践中不断完善。当出现效果较好的政策创新时，在地缘政治等因素的影响下，就会出现不同地区之间的政策学习，即某地（组织）所采取的措施，很快被其他地区（组织）所效仿。这一类型主要发生在平级的组织之间，如不同地方政府之间、不同社会组织之间、不同社区之间等。

二、市场交易模式

市场主体既有可能是突发事件中的利益受损者，也有可能成为应对突发事件的重要主体。政府在应对突发事件时，显然无法直接承担起相关物资生产、配送和服务提供的责任，从而必然与市场主体产生基于交易行为的合作。[②] 而且，应急管理需要培养大量的专业人才，需要花费较大的精力和金钱，而这些人才一般都具有一定的适用性，无法胜任不同类型的应急工作，产品生产成本居高不下。

公共危机管理的市场交易模式有显而易见的优势[③]。

（1）市场参与应急管理有利于打破政府对应急产品的生产垄断，推动应急产品供给由垄断型向竞争型格局转变，促进降低应急成本。

（2）市场参与应急管理有利于克服政府预算最大化，从而降低应急成本。市场参与应急管理模式下的政府主要通过招标等形式选定生产主体，以政府购买等形式采买应急产品，这些活动都是隶属政府采购范畴，政府采购体现了财政体制中的从低设计原则，有利于减少财政支出，降低管理成本。各企业也会相继降低报价以获取合作权限与被采购机会，最终实现政府采购成本最低化，克服传统行政控制型应急管理模式下预算最大化倾向，降低应急成本。

（3）专业应急人才的社会化、市场化降低了政府的人才培养成本，进而降低了应急成本。市场参与应急管理实现了专业应急人才的灵活引入与退出，满足了专业应急人才的平战转化原则。以消防员为例，由市场培养消防员能够实现消防员的社会化、职业化与专业化。在应急管理时期，政府通过劳务合同等市场化方式迅速吸纳专业应急人才以应对危机；在常态化管理时期，政府按照合同约定予以解约。在市场机制作用下，应急产品生产者（企业）会集中精力提高专业化分工水平，发展主营业务，大规模生产具备专业优势的产品，以专业性提高应急产品的质量，以专业化分工与规模化生产降低产品

[①] KAPUCU N. Interagency communication networks during emergencies: Boundary spanners in multiagency coordination [J]. American Review of Public Administration, 2006, 36(2):207-225.

[②] 鲁全. 公共卫生应急管理中的多主体合作机制研究：以新冠肺炎疫情防控为例[J]. 学术研究, 2020 （4）：14-20.

[③] 南锐, 王竞杰, 朱文俊. 重大突发事件应急管理市场参与：生成逻辑、风险溢出与逆风险选择[J]. 当代财经, 2022 （2）：28-40.

的平均生产成本。

但是，作为追求利润最大化的有限理性"经济人"，市场常常产生市场失灵和各类"负外部性"问题。这是采用市场交易模式需要注意的重要问题。

> **阅读材料**
>
> **国家危险化学品应急救援惠州队（基地）"公益化+市场化+专业化"运行探索与实践**
>
> 广东省惠州市大亚湾开发区于 2013 年以"企办政助"模式成立了惠州大亚湾石化应急管理有限公司（以下简称"应急公司"），大亚湾区管委会每年补贴惠州队（基地）600万元资金专项用于指战员工资、装备维修、更新及培训等支出，负责惠州队（基地）的市场化运营。应急公司是国内第一家以应急救援处置和应急技术服务为主营业务的实体企业，为区属一级全资国有企业，通过市场化技术服务形式发挥应急救援、培训演练、科研开发、技术支撑及应急工程运维等综合功能，突破体制机制创新，加速国家安全生产应急救援队伍专业化及职业化进程，构建"公益化+市场化+专业化"的应急管理技术服务新模式，为政府及企业提供优质技术及咨询服务，推动应急管理创新成果"共建共享"。
>
> 经过 8 年多的应急技术服务市场化探索，目前公司经营情况良好，连续三年实现营业收入及利润指标"双增长"，惠州队（基地）已连续两年提高薪酬待遇，队伍更加稳定，指战员安心工作，训练积极性高，救援能力得到稳步提升。
>
> 其中市场化运行主要体现在四个方面：一是提供应急救援处置与技术咨询社会化服务，为企业"把脉问诊"，开具"良方"，提供安全生产技术标准和服务，同时将应急救援流程结构化、应急救援标准化，全方位介入事前"防"、事中"救"、事后"戒"的事故生命周期过程控制管理，全力为企业安全生产提供高质量服务和保障。二是提供石化园区应急公用工程保障服务。主要包括负责石化园区应急池与应急管网运行，提供 24 小时运行待命服务；应急物资储备库通过"以仓代储"及代理销售的管理服务模式，储备各类应急救援装备及物资。管理运行石化区模拟化工实训场，为园区企业及救援队伍提供化工实习、演练及培训实操环境。三是提供应急救援培训服务。提供安全生产资格考试服务，解决了园区内各企业长期异地考试问题，为全市企业提供 7 大行业安全生产资质类理论考试；提供 16 种危险化学品工艺特种作业人员培训及考核服务。四是开展应急救援领域科研应用及开发。
>
> 资料来源：国家安全生产应急救援指挥中心. http://www.nwserc.cn/aqyj/yjzb/202203/t20220321_410040.shtml.

三、自组织网络与志愿合作模式

风险社会是全民与政府共同面临的情境，每个行动主体都有参与政府治理的权利和责任，而政府也有义务通过正式与非正式的渠道增加与民间的互动，并建立起政府与民间互信、互赖、互惠的良好基础。

萨拉蒙[①]认为，尽管志愿组织在提供公共产品、弥补政府不足方面有重要作用，但志愿组织自身也存在固有的缺陷和不足，包括慈善供应不足、慈善对象的特定性、慈善行为的家长作风、慈善工作的业余性等。具体包括[②]以下几个方面。

（1）社会组织因自主性与成熟度的欠缺，导致应急能力不强。社会组织多数依附于政府，结构独立性与活动自主性有所欠缺，很多时候难以自主、有效地开展活动，主体性作用未能凸显。而且，大多社会组织产生较晚，发育成熟度欠缺，应急协助能力受限[③]。另外，政策环境缺失、资源缺陷势必会影响社会组织参与应急管理的功能发挥和能力提升。

（2）社会组织信息公开与监督机制缺失，易引发社会信任危机。在现阶段，社会组织进行应急工作的信息公开与社会监督机制还未完全建立，社会组织的应急工作无法得到充分监督，难以确保其获取资源与开展应急协助活动所需开支的平衡，公众的知情权与监督权得不到保障，易诱发社会信任危机。

（3）社会组织认同度不高，易导致应急介入困难。社会组织在应急管理中主要以社区为治理场域协助政府开展应急工作，通过深入社区协助政府解决应急"最后一千米"难题。但是，社会组织缺乏政府背书，且现阶段社区居民对社会组织的认同度不高，导致社区居民对其提供应急产品（或服务）的不信任、应急工作的不配合，社会组织应急介入困难。

"志愿失灵"也论证了非营利组织同政府建立合作关系的必要性。非营利组织的这些弱点正好是政府的优势，政府能够通过立法手段获得足够的资源来发展慈善事业，克服慈善供给不足、特殊性和业余性等问题，并且通过民主政治程序来防止慈善服务方面的家长作风。但是，政府往往由于过度科层化而对社会需求反应迟钝。正是由于这种互补性，出于对服务成本的考虑，政府应该同非营利组织建立合作关系。[④]

不过，纯粹的网络结构虽然更具适应能力，但往往缺乏效率，且责任不固定。在应急状态下，由于时间压力，应急管理旨在尽快控制事态，要求责任明确、执行高效，因此不可避免地存在着集中化的动力。[⑤]这样一来，在组织结构上，应急管理难以完全脱离科层结构而单独存在，而是复合了科层结构的网络结构[⑥]。

[①] SALAMON L M. Rethinking Public Management:Third-party Government and the Changing Forms of Government Action[J].Public Policy,1981,29(3):75-255.
[②] 南锐，王竞杰，朱文俊. 重大突发事件应急管理市场参与：生成逻辑、风险溢出与逆风险选择[J]. 当代财经，2022（2）：28-40.
[③] 陶鹏，薛澜. 论我国政府与社会组织应急管理合作伙伴关系的建构[J]. 国家行政学院学报，2013（3）：14-18.
[④] 岳经纶，李甜妹. 合作式应急治理机制的构建：香港模式的启示[J]. 公共行政评论，2009，2（6）：81-104.
[⑤] The network governance of crisis response: Case studies of incident command systems[J]. Journal of Public Administration Research and Theory, 2009, 19(4): 895-915.
[⑥] WISE C R. Organizing for Homeland Security after Katrina: Is Adaptive Management What's Missing[J]. Mar 2019 Frontiers Public Administration Review,2010,66(3):302-318.

四、协同治理模式

面对日益频发的公共危机事件，政府失灵、市场失灵与志愿服务失灵等问题频出，多元主体协同治理能够克服政府单一主体治理造成的资源损耗、市场参与带来的负外部性、社会组织参与带来的志愿服务断续性等问题，提高公共危机管理效率，是公共危机管理的理想模式和必然趋势。

协同治理旨在从全民普遍理性中得出整体利益，协商的目标在于达成共识，不是竞争性的，而是合作性的。参与者包括公共部门、私有部门及第三部门。各种不同的公共主体和社会主体拥有相互冲突的目标、利益和不同的权力地位，没有一个主体占据主导地位。在此背景下，政府已不能扮演万能角色，政策过程中各个主体之间的协商至关重要。政府不再被看作优越的、高高在上地发出指令的角色，而是一个行动者。网络中公共政策制定则是行动者之间进行资源交换、合作及共识达成的结果。在协同治理的决策形式下，政府与社会各主体之间是平等的。公民政治参与不应局限于投票、请愿等社会活动中，参与者应该在决策程序公开的条件下充分掌握信息，并拥有平等机会对公共决策进行公开讨论，进而提出可行方案和意见。不同于竞争性民主中存在的争夺选票数量，在非竞争性民主的条件下，各主体"为了反对而反对"的决策行为会大大减少，更加关注公共决策品质的提升。

张立荣和冷向明认为，"公共危机协同治理"是指公共危机管理主体，包括政府部门、非政府组织、企业部门以及公民个人，通过自觉地组织活动，利用网络、信息技术等现代科技手段，把公共危机管理系统中各种相互之间无规则、无秩序的要素，在一个行为目标和规范相对统一的网络结构中有机地组合起来，使系统中的各种要素由无序状态转变为具有一定规则和秩序的、相互协同的自组织状态，针对潜在的或者显现的危机，协同实施系列性的控制活动，以期有效地预防、处置和消弭危机[①]。沙勇忠等认为，公共危机的协同治理是指政府、非营利组织、企业、公民个人等社会多元要素参与合作、相互协调，针对潜在的和当前的危机，在危机发展的不同阶段采取一系列的控制行动，以期有效地预防、处理和消弭危机，最终达到最大限度地维护和增进公共利益的目的。具体包括以下四层内涵[②]。

（1）危机治理主体的多元化。在公共危机的协同治理中，政府不再是治理公共事务的唯一主体。非营利组织、企业、家庭、公民个人在内的所有社会组织和行为者都是危机治理的参与者，不同主体发挥其特有的作用，以达到处理效率的最大化、方式的最优化。

（2）治理权力的多中心化。危机协同治理需要权威，但这个权威并非一定是政府，其他主体都可以参与到管理中，组成管理网络，形成多个权力中心，互相监督，互相制衡，共同在危机治理活动中发挥和体现其权威性。

---

① 张立荣，冷向明. 协同治理与我国公共危机管理模式创新：基于协同理论的视角[J]. 华中师范大学学报（人文社会科学版），2008（2）：11-19.
② 沙勇忠，解志元. 论公共危机的协同治理[J]. 中国行政管理，2010（4）：73-77.

(3)参与、合作是协同治理的精髓。政府不只是依靠强制力,而是需要通过政府与非营利组织、政府与企业等的协商对话、相互合作等方式建立伙伴关系来共同治理危机。在这个过程中,各主体之间是完全自愿和平等的。

(4)危机治理能力的有效提升。危机协同治理的直接目的是有效地预防、处理和消弭危机,通过政府、非营利组织、企业、公民个人等主体组成富有弹性的协同治理网络,让各成员能够充分利用各自的资源、知识、技术等优势,发挥出对危机"整体大于部分之和"的治理功效。

第三节 公共危机的协同治理实践与本土路径

多元主体协作方式既有政府内部协同,也有政府与社会组织、企业、公民、媒体等多元主体协同。公共危机事件存在突发性和不确定性,其治理具有高度复杂性,靠单一政府力量难以应对。协同治理是公共危机应对的未来方向。

一、公共危机协同治理的影响因素

现有研究主要围绕合作的外部环境、互动关系、组织特征、应急准备、教育和培训、信息技术与沟通等多个因素,从环境、网络、组织、个体四个角度解释应急管理的合作。

(1)从环境的角度看,已有研究在三个结论上形成基本共识:一是对威胁的关注度越高越倾向于合作;空间距离与合作之间显著负相关。二是在一般情况下,辖区的脆弱性与组织间合作显著正相关。此外,两个外部环境因素对合作的影响存在争议。例如,有研究者发现,危机规模越大,组织越可能寻求合作;而有研究者认为,过去经历危机的次数越多,组织越可能增加合作的次数[1]。

(2)从网络的角度看,突发公共事件发生前组织之间或个体之间的互动关系对应急响应时合作关系的建立产生影响,具体体现为已有关系和网络中的中间人位置两个方面的作用。其一,危机爆发前的共事经历、管理者的日常互动网络和合作成员之间已建立的联系都有助于促进应急响应时组织间的合作,表现出社会关系网络中的"马太效应"或累积优势过程。其二,在合作网络中扮演中间人角色的成员更容易与其他成员建立联系。由于中间人在合作网络的信息传播和控制上占据优势,更多的成员倾向于寻求与中间人互动。而由中间人协调的组织间互动,更有利于组织在应急合作网络中发挥控制和决策的作用[2]。

---

[1] 林蓉蓉. 突发公共事件应急管理合作中的合作结构、过程和结果:基于应急合作的研究述评[J]. 中国行政管理,2021(1):138-146.

[2] MARCUM C S, BEVC C A, BUTTS C T. Mechanisms of Control in Emergent Interorganizational Networks[J]. Policy Studies Journal, 2012, 40(3):516-546. ; THOMSON A M, PERRY J L. Collaboration processes: Inside the black box[J]. Public administration review, 2006(66): 20-32.

（3）从组织的角度看，组织特征和应急准备中的组织参与都对合作过程产生影响。首先，关于组织特征的已有研究聚焦于应急管理部门和合作组织两个方面。就应急管理部门的结构而言，独立统一的应急管理部门能够整合应急管理的信息、人员、经费等重要资源，提高其专业性和对突发公共事件的风险管理能力。同时，明确具体的职能有助于精准把握合作的方向，积极促进合作①。相反，兼顾多项职能的应急管理部门疲于应对繁重甚至冲突的任务，寻求合作的时间和精力有限，合作的机会成本太高。就合作组织的特征而言，已有研究认为组织同质性是促进应急合作的关键因素②。相似的组织由于其相近的政策选择、利益、使命和愿景，更容易积累信任关系和共事经历，能够减少谈判和冲突带来的交易成本，降低合作伙伴背叛的风险。领导者政党身份的政治同质性越高、应急管理能力或外部环境越相似的地方组织越倾向于水平合作。其次，共同参与应急准备和应急预案的制定可能为决策提供更全面的信息，帮助组织更好地理解应急预案和相关的行动方案，增强应急管理意识，提高应急管理能力。

（4）从个体的角度看，应急管理合作过程的影响变量主要有两类：其一，应急管理者的教育和培训经历有助于促进组织间合作。教育和培训不仅能够提高应急管理者的能力和专业性，而且为接受培训的应急管理者提供认识彼此的机会，建立互动和联系，增加未来合作的可能性。其二，在信息技术与沟通方面，信息技术的使用对应急管理者之间的正式合作和非正式合作都具有促进作用。就沟通而言，已有研究多选择以描述性分析的方式呈现应急管理者在合作过程中的沟通现状及其对沟通重要性的看法。

二、公共危机协同治理的结构与机制

（1）协同治理结构的建立。在协同治理理念的指导下，逐步建立起全面的危机协同治理的网络结构。

①在权力结构上，除政府之外，各种社会组织及公民个体都在公共危机管理的结构中同时拥有权力、能力和责任，形成一种权力、能力与责任的匹配、对等、制度化、常规化的多元治理结构。这是"一种以公共利益为目标的社会合作过程——国家在这一过程中起到了关键但不一定是支配性的作用"。这种结构将成员组织各自的核心优势经过主动优化、选择搭配，相互之间以最合理的结构形式结合而形成一个相互优势互补匹配、上下联动、协同应对的有机体。

②在技术支持层面上，网络技术与信息技术的发展使得信息可以在网络中高度分享，有效克服协调上的困难，打破传统的面对面的合作方式，极大地扩展了多元主体在时间上

---

① MCGUIRE M. The new professionalism and collaborative activity in local emergency management[J]. The collaborative public manager, 2009: 71-94; GAZLEY B, MCGUIRE M, TSCHIRHART M, et al. The collaborative public manager: New ideas for the twenty-first century[M]. Georgetown University Press, 2009.
② SAPAT A , ESNARD A M , KOLPAKOV A. Understanding collaboration in disaster assistance networks: Organizational homophily or resource dependency?[J]. The American Review of Public Administration, 2019, 49(8): 957-972; SONG,MINSUN,PARK,et al.Do Political Similarities Facilitate Interlocal Collaboration?[J].Public administration review: PAR, 2018, 78(2):261-269.

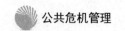

和空间上以多种灵活方式相互配合的可能性。

③在组织结构方面，以包括多元治理主体在内的、扁平化的、弹性化的应对网络替代传统政府组织中机械的、僵化的官僚组织层级，提高组织整体的反应能力，可以在很大程度上降低危机处理的成本①。

④在决策结构上，它突破单一政府主体的时序性、阶段性决策方式而实现并行式网络流程，使得先前在时空上处于序列状态的各个环节得以协同凸现，从而保证危机应对的快捷有效。总之，政府通过具有上述特点的网络治理结构的运作，可以重新整合政府组织内部以及社会中先前相互分割的要素在公共危机管理中的功能与效用，构建起"公民个体－社会群体－政府部门－整个国家"一体化、点、线、面相结合的动态性、柔性化的公共危机管理系统，实现危机治理成本的最小化和效能的最大化②。

（2）协同治理机制的塑造。面对危机，最重要的战略选择是塑造一套比较完善的公共危机管理机制，并在此基础上不断增强政府以及整个社会的危机治理能力③。首先，建立健全公共危机协同整合机制。在明确权力责任的前提下，建立由多元主体共同构成的核心机构作为整个系统的中枢，赋予其至高的权力并保证充足的资源，以网络和移动通信等现代技术为支撑，进行充分的信息与资源的协同整合，保证危机信息的实时性、共享性，资源调度的及时性、有效性，实现政府部门之间、政府与社会之间的协同。其次，完善危机预警机制。采用综合的、基于风险的准备和预防技术与方法、手段，对某些危机现象出现的约束性条件、未来发展趋势和演变规律等做出估计与推断，并应用协同整合机制，及时全面地发布预警信息，使公共部门和公众提前了解危机发展的状态，以减除灾害给人员和财产造成的损失。

（3）在协同整合机制和预警机制的基础上，完善公共危机的决策机制。采用合理有效的并行式网络流程，打破时空限制，使得先前在时空上处于序列状态的各个环节得以协同凸现，在核心决策机构的协调和引导下，各自在其核心优势范围内做出决策，最终整合成整体危机决策，从而保证危机应对的快捷有效。

（4）设计、塑造和完善相关机制，如资源配置与保障机制、善后处理与评估机制等，以保障决策的有效执行，促进公共危机协同治理网络的动态发展。

三、中国公共危机协同治理的本土路径

在中国场域下，公共危机协同治理体系已形成多元主体协同的治理雏形，但仍面临多元主体参与率低、协同主动性差、治理有效性不足的窘境④。需强化多元主体协同治理危机的责任、意愿、能力，健全外部机制，实现多元主体共同协商、共同决策。

---

① 沙勇忠，解志元. 论公共危机的协同治理[J]. 中国行政管理，2010（4）：73-77.
② 张立荣，冷向明. 协同治理与我国公共危机管理模式创新：基于协同理论的视角[J]. 华中师范大学学报（人文社会科学版），2008（2）：11-19.
③ 沙勇忠，解志元. 论公共危机的协同治理[J]. 中国行政管理，2010（4）：73-77.
④ 张智新，孙严. 公共危机中多元主体协同治理机制探究：以北京市"11·18"火灾为例[J]. 行政管理改革，2019（4）：77-83.

（一）中国公共危机协同治理的困境

（1）危机管理主体单一，社会力量参与不足。我国既有的公共危机应急管理体系形成于全能政府的理念之下，仅仅存在于政府行政管理系统之中。这种一元性的危机应急反应结构强调的是政府及其相关部门对抗击公共危机进行全面的安排，各类社会组织、经济组织、公众以及舆论界处于被动员、被安排的境地，从而使得公共危机的应对实际上变成了政府内部的事务。而在现代社会，任何一个政府都没有能力单打独斗地应对无限可能的、多种多样的公共危机，更不能完全彻底地担负起管理所有公共危机的社会责任。一个强势的政府在应对危机时可能是全方位的、几乎无所不能的，但更有可能是顾此失彼、应对不力的，同时造就一个弱小的社会，无意地削弱社会自我组织管理和应对自身危机的能力。

（2）当前危机治理碎片化和分散化现象明显，存在政府内部条块分割、各自为政，多元主体之间各自为营、单打独斗的局面①，与既有的行政管理体系相一致，我国现行的公共危机管理体系也是建立在职能分工基础之上的，各种类型的危机管理基本上是以相应的政府职能部门为依托，危机管理带有浓厚的部门色彩，再经过多层次的"块块"切割，整个危机管理体系就显得异常复杂，导致政府对单项危机事件的反应能力比较强，而对需要各种资源协同运作的复合型危机的反应能力比较弱，整个危机管理系统的协调成本高，难以形成高效能的整体。②在制度方面表现为协同应急预警机制、联动协调机制、法律法规等相对匮乏，危机协同治理效果不显著。建立健全公共危机协同治理机制，要建立平等互信、开放合作的协同理念，要从完善法律制度、横向与纵向组织体系上明确多元主体权责，从完善预警体系、资源保障机制，加强人才队伍建设上强化危机协同治理能力，从健全监督和考评体系、信息技术保障上促进危机协同治理高效运行。

（3）社会力量缺乏自主性与能动性。许多志愿者组织还是"各自为政"，出现服务重复提供和行动冲突，导致力量分散，效率低下。大量的志愿者充满激情奔赴灾区，最后却不能为灾区尽力。

官办NGO（非政府组织）的应急志愿行动缺乏自主性。充分发挥官办NGO在反映诉求、协调利益、化解矛盾、排忧解难等方面的信息优势、专业优势、组织动员优势等，提高官办NGO的自主性。为NGO的发展创造良好的法律政策环境，制定全国性的志愿服务法律，修订社团登记管理条例，降低准入门槛。设立各级赈灾基金为NGO的应急行动提供资金支持，并通过绩效评估和财政审查强化引导与监管。构建长效的应急协调机制，将红十字会、青年志愿者协会、慈善总会、慈善基金会、社区组织和专业协会等非营利组织纳入政府应急管理机构中，通过民主选举、比例代表的方式成立战略伙伴委员会。这既有助于非营利组织了解政府的应急计划，又有助于政府获取反馈信息，统一协调应急行动。③

---

① 王树文，韩鑫红. 政府协同治理安全危机双重整合机制及政策建议[J]. 中国行政管理，2015（12）：85-88.
② 张立荣，冷向明. 协同治理与我国公共危机管理模式创新：基于协同理论的视角[J]. 华中师范大学学报（人文社会科学版），2008（2）：11-19.
③ 岳经纶，李甜妹. 合作式应急治理机制的构建：香港模式的启示[J]. 公共行政评论，2009，2（6）：81-104.

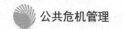

（二）走出公共危机协同治理的中国路径

一方面，应急管理部成立之后，中国的综合应急管理体系从强调全灾害管理走向重视全过程管理，这是新时代国家应急管理创新发展的主逻辑。从体制上看，新时代应急管理创新发展的关键是建立和完善以应急管理部为牵头组织的多主体协同网络[①]。童星教授认为，政府协调治理是中国场景下公共危机协同治理的现实路径。其主要强调通过合理界定政府在公共危机管理中的权责边界，重塑公共危机中的政府角色，推动政府由"主导者"向"协调者"转变；在此基础上，完善府际关系，整合中央与地方的优势资源，创新政府和社会间、政府与企业间以及跨国政府间的互动模式，凝聚政府、社会和市场的合力，实现三者之间的良性互动与有效合作，建构政府协调治理体系。[②]要注重维持合作结构的稳定性，需要明确合作者的角色和职责，制定清晰可行的合作指引，促进合作者对合作框架的准确认知和理解。加强合作网络中各参与者之间日常的正式和非正式联系，促进信息共享和沟通，巩固已有的关系，提高合作者之间的信任。同时，重视应急管理者的培训投入，加强应急管理者对合作必要性和合作价值的认知，关注合作能力的长期培养，通过培训、共同演习、研讨会等多种形式增加应急管理者之间的互动，积累共事的经验。

另一方面，培育应急管理的多元治理主体，重新认识私营机构、非营利组织、社区等在应急管理中的角色和作用，重视合作者的专业知识、技能和经验，让合作者参与应急预案制定和决策过程，构建信息共享系统，及时更新信息[③]，特别是注重培育社会资本。社会资本是"能够通过推动共同行动，以更有效地达成共同目标的社会生活要素，如信任、规范和网络"[④]，社会资本能够降低交易成本，"形成共同价值、减少冲突、避免机会主义、获取资源"[⑤]。社会资本把人们从原子化、分散化和以自我为中心的自利人转变为利益共享、责任共担和有社会公益感的社会成员，从而也最终决定了协同治理能否顺利实现。可以说，协同治理的广度、深度和质量都取决于社会资本的存在状况。具体来说，政府要为个体或群体建立公民交流的行动和精神留出广阔的空间，在制度层面容许社会自己来创造增加社会资本的土壤。同时，还可以通过制定公共政策和提供公共物品来创造社会资本，扩大公共危机管理的公民参与，如公开信息、提高政府行为透明度、关注弱势群体等，同时，通过强制权力来阻止一些破坏社会资本的事情，以降低社会资本的消耗[⑥]。

---

① 张海波. 新时代国家应急管理体制机制的创新发展[J]. 人民论坛·学术前沿，2019（5）：6-15.
② 童星. 政府协调治理：一种新型的公共危机治理模式——《风险社会的治理之道》评介[J]. 中国行政管理，2019（1）：154-155.
③ 林蓉蓉. 突发公共事件应急管理合作中的合作结构、过程和结果：基于应急合作的研究述评[J]. 中国行政管理，2021（1）：138-146.
④ HELLIWELL J F, PUTNAM R D. Tuning in tuning out. The strange disappearance of social capital in America[J]. Political Science and Politics, 1996, 29(2):138-138.
⑤ ADLER S P, KWON S. Social capital:Prospects for a new concept[J]. Academy of Management Review, 2002, 27(1): 17-40.
⑥ 沙勇忠，解志元. 论公共危机的协同治理[J]. 中国行政管理，2010（4）：73-77.

 **本章小结**

协调合作是公共危机管理的必然要求，协调合作的核心目的是应对公共危机管理中的凝聚共识与规则重建、权力分工与重组、资源依赖与动员、专业知识与信息传递等问题，其包括政府之间、政府与社会之间以及社会之间的维度与层次。总体来看，公共危机管理协调合作包括纵向一体化与层级节制模式、市场交易模式、自组织网络与志愿合作模式以及协同治理等多种模式。随着现代风险的弥散，公共危机事件越发具有了突发性和不确定性，其治理具有高度复杂性，靠单一政府力量难以应对，协同治理是公共危机应对的未来方向。本章进一步讨论了公共危机管理的协同治理模式，梳理了其影响因素以及结构与机制。在此基础上，分析了在中国场域下推进公共危机协同治理的未来展望，强调进一步强化多元主体协同治理危机的责任、意愿、能力，健全外部机制，实现多元主体共同协商、共同决策。

 **课后名词解释**

公共危机管理协调合作　　纵向一体化　　志愿合作　　协同治理

 思考题

1. 为什么突发公共事件的应急管理需要合作？
2. 公共危机管理协调合作存在哪些维度与层次？
3. 公共危机管理协调合作有哪些模式？
4. 如何构建公共危机的协同治理模式？

第十章 公共危机管理的改革与展望

本章学习目标

本章旨在帮助学生了解公共危机管理的发展和改革趋势，并对未来的发展进行思考。具体来说，一是掌握公共危机管理在世界上的发展历史，从 20 世纪上半叶开始到 21 世纪初，再到当代的公共危机管理新发展。二是了解中国在公共危机管理领域的建树与成效，重点介绍社会稳定风险评估机制、应急管理的总体布局和总体国家安全观等。三是学习新格局下公共危机管理的挑战与机遇，对全流程的不同环节进行了分析。四是通过提出未来的发展构想，引导学生进行思考与展望。

公共危机管理在国内外经过多年的发展与改革，产生了丰硕的成果，成为政治学、社会学、公共管理等学科的重要研究议题，也为政府应对公共危机提供了理论支持。随着风险社会的显化、国外局势的动荡变化、国内稳中求进的发展定位，中国面临百年未有之大变局，公共危机的管理被赋予了重要意义。2012 年，习近平总书记指出，要"全面做好改革发展稳定各项工作，着力解决经济社会发展中的突出矛盾和问题，有效防范各种潜在风险"，在全国掀起了公共危机研究和实践的热潮。2022 年，党的二十大报告中 16 次强调"风险"、20 次强调"稳定"、91 次提到"安全"，提出"要坚持以人民安全为宗旨、以政治安全为根本、以经济安全为基础、以军事科技文化社会安全为保障、以促进国际安全为依托，统筹外部安全和内部安全、国土安全和国民安全、传统安全和非传统安全、自身安全和共同安全，统筹维护和塑造国家安全，夯实国家安全和社会稳定基层基础，完善参与全球安全治理机制，建设更高水平的平安中国，以新安全格局保障新发展格局""推进国家安全体系和能力现代化，坚决维护国家安全和社会稳定""推动公共安全治理模式向事前预防转型"，将公共危机管理工作提到了新的高度。

从公共危机管理的发展变迁脉络来看，有三个鲜明的特征：一是呈现出明显的实际需求推动管理体系建设的趋势；二是国际学术界对实践中的经验进行了理论的提炼，积累了丰富的经验；三是中国构建了以理论反哺实践的特色机制。然而，新格局下公共危机管理面临着许多的挑战与机遇。从公共危机管理的流程来看，一是应急预案与应急规划亟待增强；二是信息的响应与处置存在问题；三是心理救助与经济恢复需要更多策略；四是企业救助与网络沟通的治理参与不足；五是协调应急与队伍合作的能力需要提高。

二十大报告中的"以人民为中心""全过程人民民主""共建共治共享""社会治理共同体"等理念，体现了治理思想的更新与进步，也为公共危机管理工作的发展指明了方向。公共危机管理的未来发展，应在全过程进行建设与完善，一是构建以人为核心的预警机制；二是进行资源的全过程调动与处置；三是构建心理救助体系；四是对企业社会责任

第十章 公共危机管理的改革与展望

理念的拓展；五是以党和政府引领的协调与合作的模式，"推进国家安全体系和能力现代化，坚决维护国家安全和社会稳定"。

第一节 公共危机管理的发展变迁

从国内外公共危机管理的发展脉络来看，实际需求的推动是其发展与变迁的主要动力，因而也呈现出明显的以实践提炼为理论，再以理论反哺于实践的特征。具体来说，在中国体现为自下而上的适应创新机制与自上而下的顶层设计机制，而在日本、美国、英国等则也呈现出类似的变迁历史。通过对实践经验的概念抽象与哲学提炼，产生了一些较有代表性的理论，如贝克的风险社会理论、总体灾害恢复理念、企业社会责任理念等。这些理论与中国的实践经验、中国特色社会主义理论结合后，形成了一系列富有特色的理念与机制，如"一案三制"、社会稳定风险评估、总体国家安全观等。

一、20世纪上半叶的公共危机管理

人类进入20世纪，现代化的成就和弊端暴露无遗，现代的公共危机管理也起源于此。这是一个充满灾难的世纪，各种现代公共危机并存。20世纪上半叶的历史基本上以两次世界大战为主。世界震惊于"结束所有战争的战争"所造成的罪恶暴行，对因战争而导致的公共危机进行管理的需求空前迫切。

战争结束后，国际联盟应运而生，通过对公共危机的各种事务组织多边谈判，以减少未来发生大规模战争的风险。受新民族主义影响，自治独立运动愈演愈烈。第一个社会主义国家苏联的建立，是列宁与世界工人力量结盟反对资本主义的开端。美国成为世界头号强国，整个社会的机械化水平提高，也比以前更有活力。随之而来的是新的意识形态冲突、技术革命、生产生活方式等，给公共危机的管理带来了新的挑战。

1929年10月，纽约股市的崩盘引发了波及欧美的"大萧条"，这直接导致了20世纪30年代成为恐惧和疯狂的混乱时期。经济危机席卷欧美，严重的失业给西方国家带来了普遍压力，整个世界陷入公共危机的泥潭之中。另外，巨额战争赔款摧毁了德国的经济，造成大量失业和大范围饥荒，希特勒乘机崛起；法西斯主义先后在德国、意大利和日本兴起。在20世纪40年代的前五年，世界陷入了第二次世界大战的毁灭性创伤之中。

1945年第二次世界大战结束后，世界从战争的泥潭中走出来，陷入"冷战"的对抗格局。共产主义与自由主义的尖锐意识形态对抗是20世纪50年代公共危机的主要特征之一，美苏两个"超级大国"的冷战渗透到国际事务的方方面面。1951年，氢弹在美国试验成功，氢弹时代来临。公众对核战争的恐惧情绪迅速膨胀，引发了新一轮的军备竞赛和新形态的公共危机。科学界向世界各国发出停止核军备竞赛的呼吁，爱因斯坦在声明上签字。为了防范苏联的核武器威胁，1948年英国政府出台了《民防法》（Civil Defense Act）。中央政府授权地方政府，对随时可能发生的公共危机进行应急管理，期望民间组织

与机构能够灵活地向地区和国家申请各类资源的援助,而中央政府则不会要求民间组织与机构进行合作与协调。冷战结束后,英国等国家的公共危机管理重心从核威胁的防范逐渐转为自然灾害的应对。

20 世纪 60 年代是争取自由与和平的时代,对抗与缓和是这一时期的特征。自由和社会革命精神在 1969 年达到顶峰,学生领导的反战运动持续不断,人们似乎看到了一种贯穿下一个十年的普遍精神"和平与爱",公共危机管理也逐渐走出战争的阴影,进入了新的阶段。

二、20 世纪 60 年代的公共危机管理

20 世纪 60 年代,"环保"取代"向自然宣战""征服自然"等口号,成为这一时期的潮流运动。这场席卷欧美的环保运动的发起人是一位女性——雷切尔·卡森(Rachel Carson),她是美国的海洋生物学家。1962 年,她的著作《寂静的春天》(Silent Spring)出版。书中对农药对人类环境危害的分析和描述,震惊了当时的美国政府和普通民众,从而引起了人类对环境的关注。由于对这个问题的关注,各种环保组织相继成立,积极参与到了由环境问题引发的公共危机管理中。

作为岛国的日本,地震、海啸等各类自然灾害频繁发生,在自下而上进行灾害应对的过程中,逐渐发展出了自上而下的公共危机管理的国家体制。具体来说,1946 年的南海地震,推动了《灾害救助法》的颁布,其后,1959 年伊势湾台风发生后,日本在 1961 年制定出台了《灾害对策基本法》。这一法案改变了传统的"撞击—反射"式的灾害应对模式,将预防、处置与恢复重建进行了整合。

1970 年,美国政府率先成立了环境保护署。1972 年,在斯德哥尔摩召开的联合国人类环境会议上,各国签署了《人类环境宣言》(United Nations declaration of the human environment)。这次会议是世界环保运动史上的一个重要里程碑。这是国际社会首次就环境问题召开的世界会议,标志着全人类对环境问题的觉醒。会议前期,来自 58 个国家的科学界和知识界知名人士组成了一个庞大的委员会,为会议提供了一份非正式报告——《只有一个地球:一颗小行星的保养和维护》。这份报告起到了主旨报告的作用,许多观点被大会采纳。1968 年,来自十个国家的科学家、教育家、经济学家、人类学家以及政府、企业和第三部门的人员成立了罗马俱乐部,这是一个致力于研究现代社会以及未来人类发展的困境的非正式组织。该组织站在全球视野,通过对人口、粮食、工业化、污染、资源、贫困、教育等全球性问题的系统研究,应对各个领域产生的公共危机,提出相关对策,提高公众对世界的认识,完善全球管理,使人类摆脱困境。1972 年,罗马俱乐部发表的第一份研究报告《增长的极限》(Limits to Growth),在系统分析了指数增长的本质和极限后预测,由于石油等自然资源的供应有限,经济增长不可能无限期地持续下去。《增长的极限》是继《寂静的春天》之后最畅销的环境问题出版物。这在一定程度上增加了公众对书中所讨论的增长所带来的环境和资源问题的关注。受第一届联合国人会委托,成立于 1983 年的联合国环境与发展委员会,重新审视地球上严重的环境与发展问题,构想可

持续发展之道，以期确保人类在找到新的出路之前不会出现资源枯竭，建构相应机制以应对潜在的公共危机。

1987 年，委员会以书面形式向联合国大会提交了《我们共同的未来》(Our Common Future)报告，旨在通过对人类面临的全球危机的深入分析，进一步培养对世界的共同认识和责任感。继罗马俱乐部之后，1987 年成立的布达佩斯俱乐部依然关注全球公共安全问题，关注领域和视野更加广阔，从环境问题到失业问题，从日益扩大的贫富差距到核事故，从基因工程的破坏力到生化武器的强大破坏力，等等。报告虽然没有提出"全球风险社会"的概念，但字里行间透露出对人类整体生存的担忧。公共危机管理的视域得到了进一步的拓展。

三、20 世纪 80 年代的公共危机管理

德国学者贝克以"风险社会"来考察当今社会的主要形态。他认为，传统的资本主义社会已经向着"晚期现代主义""后现代主义""后传统社会"进行转型，社会要发展就必须变得更加具有反身性（reflexive）。"传统社会中，在旧有角色模式的影响下，社会化过程在一定程度上是无意识的，传统价值通常也是普遍使用的。后传统社会中，价值更加原子化，普通人和专家的区别也更加模糊。""传统社会中，文化和地方层面的政治控制以技术能力的形式被制度化，具体体现为政府指示、法律和行政程序等形式。后传统社会中，政治控制更加支离破碎……在传统的阶级社会，与平等相关的观念是其中心议题，但在后传统社会中，安全成为与价值相关的、最重要的、强制性的论辩议题。"贝克认为，由于过度生产和科技的加速进步，生态危机出现并变得越来越严重，这一危机在社会化层面也日益显现出来，现代社会变成了一个"风险社会"①。在现代化进程中，生产力的指数式增长，使危险和潜在威胁的释放达到了一个人们前所未知的程度。财富的社会生产系统地伴随着风险的社会生产，传统的分配方式将被对风险的分配取代。"风险社会"的提出在全世界范围内引发了对公共危机的全新思考。

四、21 世纪初的公共危机管理

1979 年，美国联邦紧急事务管理署（Federal Emergency Management Agency，简称 FEMA）的成立促进了美国公共危机管理事业的发展。以自上而下的模式，FEMA 为政治科学和公共管理学领域的研究者提供经费，以期构建学术共同体，通过参考灾害社会学研究的经验，发展灾害的应急管理研究和公共危机管理研究。FEMA 的成立标志着美国的公共危机管理真正从地方上升到联邦层面，体现出了与中国类似的自下而上的适应创新机制与自上而下的顶层设计机制。

---

① 贝克. 风险社会[M]. 何博文，译. 南京：南京译林出版社，2004：2-10.

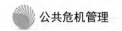

阅读材料

"9·11"公共危机管理①

2001年9月11日（周二）是纽约市的初选日，而在这一天的上午9:00，美国航空公司11号航班坠入世贸中心北塔，给选举蒙上了一层阴影。几分钟后，第二架飞机，美国联合航空公司175航班坠毁在世贸中心南塔。纽约市遭到袭击。在不到一个小时的时间里，纽约和全国政府官员的工作重点发生了巨大变化——指挥中心和分类中心取代了投票亭，而新闻机构则公布了紧急电话号码，而不是选民投票率。最重要的是，党派政治被搁置一边，取而代之的是四个共同目标：安全、通信、资金和纽约市的复建。

这一天，纽约市长鲁迪·朱利安尼（Rudolph Giuliani）在接到电话后直接前往了现场。纽约市应急管理办公室的主要任务则是保卫曼哈顿下城。为此，纽约市应急管理办公室主任理查德·舍勒（Richard Sheirer）命令警察局关闭运河街以下的所有道路以及所有隧道和桥梁。他还启动了纽约市紧急行动中心（EOC），这是一个耗资1300万美元、占地5万平方英尺的"指挥部"，位于世贸中心7号楼23层。紧急行动中心拥有众多电信和安全系统，预计在袭击发生后将成为多达68个城市机构的核心后勤中心。在这里，市长、应急管理办公室以及纽约警察局和联邦紧急事务管理局等机构的人员可以收集和重新发布命令，并向执法部门和居民提供最新信息。

当第二架飞机坠毁时，碎片飞入7号世贸中心，迫使政府相关领导人撤离紧急行动中心，并在北塔大厅设立指挥中心。理查德·舍勒随后命令海岸警卫队封锁纽约港，并要求五角大楼关闭该市领空。出于对更多袭击事件的担忧，理查德·舍勒与纽约警察局官员进行了交谈，他们一致认为，纽约警察局的直升机飞行员应该做好准备，让他们的直升机拦截任何试图袭击该市的其他飞机。

除市长在9月11日之后的几周里每小时举行一次新闻发布会外，联邦紧急事务管理署（FEMA）等机构还每天举行简报会。联邦协调官员泰德·莫妮特（Ted Monette）由联邦应急管理局局长约瑟夫·奥巴夫（Joseph Allbaugh）任命，在世贸中心灾难发生期间担任该机构的个人代表。随着时间的推移，救援和救济活动优先于平民疏散。南塔和北塔倒塌时，许多已经进入世贸中心的应急人员以及在世贸中心工作的员工都没有及时撤离。泰德·莫妮特的简报强调了联邦应急管理局寻找幸存者的愿望，以及为应急阶段和长期恢复提供支持和援助的愿望。

截至周三上午，2250名国民警卫队队员解救了许多纽约警察局和纽约消防局的成员，他们在第一次世贸中心袭击发生后一直在曼哈顿下城。此外，纽约警察局的4.1万名警员在周二下午前全部应召上岗，12小时轮班巡逻城市街道，分队搜救幸存者。在燃烧的废墟中，世贸中心曾经矗立的地方，现在被称为世贸中心遗址（Ground Zero）。

泰德·莫妮特的联邦应急管理局每天都会与应急管理办公室举行几次会议，听取理查德·舍勒的建议，他们一起建立了一条免费电话线路，以识别和登记所有因袭击而受损的

---

① COHEN S, EIMICKE W, HORAN J. Catastrophe and the Public Service: A Case Study of the Government Response to the Destruction of the World Trade Center [J]. Public Administration Review, 2002, 62(s1):24-32.

家庭和企业。该热线通过网站、报纸和新闻发布会向社会公布，并在第一周就接到 1000 多个电话。对于那些有合理要求的房主和租客，政府提供了维修补助金和几个月的租金，以帮助他们渡过难关，使他们的房子和办公室重新适合居住与使用。为了确保不受同一投诉的多个请求的影响，泰德·莫妮特聘请了联邦应急管理局监察长的代理人，对保险索赔和其他机构的支持服务进行交叉检查。

"9·11"事件作为公共危机的重要案例，直接影响了 21 世纪公共危机管理的发展。联邦政府在建立国家优先权和政策方面发挥了领导作用。州和地方政府在灾害响应和后果管理中发挥着关键作用。将它们集中化是行不通的，因为这将导致延误和对当地条件的不良适应。在可能的情况下，最好采用"全灾难管理"方法。也就是说，州和地方政府与联邦机构（例如 FEMA）合作，形成现有的灾害管理系统，可以"灵活"应对非常规紧急情况。

财务责任和安排也有待制定。应当认识到，与其他政策领域一样，更大程度的联邦财政援助很可能会涉及更大程度的联邦政策和以前几乎完全由州和地方政府所有的活动规定。警察、消防和基础设施在很大程度上由州政府和地方政府负责。随着联邦政府越来越多地参与国土安全的准备、计划和缓解阶段，对传统的地方职能的联邦化将有望实现。对"关键的国家基础设施"的讨论预示着联邦政府将更多地参与围绕公共基础设施的政策，迄今为止，这些政策一直处于州和地方的控制之下。州和地方政策制定者及其选民很可能会邀请联邦政府介入，以获取满足国土安全要求所需的财政和其他资源。但是，这种参与代表了美国政府间关系的集中化与分散化平衡的新转变。在 2001 年"9·11"事件之后，面对自下而上的处理自然灾害和恐怖袭击的双重压力，美国国土安全部（Department of Homeland Security，简称 DHS）将传统的四阶段进行了修正，提出了五阶段的理论，即准备、预防、保护、响应、恢复。

除"9·11"事件对全世界在公共危机管理中的认知的冲击外，世界上的许多其他国家也因循社会形态的变化，进入了公共危机管理的新阶段。1995 年，日本的阪神-淡路地区发生大地震，造成了极大的损失，为此，日本在综合性公共危机管理体制建设中投入了极大的精力，并出台了《地震防灾特别措施法》。2004 年，日本内阁会议出台了新的"防卫计划大纲"，并据此制订了 2005—2009 年的"中期防卫力量整备计划"，希望能够实现对公共危机的综合响应。

20 世纪末 21 世纪初，计算机 2000 年问题、洪水及燃料危机、口蹄疫等危机事件的连续爆发，使英国政府对公共危机有了更为全面的了解，决心努力增强地方政府在信息分析和灾害管理方面的能力，建立应对国家、地区和地方等各个层面的公共危机的准备与响应框架。2001 年 7 月，内阁办公室设立国民紧急事务秘书处（Civil Contingencies Secretariat，CCS），主要负责进行公共危机的管理。"9·11"事件的爆发，不仅对美国的公共危机管理体系产生了深远影响，也促使英国政府对公民的人身安全保护体系进行了反思。2004 年，英国颁布了《国民紧急事务法》（The Civil Contingencies Act，CCA）。这部法律重新界定了公共危机的内涵，明确了所有利益相关者的角色与责任，并取代了已经过时的紧急权力体系。

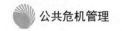

第二节 当代的公共危机管理

随着全球化的发展和各类知识的快速、大规模扩散,借鉴交叉学科的理念进行公共危机管理成为主流趋势。一个典型的例子是"总体灾害恢复"(holistic disaster recovery)的理念。该理念是指人们在灾害恢复与重建活动中,要改善生活质量,维护公共安全,抓住经济发展的机遇,保护生态环境,减轻自然灾害的风险。可持续性的六个原则是:提高公众的决策参与度,保持和提高生活质量,增强地方经济活力,维护社会平等和代际公平,确保环境质量,提高灾害弹性。2003年,新西兰民防和应急管理部(Ministry of Civil Defence & Emergency Management)开始制定总体灾难恢复框架,该文件的草案经历了六个月磋商,成为2004年7月在纳皮尔(Napier)举行的新西兰恢复研讨会的前身。研讨会为民防和应急管理的利益相关者提供了一个进行质疑和辩论的平台,但最重要的是,它最终形成了新西兰的总体灾害恢复框架。在这份文件中,恢复被定义为"通过协调一致的努力,对即时的、中期的和长期的社区整体灾难恢复进行治理和影响的过程"。恢复是一种发展和补救的过程,包括以下活动的过程:最大限度地减少事件后果,避免灾难的升级;保障社会、情感、经济层面的个人和社区的健康;利用恢复的机会,使得社区在社会、经济、自然和建筑环境层面能够适应未来需要;减少未来可能暴露的风险[①]。

另一个典型的例子是企业社会责任的理念在公共危机中的应用。企业,尤其是大型企业,被认为应该履行与其经济实力相匹配的社会责任。也就是说,在公共危机、灾害发生后,除保证自身盈利外,也应与地方政府协作进行公共危机的治理。概括地说,企业社会责任是企业对社会的道德行为。这意味着管理层在处理与其他在企业中有合法利益的利益相关者(而不仅仅是股东)的关系时要负责任。企业社会责任没有一个普遍接受的定义。一些人认为,企业社会责任是关于企业的回馈——并能表现出明显的回馈——以回报其从社会获得的利益。这意味着,社会赋予商业组织的权利是一个包容性的整体性措施,其中包括以社会可以接受的方式承担某些义务。一个类似的但更普遍的定义认为,企业社会责任是关于企业与所处社会的法律和社会义务之间的互动,以及企业如何承担这些义务。

尽管目前缺少公认的定义,但这不应该成为阻止企业履行社会责任的借口。企业的社会责任是指企业持续致力于遵守职业道德,为经济发展做出贡献,同时改善员工及其家庭、本地社区和整个社会的生活质量。这个理念的正式定义很可能最终会出现,无论是否有业务合作,商界都应充分参与概念的讨论,并意识到不同文化和商业部门可以适用的各种有效的做法。

面对社会的种种不确定性,人们倾向于收回对传统制度的信任,除非能证明这种信任是有保证的。与此同时,更好的受教育水平和整个社会不断上升的期望在各个方面对企业

---

① NORMAN S. New Zealand's Holistic Framework for Disaster Recovery[J]. australian journal of emergency management, 2006,21(4)16-20.

提出了更高标准的要求。显然，全球化的力量、技术的迅速进步和世界秩序的巨大变化，已经造成了相当大的混乱，人们对商业究竟应该做什么和不应该做什么感到困惑。责任的界限在哪里？特别是与政府有关的责任的界限在哪里？这是没有明确答案的，在很大程度上取决于问题发生的政治、文化和历史背景。对于公共危机管理而言，企业承担社会责任，被认为是责任界限之内的行为。

在对公共危机进行应急处理的过程中，中国呈现出自下而上的适应创新机制与自上而下的顶层设计机制[①]。前者的变迁路径是渐进式的，如 2008 年"汶川地震"、2013 年"青岛输油管道爆炸事件"、2021 年"河南特大洪灾"等，这些突发的公共危机事件推动了中国的适应性创新。后者的变迁路径则是跃进式的，例如，在自 2003 年"非典"爆发后，我国建立了以"一案三制"为核心的工作机制，取得了举世瞩目的伟大成绩；再如，2018 年应急管理部的成立，标志着中国在公共危机管理领域的全新梳理与制度整合。尽管机制不尽相同，但在许多情况下，上述两种机制是协同的、互相促进的。

2013 年 11 月，党的十八届三中全会提出"健全公共安全体系"；2015 年 5 月，十八届中央政治局就健全公共安全体系进行第二十三次集体学习，习近平总书记在主持学习时强调，公共安全连着千家万户，确保公共安全事关人民群众生命财产安全，事关改革发展稳定大局。要牢固树立安全发展理念，自觉把维护公共安全放在维护最广大人民根本利益中来认识，扎实做好公共安全工作，努力为人民安居乐业、社会安定有序、国家长治久安编织全方位、立体化的公共安全网。

2016 年 1 月，习近平总书记在中央政治局常委会会议上强调，血的教训警示我们，公共安全绝非小事，必须坚持安全发展，扎实落实安全生产责任制，堵塞各类安全漏洞，坚决遏制重特大事故频发势头，确保人民生命财产安全。2017 年 10 月，习近平总书记在党的十九大报告中提出，树立安全发展理念，弘扬生命至上、安全第一的思想，健全公共安全体系，完善安全生产责任制，坚决遏制重特大安全事故，提升防灾减灾救灾能力。

2019 年 10 月，党的十九届四中全会提出，健全公共安全体制机制。完善和落实安全生产责任和管理制度，建立公共安全隐患排查和安全预防控制体系。构建统一指挥、专常兼备、反应灵敏、上下联动的应急管理体制，优化国家应急管理能力体系建设，提高防灾减灾救灾能力。加强和改进食品药品安全监管制度，保障人民身体健康和生命安全。

2020 年，党的十九届五中全会提出"要统筹发展和安全"，《中共中央关于制定国民经济和社会发展第十四个五年规划和二〇三五年远景目标的建议》要求"增强机遇意识和风险意识""注重防范化解重大风险挑战""防范化解重大风险体制机制不断健全"。2021 年，十九届六中全会提出"加强新形势下重大决策社会稳定风险评估机制建设""建设更高水平的平安中国"，凸显了"十四五"规划新时期对社会风险问题的持续关注。2022 年，二十大报告中十六次强调"风险"、二十次强调"稳定"、九十一次提到"安全"，提出"推进国家安全体系和能力现代化，坚决维护国家安全和社会稳定""推动公共安全治理模式向事前预防转型"。

---

① 张海波. 中国总体国家安全观下的安全治理与应急管理[J]. 中国行政管理，2016（4）：126-132.

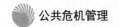

总体来看，进入新时代，中国在公共危机管理领域已经形成了三大卓有成效的重要体系，即社会稳定风险评估机制、应急管理总体布局和总体国家安全观。

一、社会稳定风险评估机制

我国正处于经济快速发展、社会转型过渡的关键阶段。这一阶段的一个显著特征，即是原本被经济发展所掩盖的人民内部矛盾不断积累、刑事犯罪的逐渐增加等问题逐渐凸显。在这一大的时代背景下，因为征地移民、管理执法、安全生产事故等导致的群体性事件逐渐增多，对公共安全和社会稳定造成了严重影响。为保障治理公共危机、维持社会稳定，我国各地党委和政府引入风险管理的理念，全面进行社会稳定风险评估，要求各地在项目审批、工程建设、重大决策、大型活动等开展之前，要进行社会稳定风险评估（简称"风评"或"稳评"）。

追根溯源，"稳评"起源于政府应对群体性事件的实践与反思。四川遂宁是社会稳定风险评估的首创之地。2004年"汉源事件"发生后，四川省遂宁市进行了深刻的反思，开始研究重大事项社会稳定风险评估制度，由地方试点到中央认可，再自上而下全面推行，为维护社会稳定、强化依法行政、彰显群众路线、提升政府公信力等做出了较大贡献。2010年通过的国内第一个社会稳定风险评估地方规章《四川省社会稳定风险评估暂行办法》规定的评估事项也体现了遂宁特色，这些事项包括：国企国有事业单位改革变动，社会保障，住房物业，民生服务，土地转让、征地拆迁，环境污染，突发事件，重大活动，可能引发历史遗留问题的重大决策，民生类行政文件制定，其他。两办的《关于建立健全重大决策社会稳定风险评估机制的指导意见（试行）》同样要求对征地拆迁、农民负担、国企改制、社会保障、公益事业、环境保护、其他相关重大决策进行社会稳定风险评估①。

不仅四川对遂宁经验进行了借鉴与发展，全国各地都对社会稳定风险评估制度进行了推广，中央也出台了类似文件进行指导。2012年，为贯彻国家关于建立健全重大决策社会稳定风险评估机制的指导意见，国家发展和改革委员会先后发布了《重大固定资产投资项目社会稳定风险评估暂行办法》（发改投资〔2012〕2492号）、《国家发展改革委办公厅关于印发重大固定资产投资项目社会稳定风险分析篇章和评估报告编制大纲（试行）的通知》（发改办投资〔2013〕428号）等一系列文件。地方政府响应中央号召，相继参照出台具体制度，在重大投资项目审批和重大政策制定等决策过程中，探索社会风险评估的制度化和法制化路径，逐渐形成了中国特色的社会风险评估体系——社会稳定风险评估体系。

2019年，《政府投资条例》（国务院令第712号）施行，要求对经济社会发展、社会公众利益有重大影响或者投资规模较大的政府投资项目，投资主管部门或者其他有关部门应当在中介服务机构评估、公众参与、专家评议、风险评估的基础上做出是否批准的决定。《重大行政决策程序暂行条例》（国务院令第713号）专章明确风险评估，对风险评估提出了刚性、可操作性的依据。2020年，《中华人民共和国土地管理法》施行，要求县级

---

① 雷尚清. 重新理解稳评的遂宁实践：历史制度主义的视角[J]. 中国行政管理，2019（8）：128-133.

以上地方人民政府拟申请征收土地的，应当开展拟征收土地社会稳定风险评估，这是社会风险评估第一次成为法定程序。

二、应急管理的总体布局

自 2003 年"非典"暴发后，我国的应急管理工作以"一案三制"（指突发公共事件的应急预案、应急机制、应急体制和应急法制）为核心，取得了举世瞩目的成绩。2006 年 1 月，国务院颁布了《国家突发公共事件总体应急预案》，涵盖了四类突发事件（自然灾害、事故灾难、公共卫生事件、社会安全事件）的应急预案，设置了国家、省级、市县级、乡镇街道的四级突发事件应急预案，并有响应的侧重。

强调监测和预警已经成为中国应急管理实践的一大特色，其背后是大数据技术在社会治理领域的广泛应用，可视为中国社会治理经验的政策扩散。《突发事件应对法》由中华人民共和国第十届全国人民代表大会常务委员会第二十九次会议于 2007 年 8 月 30 日通过，自 2007 年 11 月 1 日起施行。该法规对广义综合应急管理的全过程进行了明确的界定，强调四个阶段，即预防与应急准备、监测与预警、应急处置与救援、事后恢复与重建，确保应对突发事件过程中有法可依。

2018 年应急管理部成立之后，综合应急管理出现广义与狭义之分：前者包括由卫生部门牵头组织的公共卫生事件应急管理、由公安部门牵头组织的社会安全事件应急管理、由环保部门牵头组织的生态环境类突发事件应急管理；后者仅指由应急管理部统筹负责的自然灾害和事故灾难管理。由此，"一案三制"综合应急管理体系至少"一分为四"①。根据《国家突发公共事件总体应急预案》和《应急管理部职能配置、内设机构和人员编制规定》的相关规定，我国公共危机管理的机构设置由领导机构、办事机构、工作机构、地方机构、专家机构五部分组成，并形成"国务院应急办+各部门应急相关工作机构"和"应急管理部统筹管理应急管理事务"的总体布局模式。

三、总体国家安全观

随着对危机理解的不断加深，对公共危机进行综合治理的理念逐渐明晰。举例来说，在 2004 年和 2005 年的《北京市突发公共事件总体应急预案》中，公共危机分为 4 类，13 种公共危机，34 项突发公共事件；而在 2010 年版本中，虽然 4 大类没有变化，但在小项的分类中，列出了 23 种公共危机和 51 项突发公共事件；在 2016 年版本中，则将"涉外突发公共事件"再度细分为"境内涉外突发公共事件"和"境外涉及本市涉外突发公共事件"。详细的分类带来了对公共危机的深入理解和针对性处置，但也加大了管理和统筹的难度。

2014 年 4 月，习近平总书记在中央国家安全委员会第一次会议上的讲话中首次提出总体国家安全观，要求以人民安全为宗旨，以政治安全为根本，以经济安全为基础，以军

---

① 张海波. 应急管理的全过程均衡：一个新议题[J]. 中国行政管理，2020（3）：123-130.

事、文化、社会安全为保障，以促进国际安全为依托，走出一条中国特色国家安全道路。构建集政治安全、国土安全、军事安全、经济安全、文化安全、社会安全、科技安全、信息安全、生态安全、资源安全、核安全等于一体的国家安全体系。2014年10月，党的十八届四中全会将总体国家安全观正式写入全会报告，要求贯彻落实总体国家安全观，加快国家安全法治建设，抓紧出台反恐怖等一批急需法律，推进公共安全法治化，构建国家安全法律制度体系。2017年10月，党的十九大将"坚持总体国家安全观"作为新时代坚持和发展中国特色社会主义的基本方略之一。2019年10月，习近平总书记再次强调，坚持总体国家安全观，统筹发展和安全，坚持人民安全、政治安全、国家利益至上有机统一。建立健全国家安全风险研判、防控协同、防范化解机制。总体国家安全观经过进一步的发展与完善，在新发展格局下，引入新发展理念，包括的领域扩大为政治安全、国土安全、军事安全、经济安全、文化安全、社会安全、科技安全、网络安全、生态安全、资源安全、核安全、海外利益安全、生物安全、太空安全、极地安全和深海安全领域。

为保障总体国家安全观的指导地位，2013年11月12日，党的十八届三中全会决定设立中央国家安全委员会。中央国家安全委员会全称为"中国共产党中央国家安全委员会"，俗称"国安委""中央国安委"，是中国共产党中央委员会下属机构。中央国家安全委员会由中共中央总书记习近平任主席，下设常务委员和委员若干名。中央国家安全委员会作为中共中央关于国家安全工作的决策和议事协调机构，向中央政治局、中央政治局常务委员会负责，统筹协调涉及国家安全的重大事项和重要工作。中央国家安全委员会的设立有利于提高国家在面临各种安全危机和挑战时的应变能力，也代表着我国在捍卫国家安全和国家利益方面的决心和意志。中央国家安全委员会既有对内职能，也有对外职能，具有统筹国内和国际两个大局、整合对内和对外事务的内外兼顾特点。党的二十大报告强调，"必须坚定不移贯彻总体国家安全观，把维护国家安全贯穿党和国家工作各方面全过程，确保国家安全和社会稳定""要坚持以人民安全为宗旨、以政治安全为根本、以经济安全为基础、以军事科技文化社会安全为保障、以促进国际安全为依托，统筹外部安全和内部安全、国土安全和国民安全、传统安全和非传统安全、自身安全和共同安全，统筹维护和塑造国家安全，夯实国家安全和社会稳定基层基础，完善参与全球安全治理机制，建设更高水平的平安中国，以新安全格局保障新发展格局"。对新发展格局下的总体国家安全观发展进行了强调和引导。

第三节 新格局下公共危机管理的挑战与机遇

2022年4月11日，习近平总书记在省部级主要领导干部学习贯彻党的十九届五中全会精神专题研讨班开班式上发表重要讲话强调，进入新发展阶段、贯彻新发展理念、构建新发展格局，是由我国经济社会发展的理论逻辑、历史逻辑、现实逻辑决定的。进入新发展阶段明确了我国发展的历史方位，贯彻新发展理念明确了我国现代化建设的指导原则，构建新发展格局明确了我国经济现代化的路径选择。要深入学习、坚决贯彻党的十九届五中全会精神，准确把握新发展阶段，深入贯彻新发展理念，加快构建新发展格局，推动"十四五"规划时期高质量发展，确保全面建设社会主义现代化国家开好局、起好步。具体来说，面对新的发展阶段，中国在公共危机管理的不同阶段，面临着不同的挑战，也有着不同的机遇。正如"危机"二字拆解的意思那样，不同阶段呈现出的"危"，也正是可以进行发展的"机"。

一、应急预案与应急规划的统筹与拓展

对于应急管理的工作人员来说，应对常规突发事件是重要的事项。然而，当非常规突发事件发生时，社会公众的生命、健康与财产安全面临非常严重的威胁，国内外的媒体、组织都会予以密切的关注，而民众对政府的救援能力和预期也较高。在这种情况下，应急管理部门更需要考虑应急预案是否能够妥善解决非常规突发事件应对问题。在现阶段，我国一些应急管理者还没有充分理解应急预案在处理非常规突发事件中的局限性，甚至以常规的手段应对非常规突发事件，片面关注对预案的遵从与依赖，导致最终的结果不尽如人意。

在非常规突发事件爆发后，其演变和扩散可能突破常规设置的职责边界，各种信息因匮乏、过载或冲突而呈现出杂乱无章的状态，不确定的感知导致公众无所适从，既无法依循常规的程序，也不能依据既有的经验进行反应。结果就是预案失效、难以执行。在这种情况下，启动预案的最大意义可能是遵循流程、免除责任，但在危机应对中作用甚微。对比来看，在常规突发事件处置的过程中，政府应急管理者具有丰富的处置经验，其根本上需要处置的状况与常态事件并无二样，所以在这种情况下，应急预案更容易发挥功效。然而，墨守成规的应急预案难以处置现代社会的复杂性、不确定性和模糊性导致的非常规突发事件。因此，应急管理者需要透彻了解应急预案的局限性和边界，避免将其神化。在应急响应过程中，固守已有的预案是不值得提倡的，也是不现实的。

在"9·11"事件后，很多国家政府对应急预案的作用给了高度的重视。然而，决策者容易犯的一个错误就是片面重视作为结果的预案，而忽视了更为重要的动态的规划过程。我国的应急预案工作中也存在重静态结果而轻动态过程的倾向。这种过度依赖应急预案的不足，也恰恰带来了规划的机遇。通过动态的、持续的、不断改进的应急规划过程，能够避免颠果为因的对应急预案的过度依赖，实现对公共危机的全过程治理。

二、信息响应与处置的群体性思考

对信息的处理是公共危机管理在响应与处置阶段的重要步骤，如若处理不当，则可能产生诸如群体盲思、大众恐慌、应急疲劳等现象。

群体盲思是由于群体压力而导致的思考能力、事实和道德判断能力的退化，以及批判性的思维被代替的现象。在高凝聚力、具有强势领导或不太容易接触到不同意见的群体中经常出现。源于个体成员从众以及达成一致性的压力，导致群体思维封闭、高估群体权力

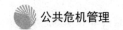

和力量,并进而产生对专家和不同意见的排斥、不对更多的方案做评估、对新信息的偏见等决策缺陷,是群体高凝聚力的一个消极后果[①]。在公共危机管理中,当非常态事件发生,决策者对信息的处理能力不足时,便容易产生群体盲思现象,进而导致决策风险。

大众恐慌也是对信息处理不足而造成的,当决策者向社会公众披露可能发生的公共危机的危害性和严重程度时,如果没有经过良好的处理,则可能会引起社会公众的恐慌。然而在实践中表明,如果公共危机的发生存在着较大的可能性,公众在接收不到信息或信息不充分的情况下,才容易产生恐慌。相反,人们对于确知的威胁有很强的适应能力,往往能够理想地面对。也就是说,信息的不透明才是大众恐慌产生的主要渠道,因此决策者应及时、全面地向公众传递相应的信息,避免大众恐慌的产生。当然,原始信息可能需要一定的加工和包装,才能以最合适的方式传达给公众,否则,也会有引起恐慌的可能性。

信息过度,即频繁的信息传递可能导致社会公众对有关公共危机的信息倦怠、麻木。从心理学角度分析,人们倾向于获取与自身安全直接相关的信息。特别是在面对不确定性极强的事件时,人们更需要充足的信息加以应对,增强行为的可预期性。信息过度可能导致机构或个人的应急状态激发过度,进而产生"狼来了"式的应急疲劳,导致对公共危机进行管理的效率下降。

可以看出,对信息的处理是公共危机面临的重要挑战,也是新时代语境下的关键突破口。通过短视频等新型网络手段进行信息的加工、处理和传播,既能够实现信息的广泛扩散和社会面通告,也能够以大数据算法实现目标群体的精准定位和及时送达。

三、心理救助与经济恢复的人本化视角

心理干预和咨询是恢复重建阶段的重要任务之一,因为突发事件会对受害者及其家人甚至护理提供者的心理产生重大影响,产生负面的心理和行为反应,如焦虑、恐惧、抑郁、强迫反应、易怒和过度警觉等,如若未能及时干预救助,则可能会对某些人造成终生的心理创伤。中国在公共危机的心理干预与救援始于 1992 年,当时,中国心理卫生协会危机干预专业委员会成立。之后,北京、南京、杭州等城市相继建立了灾后精神干预中心,并得到了地方政府的扶持。1994 年克拉玛依火灾后,北京大学精神卫生研究所专家应邀参与了对死伤者家属的心理救援工作,这是中国在灾难发生后的第一次心理创伤干预。此后,中国在 1998 年的洪灾和张北地震、2000 年洛阳东都商厦火灾、2002 年大连坠机等公共危机的处置中也积极开展了心理干预。2002 年 4 月,卫生部、民政部、公安部、中国残疾人联合会印发了《中国精神卫生工作规划(2002—2010 年)》,提出逐步扩大精神卫生工作范围,系统性地承担灾害管理、疾病预防和灾后重建工作。2003 年 "非典" 暴发时,中国的心理学家首次大规模、全方位地介入了灾害的心理救援。2004 年,卫生部、教育部、公安部、民政部、司法部、财政部、中国残疾人联合会印发了《关于进一步加强精神卫生工作的指导意见》,提出在救灾中加强精神卫生援助,措施包括:加快制订灾后心理健康救援计划,提供组织保障、人员保障和应对保障,以及灾后精神疾病流

[①] 陆雄文. 管理学大辞典[M]. 上海:上海辞书出版社,2013:5-18.

行情况，积极开展重大灾后受灾群众心理干预和心理压力疏导，评估受灾群众心理健康，等等。浙江省于 2006 年 8 月遭受台风"桑梅"袭击，浙江省组织有关专家组建心理救援队，赶赴灾区度过半个月的"心理灾难"①。

尽管中国在心理救援方面取得了很大的进步，但与西方国家对比来看，依然存在覆盖率低、响应速度慢、救援专业性不足、群众接受度低、地方政府扶持力度不足、职业从业人员较少等问题。因此，未来应在立足中国实际国情和社会需求的基础上，投入更多的人力和资金进行公共危机心理救援体系的建设，真正体现以人民为中心、发展为了人民的理念。

我国许多地区的人口、建筑密度较高，因此自然灾害会摧毁大量房屋，导致灾后应急救援问题十分严重。总的来说，国外的家庭恢复重建有四种形式：一是凭借自身力量，受灾家庭自筹资金、人员和物资进行重建；二是依靠家庭关系和亲友，共同帮助重建受灾家庭；三是依靠救灾系统，即依靠政府和非政府组织帮助重建房屋；四是依靠保险赔偿，向保险公司申请灾后理赔，并用赔偿重建家园。对比来看，中国的公众在灾后无法自行修复和重建家园。因此在这一点上，政府必须提供必要的帮助。同时，我们也需要借鉴国外的经验，实现灾害赔偿渠道的多元化，如大力推广灾害保险，等等。

自然灾害等公共危机通常会产生严重的直接经济后果，例如基础设施受损、工业关闭、企业倒闭和农业收成不佳等。此外，还可能导致难以估计的间接经济损失，例如物价上涨、就业率下降、失去谋生手段、客户群体损失、收入下降等。尤其是重大自然灾害，往往给农业、渔业、畜牧业、林业带来灾害。可以看出，紧急情况造成的经济损失很难消除。在对公共危机的应对中，历史悠久、财力雄厚的大公司往往比小型企业更能抵御风险。也就是说，小型企业更容易受到伤害并遭受更严重的损失，首先是因为小型企业不像大型企业那样在更为坚固的建筑物中经营，因此更容易受到自然灾害的直接冲击；其次，小型企业没有像大型企业那样有强大的安全措施，也缺乏应对风险的计划，在公共危机发生后，难以进行有效的处理和响应；最后，如果小型企业所在地区的大量居民在灾难发生后迁移到远处，这将不可避免地造成小型企业的营业额下降，影响企业的经营。

由于现代社会的运转高度依赖基础设施，因此在灾后恢复重建中，首先要恢复主要基础设施的运转。而对于工农业生产受到严重影响的灾区，政府应立即出台减税免税、低息贷款等一系列优惠扶持政策，帮助灾区恢复重建，维持生产秩序的常态化运行。政府和民间组织要及时收集和传递对生产恢复有用的信息，派专家提供技术支持和指导，促进灾区经济快速恢复和发展。当然，灾区也要主动出击，自力更生，积极寻求有效途径进行自救。

中国在基础设施的应急恢复中形成了卓有成效的反应机制，能够保证公众的基本生存条件和重要企业的生产能力，最大限度地维持社会的稳定运行。美中不足的是，对于个人层面的经济后果的援助尚存在不足。举例来说，某个社区的市场、小卖部、理发店等设施，其服务范围是临近的多个社区。然而，在临近的社区因遭受灾害被迫搬迁后，尽管该

---

① 梁茂春. 灾害社会学[M]. 广州：暨南大学出版社，2012：140-141.

社区从物理层面上没有受到具体影响，但前述从业者的实际收入却大幅降低，即遭受了经济迁移（economic displacement）[①]。这是一个相对于物理迁移（physical displacement）的概念，物理迁移主要指项目建设中的征地拆迁导致居民发生了物理空间的迁移。而对一些居民而言，他们不仅发生了物理空间的迁移，同时也失去了相应的谋生手段（如农民失地），遭受了经济意义上的迁移。更有甚者，许多没有发生物理迁移的居民，实则也遭受了经济迁移（如上文提到的未搬迁社区居民）。这种只有经济迁移而没有物理迁移的现象非常易被忽视，在拆迁补偿中也往往处于灰色地带，然而社区居民受到的经济影响却是隐晦但真实的。因此，在后续的工作中，应在经济恢复层面进行更全面细致的考察。

四、企业救助与网络沟通的动态治理

地方当局应根据辖区内可能发生的危机制订危机管理计划。相应地，企业要关注和了解政府的公共危机管理预案，使自己的危机管理预案与政府的危机管理预案保持一致，不要产生冲突和相反的问题。在理想状况下，政府和企业应在公共危机管理方面建立伙伴关系，在制订公共危机管理计划时，企业应注意与政府公共危机管理计划的兼容性。在条件允许的情况下，企业可以直接参与政府公共危机管理计划的制订。例如，一些生产生活基本用品（如饮用水、食品、医疗物资等）的生产企业本身就是地方政府公共危机管理的主要对象。在这种情况下，企业的安全直接关系所在地区的安全，因此企业应积极参与政府公共危机管理预案的编制，将企业的危机管理预案与所在地区的安全联系起来。不仅如此，企业还需要了解当地的公共危机管理方案，明确自身的角色定位，明确如何发挥作用，如何获取自身利益。企业在参与公共危机管理时，要注意与政府的互动和沟通，不断进行信息的共享和决策的研讨。

大型企业、公司与周边的环境、社区密切相关，尤其是在涉及公共安全问题时。公司内部发生安全事故或其他危机，如果可能危及周边单位和居民，必须立即通知可能受到损害的单位和居民，并向当地及上级有关部门报告，以便有关部门及时采取措施。公司的安全与所在社区的安全是密不可分的有机整体。因此，公司不仅要在内部开展危机管理预案演练，还要与所在城市的居民联合演练。例如，要求危化品企业向当地居民公开危化品知识，制订危化品泄漏后居民疏散方案，开展联合演练。此外，应对危机也需要多个部门的合作。例如，许多公用事业公司可能涉及市政设施的损坏和维修。不同企业之间的协调与合作以及危机应对的衔接尤为重要。政府公共危机管理部门可针对此类情况组织企业开展联合演练，提高公共危机管理综合能力。

企业是社会经济正常运转的重要组成部分，能否及时恢复生产，维持社会的基本供应，是灾后重建中的重要挑战。灾后企业要努力尽快恢复生产，按时向社会交付各类产品，避免因急需物资短缺而引发社会动荡。企业及其社区有着千丝万缕的联系，两者共存并蓬勃发展。企业与社区相互需要，相互依存，企业的发展离不开社区提供的劳动力等资源的支持，社区也与企业提供的产品和服务密不可分。因此，企业不仅要关注灾后自身的

[①] VANCLAY F. Project-induced displacement and resettlement[J]. Project Appraisal, 2017, 35(1):3-21.

恢复，还要关注所在社区的恢复，帮助当地居民进行恢复重建。这样才能建立起企业与社区的良好关系，为企业的生存和发展创造有利的地理位置和劳动力。

在公共危机的沟通中，除政府与企业的沟通外，通过网络媒体与外界公众的沟通也十分重要，挑战与机遇并存。传统媒体的信息传递是单向的，对大多数人而言，属于对信息的被动接受。对比而言，网络媒体传播的过程是一个双向互动的过程。互联网提供了多种信息交流方式，包括大众网络媒体和小众网络媒体。前者如门户网站、在线社区、聊天室、即时通信等，后者包括博客、微博、短视频平台等，都是公众表达舆论的重要工具。随着信息化的进一步普及，大众和小众的网络媒体的界限不再那么明显，如许多官方机构开设了自己的微博、短视频账户，进行信息的更广泛传播。在网络沟通中，网民不仅是信息源的接收者，也是信息源的生产者和传播者。在互联网环境下，网民可以自由发表评论、交换意见、进行针锋相对的讨论。网络媒体包含大量实时信息，使舆论工作者能够快速了解公众的思想和思想动态。

由于互联网的匿名性，网民不受其真实身份的限制，可以相对自由地就公共事务、社会问题、突发事件、政府决策、公众人物的言行等发表言论，进行观点的广泛传播。因此，网民很容易遵循"幸福原则"，将自己变成"愤怒的年轻人"，在网上表达不满、发布未经证实的信息、暴力言论，甚至互相辱骂、对不相识的人进行网暴。也有网民会用较为极端的态度来炒作自己，以期获取流量和关注。一些所谓的"网红""公知"不断制造假新闻和舆论，以迎合部分网民渴望获取"内幕"的诉求。尤其是一些谣言和八卦，经常在网上广为流传，很难查明来源。与传统媒体相比，网络媒体的信息来源往往比较模糊：一是网络信息只有内容，没有确切的来源，信息传播渠道不明确；二是网络信息往往在原始信息的基础上添加谣言、信息，信息发送者可以不断添加枝叶，根据自己的理解和需求修改、添加、删减信息内容，导致信息在传播过程中面目全非；三是网络信息资源可能是虚拟的、虚构的，在现实生活中可能根本不存在，一旦虚假信息被曝光，会严重侵蚀人们对网络媒体的信任。当然，很多情况下，人们在接收信息时，会将网络的信息与传统媒体的信息进行比较。但是，如果网络谣言不及时清理，导致谣言跑得比真实信息更快，那么后期再进行辟谣的难度巨大。

互联网崇尚自由、平等、共享的精神满足了网民的诉求。然而，网络媒体信息获取的不平衡决定了网络舆论存在一定的偏见和误差。同时，大部分网民的思想深度和知识水平难以进行信息真伪的鉴别，容易被谣言或虚假信息所煽动，网络言论难免带有情绪化和非理性成分。因此，网络舆论具有一定的片面性，不能将网络舆论等同于舆论。舆论工作者不能仅凭网络信息判断舆论实况。当然，网络沟通不仅能够了解公众的情绪、态度和意见，也能够预判网民的行为倾向。随着各类网络新媒体的层出不穷，一方面给公共危机的沟通工作带来了巨大挑战，如增大了舆情监测、鉴谣辟谣等的工作难度；另一方面也赋予了政府更多的信息发布、宣传和沟通渠道，更好地凝聚社会力量，统合管理公共危机。

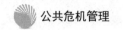

五、协调应急与队伍合作的层级调整

目前,在公共危机管理领域,中国编制了国家总体规划、部门规划、专项规划、地方规划、商业规划、大型展览和活动规划等各个级别的数以百万计的应急预案。应急预案是应急准备的重要组成部分,应急预案的完整性是衡量各级政府应急管理绩效的重要指标。这与政府官员的职责密切相关,因此,在压力机制下,各级政府不敢松懈。然而在实践中却发现,各级别、各部门之间在协调应急和队伍合作方面存在较多问题,导致许多应急预案难以发挥作用,应急预案往往被很多人贴上"不切实际""无效"的标签。因此,从某种意义上说,应急预案已经变成了"吃不饱,舍不得扔"的"鸡肋"。究其原因,"鸡肋效应"与应急预案的整体协调性息息相关。

首先是不同类型公共危机的协调管理。传统的公共危机管理是由不同的部门进行本专业的应对,也就是"专业的人做专业的事"。然而,随着各类风险、危机的不断扩散、耦合、叠加,单一危机逐渐减少,复合危机不断增加,因此,传统的针对性危机管理已经难以满足实际需求。目前,美国、俄罗斯、日本等国的公共危机管理已经从原来的单一灾害管理向多灾综合管理演进,追求公共危机管理议题的多元化、应急程序的全过程管理、应急对象的整合、全风险的防控。随着我国公共危机管理"一案三制"建设的深入开展,全面公共危机管理已成为我国公共危机管理的重要发展方向。

其次是不同部门的协同合作。长期以来,我国消防支队在危机救援过程中发挥了关键作用,有效维护了公共安全。从1998年长江流域特大洪水到2008年汶川地震,消防员无一不活跃在重大危机救援现场。2009年5月1日起施行的新《中华人民共和国消防法》明确了消防在社会应急响应中的职能,为我国消防参与社会应急救援提供了强有力的法律依据。但消防队参与社会应急的潜力有待进一步挖掘,制约消防机构社会应急能力发展的问题仍有待解决。此外,与医疗救援队伍、警察救援队伍、军队救援队伍等的协调合作,也应在应急预案中进行提前的规划和设计。

最后是不同级别之间的协调合作,既要避免出现自相矛盾,导致应急管理中各级别政府非但无法合作,反而还会有冲突矛盾的产生,也要避免层层加码,增加治理成本,激化社会矛盾。这就需要在各个级别的应急预案的设计中提前进行协调沟通,确立应急的管理级别和原则,并自上而下进行严格的遵守。

第四节 公共危机管理的未来构想

随着疫情的持续蔓延、国际局势的动荡变化和国内社会的转型发展,中国面临百年未有之大变局。在这样的局面下,如何维持社会稳定、管理公共危机、稳中求进展现中国特色社会主义制度的优越性,是中国面临的重大挑战。从本质上来看,应对新变局、新时代的关键在于治理思想的转型发展。公共危机管理也应寻求突破,构建清晰的逻辑体系,面向科学化和民主化进行转型,形成更为有效的危机管理体系。作为有责任担当的大国,人类命运共同体的理想追求、多方合作共商共谋共建共享共赢的理念,应该作为中国公共危机管理事业发展的共同追求。前面提到的新格局下公共危机管理各个阶段的挑战与机遇也正是未来可以寻求突破和创新的方面。

一、以人为核心的预警机制的建构

预警系统的发展演化史可大致分为两个时期:"两阶段"时期和"三阶段"时期。在"两阶段"时期的预警系统中,科技人员负责观察预警信号,预测是否会出现公共危机。如果结论是肯定的,那么就会发出警报。随着对公共危机管理研究的不断深入,"两阶段"时期的预警系统因为没有考虑到公众的反应而受到广泛的质疑,并在此过程中逐渐演变成了"三阶段"时期。在此时期,预警系统呈现为一条"预警链"的形态,即包含从观察、监测到报警,最后将报警信息传递给公众,激活社会反应系统的整个链条。与"两阶段"时期相比,"三阶段"时期的预警系统是一个巨大的改进,体现了以人为核心的理念,其原则是向公众解释危险因素的现象及其影响,预测未来会发生的情况,并建议人们应该采取什么行动来应对它们。"三阶段"时期的预警系统以风险因素为核心,从点发展到点线性,从由自上而下的技术专家推动,到最终用户(即公众)的广泛参与。

未来需要建立统一的风险因素预警体系。目前的各级应急体系中存在多个互不兼容的预警系统,许多政府机构的公告和警告缺乏规范的术语,容易产生歧义,妨碍公众理解并及时采取有效的应对措施。因此,我们有必要整合不同的预警源,形成一个涵盖所有危险要素的统一预警体系,便于公众理解,提高综合预警的效率。此外,公共危机的预测和预警需要不同力量的协同参与。政府、企业、非政府组织、公众个人等都应该是预测和预警的关键参与者,尤其是公众在公共危机的预测和预警方面发挥着特别重要的作用。

公众根据收到的预警采取必要的应对措施,能够减少公共危机造成的损失,最终达到预测和预警的目的。即预测和预警不仅要通过报警对特定受众提供一定的激励,还要让公众对报警提供相应的适当响应。一个典型案例是,在卡特里娜飓风的情况下,美国气象局在预测风速、降雨等方面非常准确,并在几个小时前发布了警告。然而,由于种种原因,公众和政府对飓风预警反应不佳,最终导致1000多人丧生。

为提高警报的可靠性,首先要保证警报的原始发布是由公众信任的权威机构完成的,并保证警报的真实性,防止在警报发布过程中出现模糊性。其次,由于公共危机风险的高度不确定性和动态演变,虚假警报的释放和传播在所难免。尽管如此,有关部门应尽最大努力减少误报的可能性,并不断改进,以保持公众对预警的信心。同时,为提高公众的风险意识,需要加强公共安全教育,提高公众的危机管理意识和技能。具体措施包括向公众传播有关警报传播的知识、识别警报源可靠性的必要技能、在学校教育中设计公共安全课程、提高公众的风险意识等。此外,公众对公共危机预警的反应能力还取决于应急准备和响应计划的完整性。应急预案必须具有相关性、可操作性和不断完善性,体现以人为核心的理念。

具体而言，所谓相关性，是指根据单位或社区的具体需求，参考风险评估结果，制定备灾应急预案；所谓可操作性，是指备灾应急预案具有较高的系统应用价值，可用于明确"做什么""怎么做""谁来做"等基本问题，并定期进行演练以确定计划的有效性；所谓不断完善性，是指不断分析和总结已经发生的灾害事件和应对行动，并将吸取的经验教训纳入备灾应对计划。社区在预测和预警响应行动中的作用非常重要。社区应定期评估响应能力，开展志愿者培训活动，开展社区公共安全教育，不断增强社区响应能力。

二、社会资源的全过程调动与处置

在公共危机的响应和处置阶段，资源的调动和规划十分关键，应在整体性的过程中实现突破与创新。第一步，接收信息和发现情况。危机信息有多种来源，首先接收信息的部门必须核实信息并进一步确定情况，包括危机类型、事件发生地点、损害程度、危险来源、受害者数量、被困公众和紧急服务的需求等，以便进行资源的准备。第二步，通知主要应对部门启动应急预案。接到报警后，在初步核实危机情况后，应立即通知重点对应部门，采取措施防止影响范围进一步扩大。有关部门要采取措施封闭和遏制危机现场，改变交通路线，确保应急部门和各类资源能顺利、早日到达现场。第三步，确立总指挥部在现场的位置。现场指挥部应靠近危机地点，但要远离危险地带，在明显的位置，不会造成交通拥堵。关键的公共危机管理者必须佩戴明显的标志，以便能进行现场的资源调度。第四步，现场指挥部应根据现有信息评估危机情况，制订现场撤离计划，包括任务、资源、任务安排、安全指示、后勤保障和沟通等，并提前在撤离地点准备好相应的物资。第五步，现场指挥部应将现场搬迁计划通知后方应急指挥中心和各部门的参与人员，各部门进行资源准备。第六步，危机现场管理。设计响应团队进出路线，控制现场访问，设计车辆调度和集中区域，设计分流区和救护车装载区，设计休息和就餐区，设计临时太平间，与媒体联络，编写事故日志，记录好资源的使用情况。第七步，在宣布响应结束前，组织相关人员对事件进行总结。第八步，紧急服务人员撤离，回收未使用的物资。第九步，撰写危机报告，进行应急调查和评估，公开各类资源的使用情况。

三、心理救助体系的转型与完善

以人为中心的公共危机管理是世界性的发展趋势，而心理救助则是其中的关键一环，国际上的一些研究成果可以作为未来突破和创新的借鉴参考。根据国外科学家的研究，关于突发事件与心理问题的关系，我们应该注意以下几点：第一，突发事件对人的心理既有消极的影响，也有积极的影响。负面影响比较容易理解，也是大多数人对公共危机的认知，如地震过后可能导致的家庭关系紧张。然而，飓风也产生了积极的影响，例如更加亲密的家庭关系、人们对物质财富的重视程度降低、家庭幸福感增加等。第二，突发事件一般不会造成重大心理问题，但很多人在恢复重建过程中会出现中度的心理紧张和情绪低落。随着时间的推移，大部分人都会得到很好的自我调节，心理压力也会减轻。此外，应该特别关注精神卫生保健的人群包括灾前患有精神疾病的人、目睹亲人死亡或重伤的人、单身女性、父母、儿童、参与搜救的急救人员、任务繁重的救援和医务人员等。

国际危机心理学家非常关注"创伤后应激障碍"（post-traumatic stress disorder，PTSD）。它指的是一个人对不寻常的、威胁性的或灾难性的生活事件的延迟发作或持续反应，其特征是重温创伤，并伴有情绪易怒和回避行为。创伤后应激障碍症状是普遍存在的一种现象。它可能在创伤发生后立即出现，也可能在一段时间没有明显症状后突然出现，无症状有时会持续半年以上，一旦出现，则可持续一个月至数年。1999 年 8 月土耳其发生大地震，造成灾区多人死亡。三年后，伦敦大学的精神科医生采访了土耳其当年地震的 769 名幸存者。幸存者已从震中地区搬到了新的社区，开始了新的生活。调查发现，40%的人患有创伤后应激障碍，18%的人患有应激障碍和抑郁症的并发症。调查团队通过线性回归分析得出结论，创伤后应激障碍与地震冲击有关，而抑郁症则与失去亲人有关。因此，紧急情况的心理干预是一项漫长而艰巨的任务。

除遭受灾害的群体外，救援人员也可能因近距离目睹频繁的死伤而成为 PTSD 患者，导致体重减轻、愤怒、抑郁、酗酒、内疚、胸痛、头痛、记忆力减退和失眠等症状。因此，在公共危机的恢复阶段，相关部门应构建心理救助体系，充分调动全社会的精神卫生资源，特别是要充分发挥心理学家、红十字会和慈善组织的作用，为公众，特别是受难者家属实施必要的措施，进行受害者的心理干预和咨询。可通过媒体从社会舆论上引导灾区民众的心理恢复，例如，可以用分享故事的方法来缓解救援人员的压力。救援人员在心理健康专家的指导下，以个人或小型聚会的形式分享应对紧急情况的压力感受。

四、企业社会责任理念的拓展与应用

2010 年，国际标准化组织（International Organization for Standardization，ISO）发行了《ISO 26000 社会责任指南》，旨在帮助不同的组织理解什么是社会责任，以及如何将社会责任付诸实施。《ISO 26000 社会责任指南》的第 2.18 条款将社会责任定义为："实施公开的、符合道德的行为，对因组织的决策与行为而产生的社会和环境影响进行治理。行为包括：促进可持续发展，包括社会的健康与福利；关注不同利益主体的期望；遵守地方法律，并符合国际行为准则；在组织的运行中加以贯彻和实践。"充分发掘企业的力量，激发企业承担社会责任的动力，是公共危机管理在未来可以进行突破的领域。

我国自古就有互帮互助、扶贫济困的优良传统。改革开放以来，慈善事业顺应时代潮流，在救灾中发挥着越来越重要的作用，产生了积极而深远的社会影响。捐赠是企业社会责任的重要组成部分。公共危机过后，企业可以向各级民政部门、红十字会、中华慈善总会、中国扶贫基金会等进行捐款。在公共危机的管理中，社会各界的捐款作用十分强大，充分展示了社会救助的强大力量。汶川地震后，新浪网与中国扶贫基金会联合发起紧急募捐活动，获得社会的广泛赞誉。

公共危机扰乱了人们正常的生活秩序，部分救灾物资，尤其是医疗、卫生、食品、饮用水等的需求快速增长。企业可以利用自身的储备和生产优势，快速交付或扩产灾难应急救援资源。企业在参与公共危机管理中有独特的优势：首先，企业拥有许多可用于救灾的先进设备,如测绘公司的航拍设备、测绘技术等;其次,企业拥有大量可用于救灾的技术和支持人员,如无线通信技术、技术支持人员等;最后,一些企业建立了自己的公共救援队伍,可以进行危机管理,例如,许多矿业公司都建立了自己的危机管理公共救援队。

保险可以化解突发性风险,起到社会"稳定器"和"减震器"的作用。因此,未来可扩大公共危机保险的覆盖面,以提高社会层面抵御风险的能力、促进社会稳定为基本目标,不断创新风险分担机制,用保险赔付担当救灾重任。积极倡导保险公司在现有人身、财产保险的基础上,拓展公共危机险的相关保险形式,动员危机多发地区的群众和企业积极投保。坚持政府支持和市场力量并重,充分发挥商业保险公司和投保人分担转移风险的作用。

目前我国工业发展速度很快,但包括安全装备和安全技术在内的安全保障还远远不能满足经济社会发展的需要,迫切需要加大科技投入,加快研发,积极推进中国公共安全与应急响应行业的发展。这也是企业社会责任在其业务领域内的拓展。根据应急响应法的规定,需要对监测预警、通信领域的应急产品需求进行深入研究,加快制定支持促进相关技术和产业发展的政策,充分利用保险、税收、信贷、政府采购等经济资源,引导企业积极参与应急产品的研发和生产,满足应急产品的要求。要加强企业安全保障标准和应急服务装备标准建设,依靠科技装备提高应急响应能力。

五、党和政府引领的协调与合作

不同群体在社会风险评估与治理中扮演的角色决定了其话语权的强度和参与治理的深度。因此,在公共危机的协调与合作中,应充分考虑不同群体的赋责和赋能。与西方国家相比,我国的政府拥有高效且全面的执行力,以及企业、社会组织、居民所不具备的宏观视野和长远规划能力,在公共危机管理中应该分配最强的话语权和最深的参与程度,作为决策方,充分发挥政府的宏观指挥能力,承担公共危机管理的主要职能。同时,从"多方协商"的角度明确各利益群体在公共危机管理中的角色和职能,合理分配权力和责任。

公共危机管理中各方利益的协调、权责的分配、不同群体的赋能是一个世界性难题。中国具有的独特优势,即共产党对社会各界的坚强领导。因此,在公共危机管理共同体的建设中,党组织充分发挥党建引领作用,以统筹协调者的姿态引导各利益群体共同推进社会影响的治理非常重要。许多情况下,公共危机的救援需要较强的奉献精神,除了专业队伍,还需要共产党员的模范带头作用,将服务社会的良好风气进行持续的弘扬。

党组织还可以协调各级机关、企事业单位积极配合,以横纵联动的模式协助受灾社区进行公共危机的管理;通过"共建共治共享"模式,开展形式多样的民主协商,主动了解受灾居民诉求,促进居民达成共识,发动居民积极参与恢复重建方案的制订,并参与监督和后续管理,评价和反馈治理效果等;发挥社会组织、媒体中的党员带动作用,完善人大、政协在危机管理中的协同监督机制,搭建沟通议事平台,激发各群体的参与动力。

六、公共危机管理的新方向

结合二十大精神,公共危机管理现代化作为中国式现代化的有机组成部分,从现在起认真思索、科学谋划和扎实推进中国式危机管理现代化,是走稳走好中国式现代化道路的重大课题。

第一,理念为先,"防、抗、救、减"四位一体关系的有机统一。按照习近平总书记"两个坚持"和"三个转变"重要思想,"防、抗、救、减"在危机管理工作中的关系首先是位次,其次是功能,位次体现功能,功能反映位次。关口前移、预防为主,这是第一位次;抗与救是第二位次,防、抗、救相结合是为了减少灾害、减轻损失,这是最终目的。所以,防、抗、救、减是一个有机统一的逻辑体系,常态与非常态、灾后与灾前、单一与综合、减少与减轻,共同形成"防、抗、救、减"四位一体关系的核心解释体系,从而全面提升全社会抵御自然灾害的综合防范能力。

第二,格局为大,"三全三大"新安全格局的强化引领。只有扎实推进中国式危机管理现代化,才能持续创造新安全格局(简称"三全三大")。一是全灾种,大应急。基于气象、水文、地质和技术四大致灾因子的灾种具有全备性特点,基于灾种的全备性,应急管理体制改革的方向是建立大应急体系。二是全风险,大安全。灾害带来风险,风险是公共安全治理风险,因为全灾种的危害不仅是技术经济影响,而且也是社会政治危害,形成对公共安全的巨大威胁。在国家总体安全观下,必须防范和化解由灾害造成的重大安全风险。三是全危机,大治理。灾害及由灾害带来的风险孕育在危机之中,有灾必有难,有危必有机,灾难不仅需要危机应对,更需要危机预防,在灾难全过程、各方面的生命周期中,立足于公共危机治理,是有效防范和化解灾难的根本之策。

第三,法制为要,"1+2+N"法律制度体系的健全完善。中国特色应急管理体制建设的成效,一方面体现在"成立应急管理部"的标志性机构改革中;另一方面来自"一案三制"应急管理体系建设的成效。应急管理部成立之初,便提出加快构建"1+4"(应急管理法+安全生产法、自然灾害防治法、消防法、应急救援组织法)法律体系骨干框架。"十四五"规划时期是"1+2+N"的规划体系,"1"是《"十四五"国家应急体系规划》,"2"是《"十四五"国家安全生产规划》和《"十四五"国家综合防灾减灾规划》,"N"包括消防、矿山、危险化学品安全和防震减灾、装备发展、应急力量建设等规划。在《中华人民共和国突发事件应对管理法(草案)》修订背景下,应急管理"1+2+N"法律制度体系不断健全完善。

第四,行动为强,"整体性、系统性、协同性"应急管理体制改革的持续进行。扎实推进中国式应急管理现代化,必须持续深化整体性、系统性和协同性的应急管理体制改革。应急管理部组建以来的发展成效为下一步继续深化应急管理体制改革积累了经验,是党和国家机构改革的一项重要任务。改革手段是坚持系统集成、协同高效原则,采用结构功能统合化、行为模式法制化、演进动力学习化和方式手段智慧化;改革目标是通过横向(外部)整体性调整、纵向(内部)系统性重构,形成横纵双维度、内外双引擎的协同性推动，使之在机构设置上更加科学、在职能配置上更加优化、在体制机制上更加完善、在运行管理上更加高效，不断增强应急管理能力体系的动力和活力，把我国应急管理体系制度优势更好地转化为国家治理效能。

本章小结

本章对公共危机管理的发展变迁脉络进行了梳理，除世界范围内的总体概况外，重点介绍了中国构建的以理论反哺实践的特色机制。然而，新格局下公共危机管理依然面临着许多的挑战与机遇，从具体环节来看，包括应急预案与应急规划、信息响应与处置、心理救助与经济恢复、企业救助与网络沟通、协调应急与队伍合作等方面。为应对这些挑战与危机，二十大报告中的"以人民为中心""全过程人民民主""共建共治共享""社会治理共同体"等理念，也是新发展阶段公共危机管理的发展方向。公共危机管理的未来发展，应在全过程进行建设与完善，"推进国家安全体系和能力现代化，坚决维护国家安全和社会稳定"。

课后名词解释

总体国家安全观　社会稳定风险评估　应急管理　企业社会责任　心理救助　信息响应　经济恢复　网络沟通　企业救助　协调应急

思考题

1. 从公共危机管理的发展进程中，我们能学到什么？
2. 你对实际需求和理论发展之间的关系是如何认知的？
3. 公共危机管理面临的挑战中，你认为最需要优先解决的是什么？为什么？
4. 你认为是否需要在公共危机管理中进行心理救助？为什么？
5. 你对公共危机管理的未来发展有什么构想？是基于哪个部门的视角？又是基于什么理论？
6. 你认为企业能够在公共危机管理中发挥什么作用？应该承担什么责任？